走，去上旅行课

一位清华父亲的
400天
环中国
亲子旅行教育实践

郎叔 —————— 著

中国青年出版社

图书在版编目（CIP）数据

走，去上旅行课：一位清华父亲的 400 天环中国亲子旅行教育实践 / 郎叔著 . —— 北京：中国青年出版社，2021.9

ISBN 978-7-5153-6389-9

Ⅰ . ①走… Ⅱ . ①郎… Ⅲ . ①家庭教育 Ⅳ . ① G78

中国版本图书馆 CIP 数据核字 (2021) 第 087651 号

中国青年出版社 出版 发行

社 址：	北京东四 12 条 21 号
邮政编码：	100708
网 址：	http://www.cyp.com.cn
责任编辑：	刘霜 liushuangcyp@163.com
编辑部电话：	（010）57350508
营销中心：	（010）57350370
印 装：	北京富诚彩色印刷有限公司印刷
经 销：	新华书店
规 格：	700×1000mm 1/16
印 张：	21.5
字 数：	350 千字
版 次：	2021 年 9 月北京第 1 版
印 次：	2021 年 9 月北京第 1 次印刷
定 价：	88.00 元

本书如有印装质量问题，请凭购书发票与质检部联系调换

联系电话：（010）57350337

序 篇 一　　在本该打拼的年纪，我决定去陪娃远游　　　　　i

序 篇 二　　请对号入座，这样的亲子旅行是伤害　　　　　viii

第
一
章

爸爸去哪儿

风景？古建？寺庙？ NO　　　　　002

博物场馆：鲜活的百科全书　　　　　006

非遗体验：用手去触摸传统文化　　　　　012

本地生活：感受最真实的中国　　　　　016

工厂矿区：那些物品是怎么来的　　　　　020

亲近自然：一花一虫一世界　　　　　027

极限挑战：用勇气和智慧去征服　　　　　034

第
二
章

上好旅行这门通识课

一、把旅行当门课程去设计　　　　　040

定基调：旅行是一门课外通识课　　　　　040

做功课：为你的孩子量身设计　　　　　044

想办法：如何深挖目的地的教育主题　　　　　047

画重点：营造多感官的沉浸体验　　　　　052

小设计：激发情绪才最难忘　　　　　055

二、做一名能共情又有趣的好老师 060

照见孩子的内心　061
"老师"的自我修养　063
晦涩知识怎样讲给娃听　068
沉浸！不催促、不打断　070
善于"借题发挥"　072
努力和孩子"玩起来"　075
鼓励孩子"动手动脚"　077
设计开放式的讨论　081
适度"盲目"的肯定性反馈　084
引导发现问题激发兴趣　087

三、做一些学生应该做的事 092

目的地的预习：资料查询和字词学习　093
遵守"课堂纪律"认真"上课"　094
目的地的复习：作业、费曼学习法和旅行日记　100

四、带这些 App "教具"上路 104

五、写教案：以莫高窟为例 109

六、设计但不偏执，未知永远是旅行的魅力 116

第三章

旅途无处不教育

一、自驾车里的教育生活　　　124

安全教育第一条　　　125

卡通片里的英语启蒙　　　127

让我们玩游戏吧　　　129

亲子沟通：目的地的故事　　　132

读书时间：400 天里的 150 本书　　　135

给孩子"玩手机"？ Yes！　　　138

二、旅途中锻炼生活的基本能力　　　144

儿子！带你老爸乘地铁　　　144

病了？正好学习如何看医生　　　146

请准备一顿简单的早餐　　　148

我们是旅行的搭档　　　150

闯祸了？学会自己负责　　　152

三、不要错过旅行意外这门特殊课　　　155

惊险夜下黄山　　　158

旅途中的失而复得　　　164

被原油染黑的墙面　　　168

在地震震中是什么体验　　　171

熊孩子掉进了蝌蚪堆　　　175

在无人森林被顽虫围攻　　　178

四、爱的教育 182

救助被遗弃的小奶狗 183
追忆宝爸宝妈的似水年华 186
放羊的孩子，你的伙伴 188
云南老山祭英魂 192

第
四
章

旅行教育最好这样做

一、与当地人发生连接 198

你需要认识一位当地的旅行大咖 198
勇于搭讪有特色的当地人 202
敏锐发现深入当地活动的线索 212
缘分常常在努力探索中获得 219

二、去尝试吧！孩子 225

200 米高空的穿越 225
向陌生人"泼一盆水" 228
你可以"喝"点酒 233
吃了那些暗黑的食物 234

三、不走高速，旅途看到更多 241

"路边课堂"，不亚于景区的旅行宝藏 241
提前研究目的地特色 245
注意观察道路两边 252
学会巧妙与人搭话和交谈 253

四、低幼儿童亲子旅行禁忌 255

旅游景点也应"分级" 256
保安这个"可怕"的存在 263
谨慎接触病区儿童 265
三餐定时营养健康 267
住酒店并不是最好的选择 268
那些突如其来的危险 271

后 记　　麦田里的守望者 275

附　　全国主要省份亲子旅行规划和辅导参考手册 279
（示例及数字内容）

序篇 一　　**在本该打拼的年纪，
我决定去陪娃远游**

徘徊着的 在路上的
你要走吗 Via Via

——朴树《平凡之路》

01

2011 年的春节，我躺在北京肿瘤医院的病房里，胳膊、胸腔、鼻子、尿道都插着管子，化疗的药水，血红的颜色，缓缓地进入我的身体，每天从早到晚，这样的液体要输 8 袋。

随之而来的，是没日没夜的恶心呕吐，还有打升白针带来的高烧，使得手术创面和全身骨骼都疼痛难忍，如群蚁蚀骨，彻夜呻吟，辗转难眠。

有那么一刻，仿佛灵魂出窍，飘在空中，看着床上躺着的自己。我，要离开了吗?

不，我还没看够这个世界。

打小儿就爱走，暂且不提多次"走失"，仅仅是简单地从家到学校，也要尝试很多种不同的路，对陌生的世界充满好奇和探索的欲望。

病榻上，身难动，心已远。想着若有明天，再也不能虚度，活一天就要精彩地过。于是，也不能免俗地拟了一个 dream list（梦想清单），其中很多都是关于旅行。比如，带全家环游中国和世界。

这便是这次环中国亲子旅行的缘起，时隔 7 年，我们终于出发了。

02

我已年近不惑，本科和研究生时分别专修应用心理学和新媒体，毕业后曾在某中央国家机关做过 9 年公务员，任副处长。辞职后也在旅行网站、公关公司做过高管。得病时，我正在公务员岗位上，过着极其焦虑和压抑的生活。

我的焦虑，来自对自由的向往、对价值感的追求，和与现实的强烈反差。从小到大，我是那个黑龙江偏远小镇家族里的骄傲和希望，小镇浓厚的官本位思想让长辈希望我走上仕途光宗耀祖，大学又教育我们要双肩挑"又红又专"，这些我都理解，我也接受了，当然代价就是高考放弃了拿了很多年的画笔，就业也放弃了希望从事数字视觉艺术的愿望。工作前两年我也想过辞职，但想着等一套福利房吧，就熬着，一熬就是 9 年，也没有等到。

我们这代人，很多都屈于现实的压力，缺乏追求自我的勇气，然后活在焦虑和压抑中而难以自拔。

旅行，可以让我们抽离当下的负面环境，对我来说无疑是一种有效化解焦虑的办法。身在他乡，没人在乎你是谁，在任何人面前你都是全新的，原本内向的我和五湖四海的朋友坐下来就能一顿神侃，喜欢的地方就多待几天，饿了就找好吃的，困了躺哪儿都能睡，肆意地不顾体面，就像一个流浪汉，而内心，却快乐得像一个孩子。

当年我第一次放疗结束后的两个月，曾独自背包，走了 9 省 30 多个市县；第二次手术后，又和妻子一起，背包从北京走到马来西亚，后来又徒步穿越库布齐沙漠、探秘朝鲜、游学美国和欧洲。

路上曾经因为高原反应和感冒发烧，和一个同病相怜的乡村教师各自裹着大棉被在床上躺了一天，他一辈子没出过那个他献出了一生的村庄，年过六旬才猛然意识到人生不应如此，终下决心走出来，形单影只、瘦骨嶙峋的一个人，眼中却迸发着看看这个世界的炽热渴望。

看着他，我对自己说，你一定不能等到老得哪儿也走不动的年纪，再去过自己想要的生活。我这么想，便也这么做了。

旅行让我知道，我们的人生，其实可以有很多的可能性，而不必苦苦陷入一种角色难以自拔。

03

宝妈这些年也是如此，不过她倒是个乐观而富有韧性的人，她曾在公共关系行业排名第一的 A 股上市公司一做就是十余年，配得上资深二字。

这个行业的辛苦众所周知，时刻都得响应甲方爸爸的召唤。 最近几年我的自由时间多了，更有感触，她哪天要是晚上 9 点前下班到家了，我还有点不习惯。

大儿喜多从小就缺乏母亲的陪伴，小时候睡觉前，总是不停地反反复复地问同一句话：妈妈什么时候回来？ 现在长大了会拨电话了，睡前都会给妈妈打一次电话问问，如果妈妈说早点回来，就故意磨蹭着想要等着妈妈回来陪他睡，可往往妈妈回来时，他已经实在等不了睡着了。

我理解她，她其实已经尽力挤出时间和孩子在一起了，但很多时候身不由己。 这几年，家里外边诸事波折，她也不再青葱，衰老和憔悴以可见的速度在出现，精神总是处于绷紧的状态，健康状况也越来越差。 调整，势在必行。 生活，本不该如此。

04

促使我下决心要实现这个 dream list 的动力，更多是来自喜多。

喜多出发时 7 岁，二年级刚结束。 由于生日刚好在开学前，所以岁数比同年级孩子小了不少，加之个头也较小，自幼儿园起，就经常被其他孩子欺负。

上小学后，由于心智发育较晚，对学校生活纪律适应较差，也常被老师批评，原因无非是在走廊跑闹导致班级被扣分、课上调皮捣蛋、不知道作业留什么之类。 我当年一个全能学霸的人设，如今却总要去陪孩子低声下气地被老师训话，真的是压力山大。

我虽然理解老师的心情，但也有些束手无策，喜多天性精力充沛又缺乏控制力，虽然理智告诉我，接纳他比改造他更重要，但还是免不了经常控制不住情绪批评他，给予的肯定、爱和陪伴都有不足，孩子逐渐变得缺乏自信、负面情绪多、不关心他人感受等。

学区房并不一定能带来好的教育环境，学校和家庭的软环境更重要，我们都需要一个调整和改变。

我的选择，是给孩子休学一年，暂时摆脱当下的环境，通过旅行，让孩子获得更多的成长，一年后调整到与下一年级的学生同班学习；与此同时，这一年也给我和妻子忙碌的工作生活一个休整，把时间全部留给孩子，直面我们自身在教育中存在的问题，调整自我，与孩子一起成长。

05

旅行，也是我们当时面对二宝幼儿园入学难的一种选择。

喜宝也是男孩，走时将满 3 岁。性格与喜多形成了标准的反差，情商高、自我意识突出、理解和学习能力强，对音乐非常敏感。

聪慧的二宝，运气不如哥哥，当然也是为父母的疏忽。孩子 2 岁时才去考虑入幼儿园的事，结果发现周围所有公立幼儿园竟然都已排不上号，方才得知附近很多家庭的孩子刚刚出生就去报名占位了。于是四处托人找关系，但依然没有确切的消息。

怎么办？小区门口倒是有一家条件还算不错的私立幼儿园，但每月园费 7000 元，虽说也可勉强负担得起，但值得吗？与其这样，我不如把这 7000 元用在旅行上，让孩子见识这大千世界，和各地的孩子交朋友一起玩。

而且喜宝对自驾出行非常兴奋，此前已带他去过内蒙古草原以及台湾、海南环岛自驾，打小儿他就对汽车有浓厚兴趣，酷爱各种汽车玩具，每天车不离手。自驾旅行的方式，倒是非常适合他。

孩子，爸爸虽然没能让你入学，但我会让这广阔的中国大地到处都是你的幼儿园。

o6

我们的旅行计划为期一年，实际用了 400 天，7 月份出发，自驾一辆七座 SUV，从北京出发，分北、东、西三线依次进行，途经除了海南、台湾、西藏以外的所有省份。

旅行的主题是"亲子旅行课"，本质上是一次实验性教育，定位于"知识 + 体验"的旅行课堂。

一方面，通过事先精心制作的关于每个省的课件，用多种形式向孩子输出目的地知识，进行"预习"，激发兴趣，让孩子带着知识结构和问题去目的地；另一方面，带动孩子参与体验当地人文活动、手工制作、地理探索、科学实验等，以"动手"的"浸入"方式，让知识更深刻、更实用。此外，旅行过程中也有很多需要自己动手的事，这方面也可锻炼孩子的生活自理能力。

比如浙江嘉兴这个区域，既有历史故事的讲述，如中共一大、乾隆下江南等；也有科学道理的揭示，如核电站的原理和优势（秦山）、钱塘江大潮形成的原理等；有丰富的手工艺制作，如学习包制嘉兴粽子、扎染手帕、传统纽扣制作等；有乌镇戏剧节话剧、观钱塘江大潮等体验活动；还可参观米开朗冰淇淋博物馆、荻原儿童美术馆等。

在目的地的选择上，并不一定就是景点，也可能是博物馆、科技馆、手工作坊、制造车间、地下矿井、航空母舰、艺术展览等，总之是能够更好地满足教育需求的地方。

通过我们一家 400 天的环中国亲子旅行教育实践，结合我心理学专业的知识背景，**我们总结出很多亲子旅行教育的理念和方法，并制作了一套适合亲子旅行教育的旅行规划和辅导参考，都将在本书中呈现给各位读者朋友。**

我们期待通过这些分享，能够让更多家庭改变走走走、看看看、玩玩玩、买买买的传统旅行模式，让亲子旅行更具意义、更有收获。

07

30 年前，尽管家境普通，但我的父母，也总会带我去一些不同的地方增长见闻，从偏远的边疆小镇，带我来到北京，朝圣般地游览了清华园，那是梦想照进现实的起点。他们其实早就**把那颗向往自由、热爱生活的种子埋进了我的心间，**这么多年生根发芽，每当我陷入困境时给我转变的力量，从而成为今日的我。

今日的我，也希望把这颗种子传给我的孩子，就如父母当年那样，让那颗向往自由、热爱生活的心，生生不息，永远生机盎然。

请对号入座，
这样的亲子旅行是伤害

很多为父母者，为了让孩子"长见识"，一到假期，就妥妥地安排了各种旅行。

不过遗憾的是，很多父母并不懂得如何带娃旅行才能更有收获。更有甚者，在路上的种种行为，还不如不要旅行的好，收获未必能感受到，伤害却是可见的。

这不是危言耸听，不妨来对号入座，看看这些现象，你是否似曾相识，甚或亲身做过。

走马观花，习惯性不求甚解的养成

走马观花，是团游最为典型的弊病。行程安排得满，节奏快，每个目的地时间很有限，常常都是一走而过，粗略了解，拍拍照，就奔向下一个目的地。一次旅行下来，回头想想，除了几张照片和匆匆忙忙的情绪，似乎也没有记得太多什么。看得再多，却入不了脑，多又何益？

但遗憾的是还不止如此。人的行为模式反过来会影响思维模式，在成人世界里，这已经被验证过了。

你已有多久没能读完一本书了?

现代人，因为智能手机的普及，每天要面对海量的信息。为了追求效率，一开始，我们只是习惯在碎片化的时间里快速地滑动页面、概览内容，便又去往其他的页面。甚至有时候，我们想看，但也不会去看，而是点一下"收藏"，然后就像我们曾经买过的那么多实体书一般，还没有拆开包装便束之高阁，久久也想不起去看它一眼。当我们难得拥有了大块时间的时候，我们发现，竟然也难以深入地去阅读内容了。

这种浅层次、碎片化、不求甚解的阅读习惯，已经让我们逐渐丧失专注和深入的能力，让我们越来越难以去认真地读完一本书。

而走马观花的旅行，与这种阅读习惯异曲同工，简直是我们日常手机阅读模式的翻版。还未深受手机阅读荼毒的孩子们，却在旅行中开始深受其害，旅行得越多，越容易形成习惯性的不求甚解，势必对日常学习产生负面的影响，这一点肯定是家长不愿看到的，却是一直忽略的。

"走了走了!"破坏持久注意力的"最佳方式"

不管是团游，还是自由行，由于人们假期时间有限，为了去到更多的景点，大多在旅行中都是来也匆匆去也匆匆。我们常常看到这样的场景，孩子在景区里专注地看着什么或者玩着什么，大人招呼着催促着孩子，"走了走了!"孩子于是不太情愿地走出沉浸的状态，跟随大人奔向下一个目的地。这样的场景，可以说完美地演示了一个孩子的专注状态是如何被打断的。

专注，是一个非常难得的、成人很难具有的品质。其形成正是来自孩子的早期经验，在专注的时刻，孩子的大脑活动处于极为活跃和投入的状态，神经元获得良好的刺激和发育，同时也会在注意力养成上形成良好的行为惯性。但如果经常性地被打断，就如同给一块高速旋转的硬盘，突然断掉电源，这种"硬关机"，毫无疑问将对大脑的思维和注意力形成损害。

旅行中的不断催促，既让孩子难以进入沉浸的状态，也让孩子的注意力被经常性打断，有害无益。

带的是娃，陪伴的是手机

有些父母，看起来很注重陪伴孩子，但我们常见的状态却是娃在一边自己玩，父母在一边看手机。

旅行，是可以长见识的，但这不是娃的自我修养，而是需要父母的教育和引导。那些父母，也未必不知此道理。但在他们心中，手机的吸引力显然比娃更大，自己玩的动力比陪娃玩的动力更足。从根本上，其实是种懒惰，选择了一种最为轻松却不太负责的带娃方式。

未来的某一天，当你老了，需要子女的陪伴时，你希望他们望着你，牵着你的手，和你说话；还是人虽然在身边，却自顾自地玩着手机？偶尔看一眼你，确认"你没有拉裤子，也没有发生危险"，然后继续埋下头做自己的事。看起来，倒像是雇用的保姆，而且是不太称职的那种。

"来，站这里拍一张，笑一笑"

我们的旅途中，见过太多这样的场景，有不少孩子，都似傀儡一般由父母摆布，脸上一副不情愿而又无奈的表情，还要勉强地按照要求挤出一丝假笑。每当看到这场景时，我总是在想，那些孩子心中会怎样看对面那兴奋拍照的父母？

也许有的人会说，我的孩子就喜欢拍照怎么了。诚然，喜欢拍照是无可非议的，但这样的孩子还是少数，而且家长应该主动把孩子关注的重点向目的地内容做引导，而不是让拍照成为孩子最兴奋的事，将拍照作为旅行中的主要内容，与对目的地内容的走马观花几乎是同时出现的，这无疑造就的是新一代上车睡觉下车拍照的游客。

更有甚者，不顾孩子正专注于某些事物，强拉硬拽地打断孩子，只为了满足自己的拍照欲。这到底是为了孩子，还是为了自己？

换个地方玩游乐场

很多景区都有游乐设施，娃对景区的核心内容未必感兴趣，但到了这些地方，就走不动路了，玩一通儿是免不了的，家长于是看手机陪着，娃在旁边不亦乐乎。

这么做，可以理解，但和在家附近的游乐场玩，有多大区别？对孩子来说，旅行的教育作用，就打了很多折扣，变成了娱乐活动。如此舟车劳顿，不免有些意义不大。如果你希望自己的孩子能够在旅行中有更多收获，那还请不要懒惰。

有人会说，我去上海迪士尼，有什么不对吗？这个真没有，迪士尼也是种文化，另外旅行中时而带娃娱乐玩玩也非常正常。

但需要注意的是，在观念上，"好玩"不是旅行的全部，**如果孩子形成了出门旅行就是"出去玩"的概念，"不好玩的地方不想去"将成为一个很正常的思维逻辑**，但有些适合游学的地方，往往并不是"好玩"的地方。就如同日常的学习，对大多数孩子来说也不是"好玩"的事。不好玩的事就不做吗？

其实，这种思维又岂止是孩子，在旅途中，经常听到成年人这样的说辞，判断一个景区好还是不好的标准，就是"好玩不好玩"。比如，一个竹炭博物馆，设施老化陈旧，缺乏互动体验，就博物馆本身来说，的确属下乘，网上评论不少都是如下，"没意思，没啥可玩的"。表面上看是如此，但作为一个博物馆，其主要功能是为您呈现知识和体验，而不是玩。就算破旧，但国内这个主题的博物馆就这么一家，仔细看还是能够详细了解竹炭这一领域的知识，是难得的一个游学场所，又怎能是一个"不好玩"所定义的呢？

正是为了迎合"玩"这样的旅行理念，全国很多景区都蜂拥上马雷同的游乐项目，比如自然景区中的玻璃天桥、古镇中的摔碗酒、粗制滥造的实景表演、无处不在的儿童游乐设施……不伦不类不说，这种迎合无疑又强化了游客对景区"玩"的属性的认知偏重，文化去哪里了？相对比，博物馆、非遗文化场所往往是门庭冷落，少人问津。

到一个陌生的地方，不去了解感受当地的文化，旅行的意义在哪里？

频繁出现的负面行为模板

作为父母的你，如果在行为上还有很多不足，那带娃旅行就要小心了。因为朝夕相处，和娃在一起的时间多了，孩子就有更多的机会模仿你的行为。以下行为可以自检一下：

买票是否排队、插队、故意逃票？

路上是否随地吐痰、乱扔垃圾？

公共场合是否高声喧哗？

看博物馆是否表现无聊、匆匆而过？

是否违反场馆规定随意触摸展品、跨过隔离带？

是否随意采摘花朵、折断树枝、践踏草坪？

是否在动物园违反规定喂食、惊吓动物？

是否故意在古建、景观上刻字"到此一游"？

是否有意或者无意地踩踏破坏景区地质形态？

是否随意破坏、滥用、偷拿酒店物品？

是否将路怒症的表现时时呈现出来？

是否随意浪费食物？

旅途中遇到困难就退缩吗？

与他人产生纠纷便以打骂对待？

······

人在旅途，这种情况太多，就不一一列举了。我们这一年，看过形形色色在孩子面前毫无顾忌地暴露自己丑陋行为的父母，这些毫无疑问都将深深地印在孩子的脑海里，成为他未来行为的范式模板。

记得有一次不小心和一辆车发生了剐蹭，双方各有责任，车上下来一对父子，孩子也只有六七岁大，父亲骂骂咧咧地走向我，我讲了几句剐蹭的情况，对方便怒目圆睁作势就要打我，我也很气愤，正想针锋相对，却突然看到他后面的孩子，在地上拾起了一块砖头，完全不像是一个孩子应有的满目狰狞，活脱脱就是他父亲的复刻，蓦地想起我车中正在看着我们的两个孩子，霎时冷静下来——怎能让孩子看着我用暴力解决问题？！那一刹那，我克制住了迎上去的冲动，而是指着他的孩子冷冷地说："你真的想在孩子面前和我打一架吗？"他转身看到孩子的瞬间，也愣了一下，或许被孩子的面目吓到了吧，嘴里嘟囔了几句，也不再那么激动，事情最后以相对平和的方式解决。

那个孩子狰狞的面孔，在我脑海里至今仍然十分清晰。

孩子就是一面镜子，你给孩子呈现出什么样的行为，他就会把它映射出来。所以，作为父母，不论在生活中，还是旅行中，在孩子面前，请谨言慎行吧。

但仅仅如此，也还不够。孩子在旅行中，不仅会看到父母的行为，也会看到其他成人、孩子的不良行为。这个时候，作为父母，也要做出必要的引导，让孩子明确知道那些行为是不良的，不要受其影响，更不要模仿。这一点，其实有时很难做到。

比如，在亮着红灯的斑马线上，在竖立着"禁止踩踏草坪"牌子的草地上，在"禁止踏入喷泉"牌子的水池旁，在挂着"禁止攀爬"牌子的室外展品上，却总是有很多成人和孩子无视警告在嬉戏；几乎没有什么人遵守规定，这个时候你的孩子却只能眼巴巴地看着别的孩子在玩，而他却不被允许过去。你能否抵抗这样群体的压力，并且坚定地告诉孩子，对的就要坚持，哪怕只有你一个人如此。

凡此种种，我常对孩子说，"虽然很多人这么做，但他们是错的"，"不用管别人怎么做，你要做正确的事，哪怕很多人反对你"。我想做的，并不仅仅是让孩子学会遵守公共道德。**我还想让他，能够有一种"道之所在，虽万千人吾往矣"的人生坚持。**

　　以上，为人父母的诸君需警惕，若如此，不如不行。亲子旅行教育，这是基本的要求，在此基础上，还有更多的事，要父母尽心来做，且听我在本书中为您道来。

风景？古建？寺庙？ NO _____ 002

博物场馆：鲜活的百科全书_____ 006

非遗体验：用手去触摸传统文化_____ 012

本地生活：感受最真实的中国_____ 016

工厂矿区：那些物品是怎么来的_____ 020

亲近自然：一花一虫一世界_____ 027

极限挑战：用勇气和智慧去征服_____ 034

第一章

爸爸
去哪儿

一辆SUV，一家四口，两个男孩（3岁的喜宝和8岁的喜多），400个日日夜夜，65000多公里，走过250多个市县，150多个博物馆，40多个非遗体验，30多个工厂车间，30多个少数民族地区，自制27省旅行课件，一次以教育为宗旨的亲子旅行课，终于顺利地完成了。

一路下来，在不断的实践中，对如何进行亲子旅行教育，有过很多思考和心得。其中第一条，就是亲子旅行要去哪里。

在回答这个问题之前，请每个准备去亲子旅行的朋友们先问自己另一个问题：我带娃旅行是为了教育吗？如果是，那很高兴您是本书的目标读者。希望下面的分享，能对您的亲子旅行教育有所助益。

风景？古建？寺庙？No

国人当下主流的亲子旅行方式，仍是一种成人化的旅行。

中国传统三大旅游景点：风景、古建和寺庙。我粗略统计过，这三种绝对占中国人游览景区形态的最大比例。可惜，这些作为亲子旅行目的地，都不是优选。

先说风景，认知心理学告诉我们，年纪小的孩子，全局感知能力较弱，注意力更多地聚焦在局部，看风景这种宏观审美的行为意义不大。

还记得带喜多去黄果树瀑布，娃进去就看了 5 分钟瀑布，剩下所有时间都用来趴在地上看蚂蚁和蚯蚓大战了。

孩子的世界，大多在眼前的一草一木，一虫一石，一花一树。所以，我一直不建议亲子旅行是纯粹地看风景，那是成年人的需求，不是大多数小孩子喜欢做的事。如果要去以风景为核心的目的地，我建议选择具有典型地理地貌特征的地方，并且父母需要给予引导和讲解，从科学的角度来输出知识，并且最好带领孩子体验这种特殊地理现象的成因，条件许可甚至可以做一些相关实验，如此则不仅仅是看风景，而且能够收获更多。

再说古建，全国的古镇数以百计，各种文物古迹更是数不胜数。后者还好，承载了很多历史文化。但古镇却大同小异，有独特文化魅力的不多，无论你在江南还是塞北，那些古街上的商铺、小吃、娱乐项目和纪念品，都似曾相识。大多古镇，说白了，不过就是穿了古装的商业街而已。在孩子眼中，如果不了解相关背景知识，古镇在他们眼中无非就是些"老房子"，无甚区别和意义。选择古镇，一是要有独特地域文化；二是原生态；三是着重文化体验。

至于寺庙，堪称中国一大怪。没有其他任何景区比这里可以用"乌烟瘴气"来描述更显准确的了。这个词，不仅仅指"香火"文化，佛门圣地本是修行之处，如今很多寺庙却靠烧香、点灯、供养、开光、吉利钱、抽签算命等名目大把大把地揽财，允许各种假和尚、假道士寄生于内骗人钱物，在商业面前的丑陋表现，让宗教之地蒙上了铜臭，早已名不副实，

少林寺，藏经阁

我们怎能让年幼的孩子来看这些成年人的黑暗面？

而且，烧香拜佛之事，将一切本应寄予努力的心愿，却寄予神明的保佑和恩赐，老年人做得，小孩子和年轻人，万万使不得。在本该努力的年纪，就应涤荡红尘，而不是一切皆空。

寺庙也不是不能去，在选择时，要以宗教文化的角度去看待目的地所能提供的知识和体验。佛教、道教、天主教、伊斯兰教等，都有着代表性的具有很强历史文化底蕴的寺庙，作为一种宗教文化，带孩子了解感受，还是有必要的。但这样的目的地不多，父母需要了解和甄别。

风景也好，古建也好，寺庙也好，总体而言都不是亲子旅行教育的优选目的地，反而是很多在我们日常旅行中不太去的地方，却暗藏珠玑，金玉其内，绝对是亲子旅行的好地方。其中，随着人们旅行教育认识的逐步提升，博物馆已经成为最先被追逐的对象，有些热门博物馆，如故宫博物院、陕西博物馆、内蒙古博物馆等，堪称博物馆中的顶流，排长队的场面甚至不亚于热门景点。

博物场馆：鲜活的百科全书

在这次旅行前，带娃去过的博物馆算不上多。我在周边的高知人群中做过一些调查，经常带孩子泡博物馆习惯的家庭，比例很小。国内某知名问答 App 上 2016 年有一个提问："去欧洲发现博物馆很多，喜欢博物馆的人也很多，为什么中国人都不那么喜欢去博物馆呢？"下面网友的相关回复跟帖或许可以说明一下大众的心理：

1. 中小城市博物馆发展得不好，中国绝大部分人应该都没去过当地的博物馆或者居住地压根没有博物馆，导致整个社会形成一种"博物馆是去大城市旅游才会参观"的想法。

2. 人们认为一个博物馆只用去一次，看过了就可以了。却不知道博物馆的展品会轮动，以及有特展和常设展之分。而这又是因为博物馆宣传力度太小。在欧洲，哪怕再小的博物馆，就不说特展了，连轮动一次展品都要大打广告，甚至打到周边城市去，而且海报都贴在等地铁和等公交的地方，生怕你们不知道。而中国，这一类的宣传信息极少，几乎没有。

3. 热爱文艺的行为被边缘化，"什么，周末你要去博物馆，好有(Zhuang)文化！"热爱个文艺都不敢乱嚷嚷！感觉随时不合群有没有？在中国，社会给人的阻力是很大的。

4. 节奏快，杂事太多，人普遍比较浮躁，没心情慢慢看东西。

5. 外向型人格居多，大部分人不太习惯一个人单独去博物馆，而去博物馆又会因为以上种种原因找不到同伴，遂不了了之。

6. 教育问题，文艺素养一般，对博物馆没兴趣。

不过，这个问答距今已经 5 年了，从人们对博物馆的认识，到博物馆的建设情况，也都发生了很多变化。

随着各种媒体技术的发展，很多博物馆早已鸟枪换炮，充分利用各种多媒体形态和装置艺术，为观者打造出沉浸式的学习体验。这种"鲜活的百科全书"，有声、光、电并茂的展示效果，逼真的 VR 虚拟现实体验，智能的语音导览、解说服务，丰富多样、与时俱进的文创产品，对孩子无疑具有了更强的吸引力。喜多所在小学，每学期都会集体组织去博物馆研学。

即便如此，纵览全国，也只有少数博物馆获得大众的青睐。还有许多博物馆，可谓养在深闺人不知，门庭冷落。这里固然有些做得还不是太好，但其内容本身还是非常有价值的。归根结底，还是源自大部分人仍未形成逛博物馆的习惯和认识。

全国的博物馆数量和种类，其实远远超出一般人的想象。据 2018 年年底国家文物局公布的数据显示，我国共有博物馆 5354 家。而且，绝不是只有大城市才有，很多县城里也有博物馆，甚至有的被评定为国家一级博物馆，比如山东的青州博物馆。

这 5000 多家博物馆，大致分三类：国有、民办和企办。

国有博物馆基本都隶属于各级政府部门管辖，有固定经费支撑，总体特点是：高大上、内容多、免费、关门赶人早、活得时间长，以及星期一闭馆。各地国有新建的场馆挺多，设施很好，各种多媒体展示效果优秀，但老馆则普遍陈旧不堪。

民办博物馆，有景区建设、收藏家开办、商家带货而设等类别，总体特点是：矮矬穷、内容少、收门票、服务好、不休息、活不长。当然，也有少数突出的场馆具有很高的水准，比如观复博物馆、建川博物馆、甘肃天宝景区的石头博物馆等。

嘉兴米开朗冰淇淋博物馆

企办博物馆，也分国有和民营的，几乎都是大企业开办，大都出于传播品牌和承担社会责任的目的，不过国企开办的一般维护较差，少人问津，我们在路上去过一些，有的已关门大吉。民营企业则具有较强的品牌意识，博物馆系精心打造，也成为其文化产业的一部分，比如内蒙古上市公司蒙草生态的草博馆、嘉兴的米开朗冰淇淋博物馆、苏州科沃斯的创想机器人科技馆等。

浙江嘉兴，米开朗冰淇淋博物馆，带娃了解了冰激凌的历史和文化，参观生产线，体验 DIY 冰激凌、巧克力，品尝了美味。现如今的一些博物馆，展示内容和体验都很丰富，就如一部鲜活的百科全书，是亲子旅行的首选目的地。

在全国这 5000 多家博物馆里，大众耳熟能详的恐怕超不过 50 家。在我们这次旅行的 400 天里，带娃走过了全国各地 150 多家博物馆，其中很多博物馆之前可谓闻所未闻。

第一大类是历史博物馆

从各省会城市的省级馆，到市、县一级馆，再到一些细分领域的历史博物馆，是中国类型最多的博物馆。

就我们的直接观感而言，其中故宫博物院、陕西省博物馆、甘肃省博物馆、内蒙古博物馆、四川博物馆、南京博物院堪称博物馆中的"战斗机""流量王"，旺季排队进馆的人群仿佛进到了景区。

还有些小众的细分领域历史博物馆，如鲜卑历史博物馆、蒙古族博物馆、西夏博物馆、丝绸之路博物馆等，以及少数民族角度的苗族历史博物馆、藏族文化博物馆、藏医博物馆等，很适合具有小众偏好的亲子人群。比如鲜卑历史，就是我和娃最为感兴趣的领域之一。

第二大类是自然博物馆

几乎每个省的省会城市，都有自己的综合类自然博物馆，有些地区则有一些细分的自然博物馆，如青海的青藏高原博物馆、山东的黄河湿地博物馆等。

在一些出土过较有代表性的恐龙、哺乳动物等领域化石的地区，也大都有相应的化石博物馆，比如我国第一座专业的恐龙博物馆"自贡恐龙博物馆"、二连浩特的恐龙化石博物馆、有着"中华龙鸟"的朝阳鸟化石博物馆、展示猛犸象化石的"扎赉诺尔博物馆"、西峡的"恐龙蛋化石博物馆"、以哺乳动物化石见长的"和政古动物化石博物馆"、深圳植物园的硅化木"化石森林"、寒武纪生物大爆炸的"澄江化石地自然博物馆"、诸城市恐龙博物馆、禄丰恐龙博物馆等。

第三大类是民族民俗博物馆

主要集中在那些少数民族较多的地区, 如吉林省有满族博物馆, 内蒙古有蒙古源流博物馆、鄂温克博物馆、鄂伦春博物馆, 云南有纳西族博物馆、摩梭博物馆、独龙族博物馆、哈尼族博物馆, 贵州有各种苗族的分支博物馆, 广西有壮族博物馆等。通常来讲, 除了省会城市的民族民俗博物馆水准可以外, 其他地区的民族民俗博物馆都较小, 水准高的不多。

除了历史和自然类博物馆较受青睐外, 其他类型的博物馆, 就相对冷清些, 但让人惊喜的也是这些博物馆, 看起来有趣极了, 涉及人们生活的衣食住行方方面面。

第四大类: 其他, 包括生活、军事、艺术、科学等多个领域

吃, 柴米油盐酱醋茶, 八大菜系山珍海味, 几乎都有。如盘锦大米博物馆、自贡市盐业历史博物馆、古龙酱文化博物馆、山西老陈醋博物馆、湖南黑茶博物馆、广西粉之都米粉博物馆、淮扬菜博物馆、成都川菜

四川自贡市盐业历史博物馆

四川千年盐都"自贡"的盐业博物馆, 位于古香古色的西秦会馆内, 在这里遇到一位 8 岁的小讲解员为我们解说。志愿解说, 是一种锻炼孩子表达能力、积累知识的上佳方式, 这种活动在北京的博物馆中很普遍, 推荐本地亲子家庭积极参与。

博物馆、庆元香菇博物馆、通江银耳博物馆、嘉兴粽子博物馆、黑龙江的鱼博馆、粮食博物馆、长沙的袁隆平水稻博物馆等。

喝，白的啤的黄的红的，你能想到的都有。包括古井贡酒博物馆、张裕酒文化博物馆、绍兴的中国黄酒博物馆、哈尔滨啤酒博物馆、青岛啤酒博物馆、珠江啤酒博物馆等酒类博物馆，以及南京可口可乐博物馆、伊利草原乳文化博物馆等其他饮品主题博物馆。

穿，从材料到工具，从色彩到风格，应有尽有。如纺织博物馆、棉花博物馆、中国丝绸博物馆、蜀锦博物馆、旗袍博物馆、苗绣博物馆、剪刀博物馆、南通蓝印花布博物馆、中国纽扣博物馆、宁波中国服装博物馆、镇江中国职业装博物馆、贵州蜡染文化博物馆等。

行，天上飞的，地上跑的，水里游的，一概齐全。如中国铁道博物馆、北京汽车博物馆、中国航空航天博物馆、中国桥梁博物馆、老爷车博物馆、武汉地铁博物馆、兰州三木自行车博物馆、江西直升机博物馆、旅顺潜艇博物馆、青岛海底隧道博物馆、中国古车博物馆、驿站博物馆、贵州航运博物馆、中东铁路博物馆、泉州海外交通史博物馆等。

成都泰迪熊博物馆

住，如中国古代建筑博物馆、中国园林博物馆、福建土楼博物馆、德化堂中国古床博物馆、瓷房子博物馆、关中民俗艺术博物馆（关中旧民居收藏），有给犯人住的德国监狱旧址博物馆、抚顺战犯管理所，还有逝者的"住所"洛阳古墓博物馆等。

其他还有诸如泰迪熊博物馆、漫画博物馆、生命奥秘博物馆、杨树博物馆、彝族奴隶社会博物馆、沉香文化博物馆、钢琴博物馆等多种多样的有趣博物馆。

这还不包括各省数量众多的科技馆、美术馆、纪念馆等，仅仅去博物馆旅行，走遍全国恐怕也需要几年的时间。

非遗体验：用手去触摸传统文化

非物质文化遗产，是历史、文化、民俗的重要承载，凝聚了先人伟大的智慧结晶。到一个地方旅行，感受当地的风土文化，是一项重要内容。而**非遗，是窥见当地风土文化的一个绝佳窗口。**

中国的非遗分为国家级、省级、市级和县级，国家级非遗目前公布了4次名录共1372项，其中有40项入选联合国教科文组织的"世遗"名录，比如京剧、昆曲、篆刻、活字印刷术、中医针灸、藏医药浴法等。

实际上，中国文化博大精深，民间非物质文化遗产远远不止这千余项，还有很多并未能被列入保护名录，随着时间的流逝，无人继承，而慢慢消失或正在消失在历史长河中。

这次旅行，我们把非遗体验作为一项重要的旅行内容，而且**不能仅止于"看"，还要深入体验。**

我的一个原则是：能做的就做，不能做的看别人做，实在没人做那也只能是看看了。所以这个过程，是需要为父母者深入挖掘的。毕竟，有体验的机会，表面上并不多。

我们亲自动手体验过的非遗项目，包括宜兴紫砂壶、辽砚、楚式漆器、皮影戏、陕西剪纸、草编、蒲扇、竹编、草本扎染、蜡染、杭州油纸伞、木雕、漆线雕、推光漆器、本溪皮具、靖江汤包、云南鲜花饼、东巴杭州手工艺活态馆，有数十种江南非遗项目可以体验，带娃画了油纸伞、学习了竹编等。非遗体验是非常适合亲子旅行的一项活动，既可以了解当地民俗文化，也可锻炼动手和解决问题的能力，有些还可品尝美味，体验的层次丰富，孩子的感受和记忆非常深刻。

杭州手工艺活态馆

纸、普洱茶饼、泼水节、杨柳青木版年画、茶道、广西米粉、嘉兴粽子、徽州宣纸、绍兴黄酒等约 40 种非遗的制作过程。

如何体验到这些，我有几个办法：
一是和专注于非遗的机构合作，帮我们联系对接；
二是向当地人请教，请求协助对接；
三是去一些非遗体验文化园；
四是旅行路上随机看到了，就厚着脸皮去搭讪以获得了解和体验。

非遗机构方面，我们合作的是"非遗星球"，在全国各地有很多非遗传承人资源，也帮我们对接了一些体验的机会，比如盘锦辽砚和楚式漆器。但这种情况，不太适合一般的亲子旅行者。所以重点说一下三和四。

目前，有些大的城市在非遗的发展上采取了建设非遗园区、集聚非遗传承人、打造整体流量，从而输血给非遗个体商家的方式，给非遗传承人的事业带来发展契机，同时也给亲子研学旅行、集中体验非遗文化提供了

张壁古堡，体验操作皮影戏

好的场所。

比如北京的"海淀稻香湖非遗科学城"、贵阳的"七彩贵州非遗博览苑"、杭州的"手工艺活态馆"、长沙的"非遗雨花馆"、宁波的"鄞州非遗园"，以及还在建设中的国内最大的非遗博览园——"成都世界非遗博览园"，也是国内唯一可集中了解世界非遗情况的场所。

可惜，目前国内这样的园区还不多，而且有的园区因为到访者少，勉力维持，甚至变形走样成为古董艺术品商城等，令人遗憾。

在这些体验园、博览园内，不仅可以看到相关非遗的历史文化展览，最重要的就是可以体验。体验，已经成为这些非遗园区的一种非标产品，只要你付出多少不等的费用即可。

但是需要注意的是，有些提供体验服务的手艺人，为了让孩子的体验成果看上去好一些，往往会帮助孩子做很多，这其实有些违背我们让孩子动手的初衷，孩子自己的思考和学习并不足够。所以家长应该适度地提醒对方不要过度替代孩子来做，家长也是一样，尽量起到的是指导作用，而更多地让孩子亲自来做。

宁波鄞州非遗园体验编织蒲扇

而在旅行中遇到"野生"非遗技艺现场时，对方并不提供商品化的体验服务，就需要家长能够厚着脸皮跟对方搭讪，谦虚讨教，沟通能否体验尝试。比如厦门漆线雕，我们只是在福建三坊七巷的一个展览上看到，恰好非遗传承人正在旁边制作，我们就上前刻意称赞聊了起来，慢慢将话题引到能否让孩子试试感受一下，一般来说对方都不会拒绝，就可以一试了。

全国走下来，喜多所制作的各种非遗作品已经攒了一大堆。娃以前更多的是看书，但这次通过各种动手体验，他对动手制作东西已经不再发怵，而且在解决一些动手问题时，有了更多的办法和思路。

旅行结束回来后，孩子不再总是坐在那里看书，而是对乐高、折纸、化学实验等也产生了浓厚的兴趣，时不时就鼓捣一下，随着做出来的东西越来越多，也越来越像那么一回事儿，他的自信心也有了明显的提升，对此我是十分乐见的。

对于想要将非遗作为旅行内容的朋友，我建议可以先看一些纪录片，加深对非遗的了解，比如《中国手作》《指尖上的传承》《手造中国》《传承》《新青年、老手艺》《人类非遗》等，一来可以熟悉国内各地的非遗情况，二来体验时可以给孩子有一些基础讲解。

本地生活：感受最真实的中国

费孝通在《乡土中国》里说："从基层上看去，中国社会是乡土性的。"**感受最真实的中国，最丰富多样的风土人情，不在景区里，而在基层民众的真实生活里，尤其是在标准化的城市之外的乡土生活里。**

坦率地讲，全国走下来，不管是大东北的黑土地、浓浓历史人文传统的江南、中华文明沃土的中原，还是大山大水的大西北，就城市而言，大同小异，现代城市建设整齐划一，缺乏个性。有着自己鲜明的个性特色的城市，如重庆的魔幻山城、西双版纳的傣泰风情、拉萨的高原佛土、伊犁的八卦城、厦门的花样海滨等，算少数不错的代表，其他大多令人遗憾。但城市之外，却赫然迥异，物宝天华，各自不同。这才是我们在旅行中要看的。

石榴长在哪里？

莲藕如何采摘？

冻柿子如何制作？

拾花生又是怎样的？

晒谷子要怎样做？

种田种菜是什么体验？

菜籽油是如何压榨的？

……

诸如此类，对城市孩子来说，平时难得一见，但又是很接地气的感受和知识。

上面列出的这些，皆为我们旅行过程中所体验到的，不需要去什么固定的地点，只是自驾在乡间路上，看到了就停下来，和本地人聊天，争取让孩子动手去感受体会。**我称这种为"路边的课堂"，没有门票，感受却非常真实。**

比如在"香菇之乡"庆元，看过"中国香菇博物馆"了解了香菇的历史、文化和栽培工艺技术后，带孩子到路边菇农的"菇寮"里聊一聊、看一看，带上竹篓亲手采摘一些长在菌棒上的香菇，回来后再吃上一顿"香菇宴"。这种多方面刺激，带给孩子的感受，是非常高强度的输入，孩子对香菇的认识、理解也一定是仅仅看一下香菇长什么样所不能相比的。

还有些体验，不是限于路边，还要深入农村生活

在广东惠州时，恰逢新年将临，当地有杀年猪的习俗。 杀猪，我作为一个北方的成年人，是非常熟悉的。 那是幼时非常深刻的童年记忆，每逢年节，就有人家杀猪，而且杀猪一定要呼朋唤友左邻右舍全都来吃，走了还得送上"两脚"和几挂大肠子，一头猪恨不得吃掉半扇出去，场面是相当的热闹。 而如今，这种风俗减少，城里的孩子更是无从体会。 这次刚好有机会去惠州农村，索性就带娃去体验杀猪是怎么一回事儿。 当然，他只看了杀猪前后的过程，关键的时刻，考虑到他的年少，就并未让他目睹。

菜市场，也是感受本地生活的一大去处

我和宝妈每到一个地方，都喜欢去菜市场逛逛，一来买些食材，自己做给孩子吃；二来可以见识到不少不曾见过的食物和有关知识。

比如在中国的"东极"抚远，有着北方最大的淡水鱼交易市场——"东极鱼市"。 这里可看到连我这个北方人都没见过的包括"三花五罗十五子"的各种淡水鱼，一定大开眼界。

中国的"东极"抚远镇的"东极鱼市"，见识各种北方淡水鱼种

中国的最东极城市抚远，在我国北方最大的淡水鱼交易市场"东极鱼市"，见识了大马哈鱼等乌苏里江所产的各种淡水鱼类，大开眼界。 菜市场，是一个能够窥见本地生活的最接地气的场所，尤其是在那些具有鲜明地域和民族特色的城市，建议都可带孩子去一探究竟。

呼伦贝尔的敖鲁古雅使鹿部落，鄂温克民族的传统民居撮罗子。城市中的孩童，如果不深入到各地乡村，是难以看到人类的居住形态是如此多种多样的，而不仅仅是城市中的钢筋混凝土楼房。

呼伦贝尔的敖鲁古雅使鹿部落，典型的鄂温克临时居所撮罗子

同样在厦门的第八海鲜市场，也能看到与北方迥异的海洋生物，那些如人类小臂般大小的皮皮虾、五彩斑驳的龙虾、长长如蛇般令人畏惧的土龙……简直让我们北方人瞠目结舌。

在湖南湘西苗寨的市场里，有很多认不出名字的草药；在西双版纳的菜市场，一定有很多你认不出的热带水果。

居住形态，在广阔的中国大地上也存在着种种不同

我们这一路，进过鄂温克的撮罗子，赫哲族的昂库、马架和鱼楼，大兴安岭的木刻楞，内蒙古草原的蒙古包，朝鲜族的地炕，摩梭人的花楼，湘西的吊脚楼，侗寨的鼓楼，客家的围屋，汉族的风水宅、八卦村……在贵州紫云县的大山里，甚至有一支生活在山洞中的苗族，被称为"最后的穴居部落"，在如此现代的社会里，竟还有民族生活在洞里，想想都好奇，遏制不住地想一探究竟。

只要你深入下去，不仅可以看到这些形形色色的民族居所，还可以住进去感受，品尝一下民族特色食物，和少数民族的人们成为朋友。

民俗活动，也是本地生活的一大体现

这些活动也常见于那些少数民族地区，譬如我们在云南体验了泼水节，在朝鲜族参加了新人的婚礼，在蒙古族帮助一起加厚蒙古包，在赫哲族学习鱼皮画、雨后采蘑菇，在土族观看萨满祭祀仪式，在侗寨新年随着村民盛装环寨游行。汉族也一样有不少民俗活动，比如屈原故里汨罗江上的端午节赛龙舟，吉林松原查干湖上的冬捕，哈尔滨冬季的冰灯游园等，都可以去体验。

这些本地生活感受，不仅是孩子需要的，即便是很多成年人，也未必见识过。如果你想要了解一个地方，就请把目光从景点再放宽、放远一些，深入本地生活，带孩子去感受最真实的中国。

工厂矿区：那些物品是怎么来的

我们的生活中，充满各种物质产品，吃穿住行，司空见惯，但这些产品，都是怎么来的？

大多成人的思考中，是不会关注这些问题的；但孩子不同，他们对世界充满好奇，他们会在脑袋中对这些物质产生大大的问号。这个时候，就需要我们为父母者去解答了。而工业旅游，是解决这个问题的一个很好的场景和方式。

工业旅游，近些年开始逐渐兴起，但很多人还未注意到。已经有越来越多的工厂，开始涉足这个领域，商家最初的动机，无非是塑造品牌的一种方式，抑或是促进销售的手段；但随着旅游业的发展，工业旅游的旅游收益也越来越明显，工厂在这个领域的投入也随之多了起来，以产品博

物馆为核心的工业旅游景区，已成为亲子游学的一个重要目的地。

工业旅游目的地，大多集中在食品行业、工矿企业和手工业，其带来的游学感受往往是多层面的——既可以在产品博物馆了解相关历史文化、工艺和科技知识，也可参观生产线感受车间氛围和工业流程，还可品尝食品或者动手体验制作过程，最后还可购买相关产品。

以嘉兴的"真真老老"食品为例，我们带孩子先看了充满传统意境风格的"粽子博物馆"，了解到粽子的历史文化和全国各地不同的粽子形态，然后参观粽子的手工制作工坊，熟练的工人在快速而精准地包制粽子，手法令人叹服；继续往前走，他们包制的各类粽子已经煮好，立即就可品尝，有多种口味可以选择；大饱口福后，再到"粽子体验馆"，有老师手把手教孩子学习粽子的包制，完成后还可带走自己的作品回家享用。

如此下来，可谓"四到"：用脑学到、用眼看到、用嘴尝到、用手做到。如此多层面多角度的集中输入，孩子对粽子文化的认识和感受十分深刻。

景德镇不是只有瓷器，也有制造业基地。比如图中的江西直升机制造公司，在人们传统的意识中根本不是旅行的目的地，但其实这里的直升机博物馆水准很高，非常适合进行亲子教育。还可让孩子登上直升机体验操纵的感觉。

江西直升机制造公司，上机体验

浙江遂昌金矿，艰难举起一大块金锭

浙江遂昌金矿，体验一块金锭的重量，看起来小，可即便是成人拿起来也有些吃力。工矿厂区，可以告诉我们那些熟悉的物品，都是怎样来的，其中也蕴含着很多科学知识，亲子旅行建议多去些这样的地方。

　　再以矿区为例。下矿井，对大城市里的孩子来说，听起来似乎是一种很遥远的事，一种和城市生活完全不同的世界。但矿里出来的那些东西、金、银、铜、铁、煤……又是生活中不可或缺、学习中常常提到的，宛若陌生的老朋友。

　　这些金属是从哪里来的？又是怎么来的？嘴上讲多少遍，其实也不如实地下去看看。

　　所以我们这一路便去了一些工矿园区：比如，贵州铜仁的万山汞矿，带娃了解中国的丹砂文化、朱砂和汞的关系、提炼汞的方法、汞和朱砂的用途等知识，还拾到了含有朱砂的矿石；

　　浙江遂昌金矿，乘坐金色的小火车穿行于山林、深入唐宋明代金窟，见识到"烧爆法"留下的采矿遗迹，体验拿起一大块金锭有多么费力；

　　在湖北大冶的"铜绿山古铜矿遗址"，了解到通过地面的"铜草花"

山东沂蒙钻石矿国家矿山公园

来辨别铜矿的位置；

在沂蒙的钻石矿，感受到巨大的钻石矿坑，学习了钻石的各种历史文化和科学知识；

当然国内最多的，还是煤矿，辽宁海州的露天煤矿、唐山的开滦煤矿、大同的晋华宫煤矿、满洲里的扎赉诺尔煤矿等，都有开放的矿山公园和博物馆，并且可以下矿井去体验。

在这次旅程中，我们大约去过 30 个工厂矿区，涉及食品、飞机、汽车、牛奶、药业、草业、矿业、照明、机器人、农业、酒业、文化产品、航空航天等多个领域，包括蒙牛、伊犁、蒙草、恒顺、农夫山泉、可口可乐、科沃斯、五星宣纸、真真老老食品、古龙酱、茅台、泸州老窖、洋河、张裕、东湖醋园、五芳斋、米开朗冰淇淋、中宁枸杞、遂昌金矿、沂蒙钻石矿、江西直升机制造公司、西昌卫星发射中心等各领域的多个知名企业、工业基地和工矿产地。此类型的目的地，主要集中于东北、华北、

呼和浩特蒙牛总部，参观生产车间

古龙酱文化园

东南和南部，中西部地区则很少见到。

即便是不以工业生产职能为主的首都北京，也有不少此类目的地可去亲子研学，如三元牛奶工厂、朝阳循环经济产业园、首钢工业遗址园、燕京啤酒总公司、北冰洋义利食品厂、北京珐琅厂、张裕爱斐堡、红星二锅头等。

不过，这种正儿八经企业做的博物馆，散客去游览有一定难度，他们中有一些是只接待团体的。面向散客开放的，也大都需要提前预约。所以有时为了一探究竟，可能需要提前做一些准备，如有必要还可在当地参与一些相关的团游。

除了这种纯粹的企业，还有一些挂产品博物馆"羊头"，而实际上卖商品"狗肉"的地方，类似以往的团游购物点，对于这类地方，大多数人会嗤之以鼻，但也不要过于不屑。商家也是很努力的，挂羊头的方式也是在不断进化升级，以往这种商家做博物馆不过是敷衍，粗糙制作充数，但现今有些商家做博物馆是认真的，虽然最终目的也是卖货，但博物馆的投入和建设水平的确提高了不少，甚至门票收入也成为他们真正的收入来源之一。这样的馆，也是可以一看的。比如乐山的"天工开物水晶博物馆"、北海的"南珠博物馆"、银川的"中国枸杞馆"等，就属于这种类型。

不同的企业，重视的程度不同，游览区的建设水平、服务意识和研学设施也参差不齐，但即便如此，也是难得的了解相关知识的机会。

去这样的地方，提前做好"预习"功课是十分必要的，毕竟涉及的知识，很可能绝大部分成人也不曾深入了解过，所以建议去前大人、孩子都进行一定程度的了解，怀揣问题去游览学习，更容易听

厦门古龙酱文化园，大晒场上 6 万多缸正在日晒夜露的酱油，非常壮观。到工业旅游目的地，注意要做好预习，比如在这里，最好事先给孩子讲讲什么是发酵，酱油与醋、酒的酿制区别等，方能更好地理解目的地的内容。

懂看懂，收获也更多。

全国范围来看，国家旅游局根据《国家工业旅游示范基地规范与评价》行业标准，2017年年底曾推出首批十家"国家工业旅游示范基地"和十家"国家工业遗产旅游基地"，分别是：

国家工业旅游示范基地

1. 山东烟台张裕葡萄酒文化旅游区
2. 江苏省苏州隆力奇养生小镇
3. 福建省漳州片仔癀中药工业园
4. 内蒙古自治区伊利集团乳都科技示范园
5. 云南省天士力帝泊洱生物茶谷
6. 山西省汾酒文化景区
7. 新疆生产建设兵团伊帕尔汗薰衣草观光园景区
8. 黑龙江省齐齐哈尔市中国重工业旅游区
9. 辽宁省大连市海盐世界公园
10. 安徽省合肥市荣事达工业旅游基地

国家工业遗产旅游基地

1. 湖北省黄石国家矿山公园
2. 河北省唐山市开滦国家矿山公园
3. 吉林省长春市长影旧址博物馆
4. 上海国际时尚中心
5. 浙江省新昌达利丝绸世界旅游景区
6. 江西省萍乡市安源景区
7. 湖南省株洲市醴陵瓷谷
8. 广西壮族自治区柳州工业博物馆
9. 四川省成都市东郊记忆景区

10. 贵州省仁怀市"茅酒之源"旅游景区

这些名单上的工业旅游地，在实际寻找中，地址名字很多与此不同，另外也不是所有工业旅游目的地都发展良好，个别已经关门大吉，有的也不经常开放，有的只对团队开放，所以去这样的目的地，记得提前联系，一是预约，二来也确认一下是否可以接待。

在本书后面的"亲子旅行规划和辅导参考"中，为大家列出了多个省份的工业旅游园区，且大都是我们亲自验证过的，相比这份名单也更全面。 有些企业虽不在此名单之上，但实际上做得更为优秀，只是很少人知晓而已。

亲近自然：一花一虫一世界

近年来，在世界范围内出现了幼儿户外活动明显减少的现象。美国著名作家理查德·洛夫（Richard Louv）在《林间最后的小孩》一书中使用"自然缺失症"一词，描绘现代社会的孩子们与大自然缺乏联系的事实，并称"孩子就像需要睡眠和食物一样，需要和自然的接触"。于是，自然体验教育活动在全世界开始盛行，其中尤以德国的模式最受推崇。

在森林幼儿园，孩子们在大自然中爬树、取火、堆雪人、盖房子，解决各种问题，每天都在新鲜空气中长大，并在大自然中得到各种历练，孩子的身体素质非常好，动手能力、合作精神以及做事情的专注程度都很优异。

中国的应试教育在自然教育这一方面严重缺失。

对于中国大多数生活在钢筋混凝土城市中的儿童来说，自然教育是可望而不可即的。不仅缺少教育的场所，也缺少自然教育的时间，学生们有限的课外时间都被各种兴趣班、补习班占据。

在政策层面，城市中也缺乏孕育自然教育发展的优良土壤。就在笔者写这部分文字的一周前，一则新闻吸引了我的目光——"北京最大森林幼儿园集群正在消失"，主要原因是林业用地的土地性质不具备商业办学资质问题，因此被强制腾退。这种政策限制，制约了中国自然教育获得发展的民间活力。

所以，旅行实际上已成为大多数孩子亲近自然、从自然中学习的一个主要机会。

长白山锦江木屋村中挖人参

但是，亲近自然，绝不是看风景。亲近自然，甚至都不需要家长的引导。

到长白山，不是只有登山看天池，还可以到参农家里去体验一下挖人参，这可是一项技术活儿，也是一种当地传统文化体验。

当你把孩子带到自然的环境中去，他会自发地去寻找他的乐趣，这样的乐趣不在远处的风景，而更多地在身边的一草一木、一石一虫、一花一树中。在黄果树瀑布，喜多看瀑布只用了5分钟，其余时间都用来趴在地上看蚂蚁围攻蚯蚓的大战了。我也只能和他一起，撅着屁股在地上观察，引得一众游人也不断地过来围观，还以为地上有什么特殊的景点呢。

你看，这就是成年人的心态，要看瀑布的是孩子吗？不是，显然那是成人的需求。

大同土林，特殊的风蚀、水蚀加上盐碱地地貌，看的不只是风景，还有这里面的成因。喜多对春天里地上还有"白雪"很好奇，捧在手里还不融化，这个时候就是给他讲讲"什么是盐碱地"的好时机。

山西大同土林，盐碱地貌

当然，如果我们想事半功倍，还需更进一步，做更多的事，就利用身边的种种自然条件，和孩子"玩起来"，并将知识和方法蕴含于其中，输出给他。

还是上面黄果树的例子，看完蚂蚁蚯蚓大战后，我想瀑布不能白来，就领着他去到瀑布下面的水帘洞，他用手去接飞流直下的水，连带手臂都被砸得向下倾斜，水珠迸溅，他仰着脸，迎接那个"水弹"，玩得不亦乐乎。趁此机会，我赶紧引出讨论的话题：为什么瀑布会飞流而下？又为什么会有那么重的拍击力量？从而为孩子讲述地球上的重力、势能与动能的转化、能量守恒定律等物理学原理。

又如网红景区茶卡盐湖，大多数人过去，做的都是同一件事——穿上一件鲜艳的衣服，站在盐湖中拍上一张"天空之镜"——这对孩子的教育来说无甚意义，甚至对一些孩子来说连乐趣都算不上。我们是不是可以换一种亲子游法，带上小铲子、容器和小手套，捞上一些盐水到装置里，待阳光将水分蒸发后，就可看到形成的盐花；或者带上一些简易的实验器具，做几个关于盐的化学实验。这样的方法，是不是比单纯地看看风景、再拍张照更有收获呢？

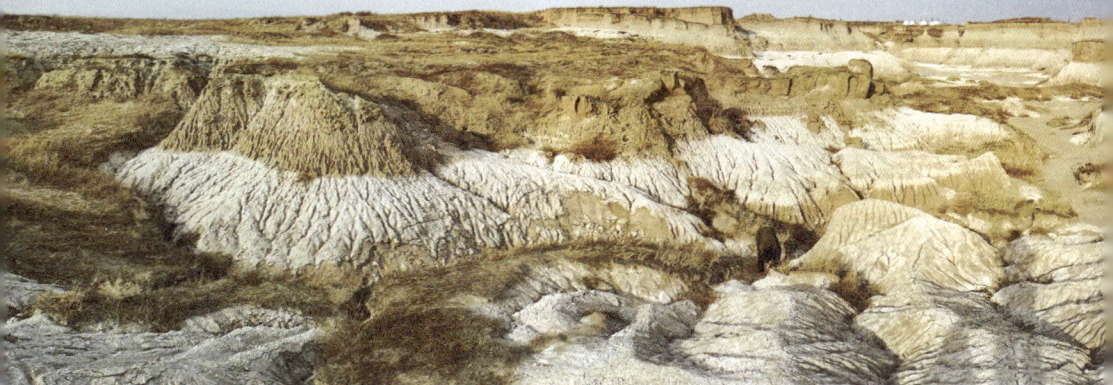

大同土林全景

适合自然教育的"风景区"其实还是有不少的，或许它们有的并不"好看"，却非常值得探索。比如"五大连池""大同火山群""乌兰哈达火山群""远古火山口"等，可以感受学习火山地貌和矿物知识；比如克拉玛依"魔鬼城"、新疆的"世界魔鬼城"等，可以感受了解雅丹地貌；陕西靖边的"龙洲丹霞"、川南的"赤水丹霞"、张掖的"七彩丹霞"和"冰川丹霞"等，是丹霞地貌的典型代表。还有山西的"土林"、云南的"石林"、吉林乾安的"泥林"、贵州的"天坑"等，也可充分感受各种风蚀、水蚀以及喀斯特地貌等。同样道理，去"长白山天池"和"天山天池"，虽然都叫"天池"，成因却不同，是不是也可在观赏的同时，解释一下它们之间的差异。

除了特定的目的地，旅行途中的偶遇也很多，路边的花草树木、虫子，常常吸引孩子的目光，父母也可随时加以利用和发挥，给予孩子相关主题更多的内容。

比如，喜多经常会问我们路边发现的新植物，为此我在手机里下载了"形色""花伴侣"等 App，以便能

克拉玛依魔鬼城，雅丹地貌中孕育着油田，成群的磕头机矗立在戈壁中。亲子旅行到这种"风景区"，就不要只是看景了，既可以给孩子讲讲雅丹地貌的成因，也可实地感受一下石油是如何而来，不要错过进行地质教育的天然好时机。

克拉玛依魔鬼城有着大量的磕头机　　　　　　感受雅丹地貌

够随时停下来查询、答复、讲解给孩子听。喜多、喜宝一路上捡石捉虫揪草、招猫逗狗吓唬鸡鸭、赶海捞鱼捞虾、采摘各种蔬菜水果……简直多不胜数，只要不违反公共道德和损害他人利益，我们一般也会慢下脚步，就让他们尽情地感受大自然的野趣，并在玩的过程中和他们讲一些相关的知识。

教育无处不在，又哪里会分景区还是野外。

茶卡盐湖

极限挑战：用勇气和智慧去征服

旅途中有一类小众的属于勇敢者的活动，就是极限类的挑战。传统上来看，在中国，即便是成人化的旅行，参与此类活动的人也不多，更不用说不顾安全性带孩子参与。但实际上，极限运动，尤其对男孩子来说很有意义，也一定很有收获。

男孩子，天生爱冒险、爱探索、爱征服，精力充沛，活动力强。喜多有时和我说，感觉心里有一团火，坐不下来，就想动来动去。带他旅行，登山时经常是好好的台阶不走，而是爬两侧的斜坡向上。

极限运动，往往伴随着冒险，以及用勇气、体力和智慧去解决困难，会在短时间内极大地刺激人们分泌肾上腺激素，释放多巴胺，获得一种高峰体验，在运动中也可释放过剩的精力。在征服困难之中，可以磨炼孩子的勇气、意志，而一旦顺利完成，又可给予孩子自信心和成就感，获得内心的成长。

当然，也有问题，就是安全性不够。所以，在能够确保安全性的前提下，旅途中建议可以适度参与一些极限类的活动。

常见的极限挑战包括：一定难度的登山、徒步穿越、蹦极、漂流、攀岩、冲浪、帆船、潜水、无动力飞行，等等。

尤其是登山，外出旅行中经常会遇到，安全性也适合孩子。不过有些孩子小一些或者嫌累，不爱爬，建议家长可以通过比赛或者奖励等形式来激励孩子自己攀登，让他感受克服身体的困难登顶后的成就感，只要成功感受一次，下一次的攀登就会主动得多。

我们在旅行中经历过多次攀登，常规的爬山不提，对孩子稍微有点难度的如乌兰哈达火山群通往火山口的熔岩渣路、敦煌鸣沙山冒着巨大狂

探秘山西芦芽山上的万年冰洞

风深一脚浅一脚踩着沙子爬顶、甘肃平山湖大峡谷 50 多米长几乎垂直的天梯。

难度再大一些的，如在倾盆狂泻连阶梯都如沉入河流般的大暴雨中登顶泰山，在漫山积雪、道路结冰的路面上登顶衡山，这样的天气条件和路面状况，成人攀登也非常不易，但已经体会过登顶成就感的喜多，虽然过程艰难，在我的鼓励和保护下，依然完成了成人也难完成的攀登。

四岁的喜宝虽然娇气一些，但犹记得在敦煌鸣沙山向上爬时，狂风吹得漫天风沙迷了他的眼睛，接近 70 度的沙内温度烫得脚熟了一般，看着哥哥已经先他爬了上去，他爬一会儿哭一会儿，然后再继续爬，竟也爬了上去，破涕为笑。这样的经历，相信对于他们的勇气、意志的磨炼，一定会有着正向的作用。

贵州猴耳天坑岩洞内蜘蛛人穿越

贵阳附近的猴耳天坑，体验在 30 多米高的溶洞壁上做蜘蛛人穿越。男孩子天生具有爱冒险的基因，在有条件的旅行目的地，保证安全的前提下，适度做一些极限挑战的项目，比如穿越、攀岩、漂流、冲浪、潜水等，可以磨炼孩子的勇气和意志，不妨一试。

除了常见的这些运动外，在贵州这样的多山、多溶洞的地区，近年兴起了一种天坑穿越和溶洞穿越的运动，前者主要是在数百米高的空中沿山壁攀附环行并穿越天坑口，名为"云中漫步"；后者则如蜘蛛人一般贴着岩洞内黑暗湿滑的高空岩壁攀爬前行到指定地点。看上去非常惊险，但安全性相对较高，而且洞穴探秘本身无论对孩子还是大人来说都具有很强的吸引力，是挺适合亲子参与的一种极限活动。喜多开始有些害怕，完成后就觉得挺刺激没过瘾，还想再来。

在库布齐沙漠，近年已经有比较成熟的团体徒步穿越活动，短则一天，长则三天，非常磨炼意志，还可以学习沙漠中的生存技能，相关项目也出现了小朋友的身影；只要穿越一次，相信他们对沙漠环境的认识，一定深刻无比。

另外还有一种新兴的室内失重体验、风洞飞行等项目，也在很多城市出现，虽然价格昂贵，但不需要到野外就能体验，安全性非常好，还可以配合讲述失重等物理现象的原理，倒也是一种选择。

把旅行当门课程去设计＿＿＿＿＿＿040

做一名能共情又有趣的好老师＿＿＿＿＿＿060

做一些学生应该做的事＿＿＿＿＿092

带这些 App "教具" 上路＿＿＿＿＿＿104

写教案：以莫高窟为例＿＿＿＿＿109

设计但不偏执，未知永远是旅行的魅力＿＿＿＿＿116

第二章

上好旅行这门通识课

一

把旅行当门课程去设计

如果您的亲子旅行目的是教育，为了最大化地实现目标，一定要拿出教育的架势和劲头来。你就是辅导员，孩子就是学生，旅行就是上课，上课就要备课，备课就要创新教学方法，让学生愿意学、学得好、记得牢。

所以，我建议把旅行当门课程去设计。

定基调：旅行是一门课外通识课

旅行，天然就具有课程的属性。无论你到哪里，是不是都对目的地有这样那样的问题？是不是希望更多地了解目的地的情况？并且经常会寻求导游或者当地人等这样一个"辅导员"的角色去获得答案，并产生思考？

只不过和学校课程不同的是，旅行的上课环境在校外的各种地方，有时要自学，有时要求教别人，没有强制的作业，但有自主完成的照片和感想，也不会交给老师，而是交到一个叫朋友圈的地方，供他人评论点赞。

既然已经做了这么多，亲子旅行不如就彻底些，完全按照一门课程去做。而且，这样一个认识，不仅是为父母者要事先明确的，还要让孩子认识到——**我不是出去玩，我是出去以旅行的方式学习。**这一点很重要，它关乎你的课程是否能够获得"学生"的认真配合和参与，也就是关乎教育的最终效果。所以必须在旅行前专门和孩子进行谈话，明确旅行的目的，端正态度，亲子共同参与进去。

明确了这个认识，下一步就是要备课，**首先需要明确——旅行是什么课?**

旅行涉及山川河流、风土人情、历史文化、科学宗教、地理发现、自然探索……出国游的话，外语更是基础。所以旅行涵盖了语文、数学、外语、历史、科学、生物、政治、物理、化学、考古等各种课程，简单概括就是"通识课"。

通识教育，简单说就是"通才教育"——不仅仅是知识层面的"什么都懂一些"，而且还包括德育、美育、体育、劳动技能等，也就是"德智体美劳全面发展"，中国的小学阶段，实际上就是通识教育阶段，只不过是在实际中迫于择校的应试压力而变了形。

通识教育的重要性毋庸置疑，教育界的老祖宗孔子在千年之前就提出了"六艺"——礼、乐、射、御、书、数，并且教导学生"君子不器"，就是作为君子，不能囿于一技之长。

因为通识教育可以帮助打通各学科的壁垒，开阔眼界，建立动态发展和普遍联系的哲学思维方式，拥有多种文化素养和技能。最重要的是培养一个全身心协调健康发展的人。

在我国，小学阶段就是通识教育最重要的时期，也是被父母带出旅行的最高频的阶段。所以，说亲子旅行是一场通识课，既符合旅行本身的客观特点，也是亲子旅行教育的基本定调。

有了这个基本的认识，父母就知道需要做何种的准备。从大的环节说，至少需要有"行前预习""行程中学习""行程后复习"和"旅行作业"四个方面。

所谓"行前预习"，就是要对去的目的地主题有个初步的认识了解，提出问题，带着问题去看、去体验；"行程中学习"要严肃活泼，学生遵守所在环境"纪律"，认真"上课听讲"，老师倾情相授，要创新方法，让学生喜欢听、愿意做；"行程后复习"要通过多种手段，比如其他辅助的音视频资料，帮助孩子进一步理解一天所学的相关主题知识，强化认识，引导思考；至于"旅行作业"，可以多样化，最基本的形态可以是日记，写作的过程实际上是一次在头脑中复现的过程，对加深记忆非常有好处，当然也可以采用手工、绘画等其他方式加以留存。

下面以江苏宿迁的"晶世界玻璃艺术馆"为例具体说明，这是个旧玻璃厂改建的玻璃主题博物馆。

行前预习：是让孩子对"玻璃"初步了解认知，先辅导学习和玻璃有关的字词，如"玻璃""石英""二氧化硅""水晶""熔点"等，再介绍玻璃的主要成分、工艺原理、分类和应用等。这样在看博物馆时，孩子就会有相应的知识储备。

行程中学习：主要是看玻璃博物馆有关内容，其中涵盖玻璃的历史文化、化学构成和特性、工艺制作流程、主要分类和应用等，需要孩子能够认真地看和听父母或者讲解员讲述，保持专注。了解完相关知识，再亲手体验一下玻璃饰品、玻璃灯泡的烧制等，充分感受玻璃的特性。

行程后复习：可选取一些和"玻璃"有关的音视频，如网上很多的玻璃实验、BBC 的防弹玻璃纪录片等，给孩子观看，辅助理解。

江苏宿迁"晶世界玻璃艺术馆"，在原玻璃厂基础上改造的主题博物馆。到这种地方，一个完整的亲子旅行课，需要包括预习、学习、复习和作业四个环节。即，行前预习相关字词和科学原理，行程中注重认知和体验，可 DIY 烧制玻璃灯泡、制作玻璃饰品，行程后找一些有关玻璃的科普视频资料观看，最后再写一篇日记。

宿迁晶世界玻璃艺术馆

至于"旅行作业"，可以让孩子写一篇日记，也可和孩子完成一项关于玻璃的实验或者手工作品。

四个环节下来，对孩子的信息输入强度非常高，只要孩子态度上没有问题，积极参与其中，必然会收到较好的学习效果。

要求家长在备课时，也需要从这四个环节入手，至少自己要先了解学习一遍，思考给孩子输入的方式方法，以及最后的作业内容。如果家长不具备这样的知识学习水平，可以充分利用现有的网上学习资料，给孩子不同程度的输入。

作为一门通识课，对家长的要求无疑是较高的，但为了孩子，这些付出是值得的，也是自我提高的过程，和孩子一同学习成长。

做功课：为你的孩子量身设计

孔夫子不仅讲"君子不器"，还讲要"因材施教"。也就是说，要兼顾平衡与重点，给亲子旅行"备课"，也要量身定做。在多方面向孩子输入文化知识的同时，也要重点选择孩子感兴趣的领域，如此方能激发"学生"参与的兴趣与意愿。

有的孩子喜欢运动，那就多爬爬山，再体验一些平时不太接触的运动项目，比如海边可以去学帆船、山里可以去攀岩或者探洞、河边可以去漂流或者皮划艇、草原可以骑马射箭，等等。

有的孩子内心敏感、情绪丰富，可多去看看艺术类的展览展示、体验非遗手工制作、观看艺术表演等。

有的孩子热爱科学探索，那就多带他去科技馆、自然博物馆等，参与

苏州科沃斯工厂机器人实验室

科技制作、探索自然生物和地质奇观等。

有的孩子热爱历史，中国最多的景区就是古迹，还有大量的历史类博物馆，选择简直不要太多。

总之，中国很大，去处很多，足够你选择适合孩子的旅行项目。孩子越喜欢，就越容易参与到你所设计的教育环节中去，教育的效果也就更好，否则将事倍功半。

我们在路上时，常常能看到这样的情景：爹妈拽着孩子说你看这个、你看那个，孩子一脸茫然又无奈地跟着。这是一种强制输入和被动接受，就算孩子一直听话地跟着，但效果仍是非常有限，如果经常这么做，孩子还会产生厌烦心理和逆反心理，越来越不喜欢和父母出门旅行。

相比较，如果输入的内容是孩子喜欢的，往往不需要你生拉硬拽，他们会主动地去了解、获取相关知识，产生思考、形成问题并寻求父母或者其他人的解答。这样一种输入，就是顺势输入和主动索取，效果自然是好过被动许多。

但是，孩子并不是只需要了解自己喜欢的东西，作为一种通识教育，一定有孩子不太感兴趣的领域，那又如何办呢？方法其实很多，要根据实际情况选择。总体上，我建议先从感兴趣的方面去做，中间少量掺杂一些孩子不是太感兴趣的项目，并且父母要在输入方法上创新一些，和孩子玩起来，激发孩子的兴趣，让孩子从不感兴趣到产生些兴趣，循序渐进地去做，效果就会好很多。

江西直升机制造公司，喜多登上飞机体验

比如，喜多最喜欢军事、历史、科技等，对艺术领域特别不感冒，我在制定行程内容时，大多还是他感兴趣的地方，但也会少量掺杂一些雕塑、画作、书法等艺术领域的目的地，当然他看时就会比较不耐烦，我就给他讲一些画作中体现出来的历史或者故事，讲一讲画家本身的人生经历（他特别喜欢了解个体的人生），顺带再说一说艺术层面的分类、风格、技法、意义等，这样他接受起来就好很多，待到对某一领域比如绘画的知识了解得多了，他也就不那么排斥去看了，兴趣也是可以一点点培养的。

所以，首先你要了解你的孩子；其次，要设计一些孩子感兴趣的目的地游学主题，甚至可以和孩子一起来规划行程和内容；最后，要想办法采取孩子乐于接受的输入方式，把不感兴趣的主题也较好地输入给孩子。

喜多最喜欢军事类博物馆。选择亲子旅行目的地，尽量"因材施教""量身设计"，多选择孩子感兴趣的方面。不过作为通识教育，也要兼顾平衡，孩子不感兴趣的领域，通过讲故事、玩游戏等一些小技巧去让孩子接受。

想办法：如何深挖目的地的教育主题

传统上，人们对亲子旅行在教育层面的思考深度还不够，以某个主题为主线开展亲子旅行的家庭并不多。

实际上，**主题式思维，是一种非常有利于提高学习效率的重要思维方法**。

比如读书，假如某段时间我对"明朝万历年间的历史"产生了兴趣，我就会以此展开主题式阅读：即在一段时间内，集中阅读很多本有关"明万历"的书籍，包括黄仁宇经典的《万历十五年》、百家讲坛的《万历兴亡录》、小说《张居正》、外国人视角的《利玛窦中国札记》、战争角度的《壬辰战争》（万历三大征）等，这样下来，短时间内高强度地接触明万历时期的内容，对相关知识的熟悉程度、理解深度、思考深度都会很有效果。不像随机读书时，读过一本明朝的书后，当时也许还记得哪个皇帝是谁、什么特点，等过了一段时间没有接触相关话题，再回想时已经快忘干净了。

同样，**主题式旅行，更容易聚焦在某一领域，可以在短时间内高强度地向孩子输入相关领域内容，**教育效果比随机性的、多主题的旅行要好很多。

比如，到浙江旅行，可以有很多种主题，如果定为"茶"，可规划如下：

1. 参观杭州西湖区的中国茶叶博物馆，全面了解茶叶的历史和文化；
2. 到龙井村，感受龙井茶文化，游御茶园、九溪十八涧等；
3. 到梅家坞的茶山上体验采茶、制茶，品尝明前龙井，吃一顿茶宴；
4. 寻一处陶艺工坊，学习制作一款陶制的茶器；
5. 入住西湖边的茶园民宿，或者安吉、莫干山等地的茶山民宿，感受被

杭州梅家坞体验炒茶

茶田环绕的乡居生活；

6. 沿安吉"九龙峡"溯溪而上，寻海拔 800 米的目前唯一存活的千年白茶祖；

7. 参观湖州的大唐贡茶院，了解贡茶的历史文化和工艺；

……

　　这样的主题线路设计，聚焦于茶这个领域，这样短时间内可以高频度地接触相关知识，体验也很丰富，再配合阅读或者观看相关参考资料，全程下来，孩子对茶这种传统文化一定会具有非常深刻的理解和记忆。

　　如何深入地挖掘和规划目的地的主题？需要父母做很多功课。

首先，深入了解目的地。

　　要像目的地政府官员一样了解目的地的情况，这样才能掌握那些表面不容易看到的信息，才能更好地确定目的地及其主题线路。搜索引擎、当地朋友、新闻报道、旅行网站、问答社区、分类生活网站等都是你寻找信息的沃土。**搜索目的地信息也不要局限于景点，而是要覆盖全部的当地信息。**

比如长白山，你如果只搜景点，可能就不会出现"农夫山泉长白山水源工厂"；又如，四川通江县的路边有"耳农"种植银耳的"耳房"，也不可能通过搜索景点发现，而是在了解到四川通江是"中国银耳之乡"这一情况后，才能启发你产生去"耳房"看一看的思路。

再如，长沙的"雨花非遗馆"，也不是传统意义上的景点，我是在一则关于长沙本地学校到此组织非遗游学的新闻报道中发现此处的。所以，充分掌握信息，才能深挖目的地特点，避免因此错过好的亲子游学地。

其次，对搜索的信息加以分析。

一方面要总结某一地区的特点，比如广东佛山到江门一带，你会发现既有叶问纪念馆，也有黄飞鸿祖庙和狮艺艺术馆，还有蔡礼佛始祖馆，那就简单了，这条线路完全可以做一个"广东武术"的主题旅行。

二是要学习认知，弄清楚当地情况。比如你想去云南普洱开展一次普洱茶主题的游学之旅，但是当你了解清楚后，才会知道普洱茶实际是起源于西双版纳，你的游学线路最后不要少了西双版纳。

三是要甄别目的地的可去性。有些目的地或许网上看起来热闹，但其实已经门庭冷落甚至关门大吉了；有些看上去与主题相关，但其实是"挂羊头卖狗肉"；还有些未必经常向公众开放，需要预约等。

最后，确定主题和目的地。

需要结合多方面考虑，孩子的兴趣、家长的需求、目的地的条件等。

有时，同样一个目的地很可能存在着多个主题，就需要明确主线。以浙江庆元为例，既是"中国香菇之乡"，也是"廊桥之乡"。廊桥对大

长白山天池

多数孩子来说，恐怕要无趣些，那到庆元不妨就以香菇为主题。

也可以同一条线路，两个主题并行。比如浙江龙泉，既是龙泉宝剑铸就之地，也是中国古代六大窑系龙泉窑所在地、青瓷顶级的出产地之一，不妨宝剑、瓷器两条主题并行，目的地的去处也可以支撑起两条线来。

画重点：营造多感官的沉浸体验

前文，我一直提到"高强度输入"这一关键词。值得注意的是，这种高强度并不是一味地单一游览和说教。

我们在生活中常常说，学习一段时间要休息，但从心理学上来看，基于大脑皮层功能分区的不同，白天缓解用脑疲劳最合适的方式并不是睡觉，而是换一种用脑方式，比如做运动或者演奏乐器等，这会避免单一学习方式带来的脑疲劳。众所周知，物理学家爱因斯坦同时也是一名高超的小提琴演奏者，他在研究工作疲惫时，有拉小提琴的习惯，常常被后人所提起，这其实就是一种换脑思考。

在旅行教育中也是如此，单一高强度的观看，容易产生注意力涣散，导致对相关主题的疲劳性兴趣减弱。

为避免这样，我们还要尽量做到"多感官输入"。简单说，同一件事，你可以去看，也可以去听、去尝，甚至动手去做，这比单纯地看要好得多，输入强度增大的同时，却不易产生疲劳性兴趣减弱。

中国的博物馆建设，实际这些年，就在经历着这样一段升级改造期——从只提供观看的展板式博物馆，向打造声光电多媒体效果以及互动、虚拟等多种体验的数字化博物馆转变。为什么有这样一个转变趋中国的"香菇之乡"庆元县，在公路两侧的"菇寮"内，体验采摘香菇。遵循主题线路的方式，按照"多感官"和"高强度"输入的原则，我们还带娃参观了"中国庆元香菇博物馆"和国内最大的"香菇交易市场"，吃香菇宴，阅读香菇主题绘本，学习培育香菇，以及写一篇香菇日记。

势？这其实是博物馆为吸引参观者、激发参观者兴趣而做出的努力，客观上也提高了参观者对展示内容的学习效果。

按照这个思路，我们在制定了游学主题后，在教育输出上，也要尽量地采用多感官的原则，去确定目的地及教育方法。比如上节提到的"香菇之乡"庆元，确定了香菇主题，在当地可获得的游学条件基础上，我们可制订规划如下：

参观学习——去庆元县的"中国庆元香菇博物馆"，了解香菇的历史、文化、民俗和菜肴等。

现场感受——去庆元县所辖的全国性"香菇交易市场"和古田县所辖的国内最大的"食用菌批发市场"，看各种类型的菌类，感受大规模交易现场。

见识各地的菌类作物交易的场面

浙江庆元县，
在菇寮里采摘香菇

中国庆元香菇博物馆

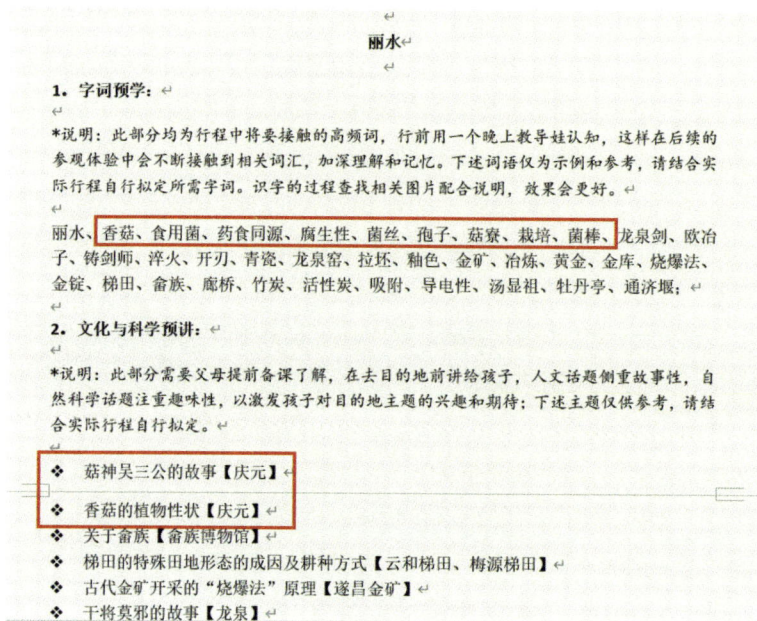

丽水

1. 字词预学：

*说明：此部分均为行程中将要接触的高频词，行前用一个晚上教导娃认知，这样在后续的参观体验中会不断接触到相关词汇，加深理解和记忆。下述词语仅为示例和参考，请结合实际行程自行拟定所需字词。识字的过程查找相关图片配合说明，效果会更好。

丽水、香菇、食用菌、药食同源、腐生性、菌丝、孢子、菇寮、栽培、菌棒、龙泉剑、欧冶子、铸剑师、淬火、开刃、青瓷、龙泉窑、拉坯、釉色、金矿、冶炼、黄金、金库、烧爆法、金锭、梯田、畲族、廊桥、竹炭、活性炭、吸附、导电性、汤显祖、牡丹亭、通济堰；

2. 文化与科学预讲：

*说明：此部分需要父母提前备课了解，在去目的地前讲给孩子，人文话题侧重故事性，自然科学话题注重趣味性，以激发孩子对目的地主题的兴趣和期待；下述主题仅供参考，请结合实际行程自行拟定。

❖ 菇神吴三公的故事【庆元】
❖ 香菇的植物性状【庆元】
❖ 关于畲族【畲族博物馆】
❖ 梯田的特殊田地形态的成因及耕种方式【云和梯田、梅源梯田】
❖ 古代金矿开采的"烧爆法"原理【遂昌金矿】
❖ 干将莫邪的故事【龙泉】

预习示意

动手体验——深入庆元县道路两侧人工栽培香菇的"菇寮"，向菇农请教学习香菇种植知识，亲手在菌棒上采摘香菇。

品尝美味——找家擅长香菇菜系烹饪的饭店或直接就在菇农家里，美美地品尝一次"香菇宴"。

以上，只是在具体目的地的选择上兼顾多感官输入，还不是香菇主题教育的全部。完整的一次"香菇"主题旅行教育，还可包括以下部分：

讲——提前给孩子讲解一些和香菇主题有关的知识，包括香菇的植物性状，和香菇有关的字词，如"食用菌""孢子""蘑菇""栽培""菌棒""菇寮""腐生性真菌""毒性"等（针对5—12岁学习基础字词期的孩子）。

写——辅导孩子学写这些生字和词语；游览结束后，再让孩子写一篇日记来记述学习所得。

读——提前给孩子讲述或准备一些相关主题绘本，比如《菇神吴三公的故事》《朱元璋和香菇长寿菜》《小香菇的奇遇》等故事（相关资料在网上均可获得），或者绘本《神秘菌菇林》《森林里的小伞精灵》等，让孩子在故事中了解香菇的起源、菜系等。

画——让孩子以香菇为主题自由发挥作一幅画，看看他会有怎样的理解和想象力。

做——大的孩子可以教他做一道香菇菜，或者共同实验培育一次香菇。

如此高强度、多感官的输入方式，相信你的孩子对"香菇"这一主题，一定会有非常丰富和充分的学习、感受和体验，亲子旅行教育的效果无疑将比单纯地看一看博物馆要好得多，不是吗？

小设计：激发情绪才最难忘

什么人让你记忆最深刻？一是你爱的人；二是你恨的人。这两种人，有一个共同点，就是让你产生了强烈的情绪。

而那些你根本不在乎的人，在你眼中几乎没什么存在感，他们的出现不会让你产生任何情绪的波动。

美国北卡罗来纳大学的心理学家基思·佩恩（Keith Payne）曾做过

一项实验，共调查了 218 位参与者在看过一些照片后的反应，而不是通常使用的文字内容，因为图像往往要比文字更容易让人印象深刻。他们注意到，那些调动了参与者情绪因素的照片内容比起平凡的内容，不容易被刻意忘却。此外，令人愉快和令人不悦的情绪记忆具有同样的这种效果。

Keith Payne 说："人们的情绪记忆在形成时，与自身生活的许多部分都发生了关联，一旦人们要刻意忘却这些记忆，情感因素就会使它凸显出来，因而更加难忘。"这项实验的结果显示：情绪记忆是最难刻意忘掉的。反过来讲，掺杂了情绪的记忆最深刻。

这样一个心理规律，我们完全可以将之应用到亲子旅行教育中。如果在哪一次目的地的教育过程中，娃的情绪是被启动了的，是兴奋的，那这次教育一定是他难忘的并将更易留在记忆中的。

在喜多的旅行日记中，有很多难忘的画面：

在贵阳时，喜多在 200 多米的高空岩壁上穿越猴耳天坑、在 30 米高的岩洞内做蜘蛛人穿越到指定地点，从起初的害怕，到感觉刺激，最后又有点上瘾希望多体验几次。

在广西北海，第一次赶海的喜多，兴奋地挖沙虫、捕鱼、电虾、捉螃蟹和泥龟等，玩得久久不愿离去，直到涨潮淹没他的膝盖。

在西双版纳的傣族园，喜多身着民族服饰，手拿水盆，面对一群陌生人，从开始的不敢泼，到后来近乎疯狂般地逮谁泼谁，玩得极为亢奋。

这样的一些经历和体验，显然比他只是在书本或者博物馆里看到"高空穿越""赶海""泼水节"等的介绍，效果要好得多。这些内容之所以出现在他的日记中，并被他牢牢记住，正是因为在体验的过程中，激发他产生了兴奋、快乐的情绪记忆。

北海，清晨带娃去赶海

蔚蓝海岸猫空书店

北戴河蔚蓝海岸度假社区的猫空书店，喜多在翻看喜欢的图书。让孩子爱去书店的办法，是先让他爱上某套图书，并且通过去书店一本一本地购买去满足，将书店与孩子对书的正向、积极情绪建立起条件反射式的连接。

　　如果我们能够主动地对孩子做的事增加一些小小的设计，让他产生积极的情绪，不仅会让他对做的事情记忆深刻，同时也会激励他不断地去重复做这样的事。

　　比如让孩子爱上逛书店。

　　在旅途开始时，我们给喜多带了一套《少年特种兵》的系列图书在路上看，他非常喜欢，但图书全集有很多册，我们手里的并不全。于是每到一个新的大城市，我就主动地带喜多去一次书店，补上几本这套书的单册，同时还会让他自己选几本想看的书，这样几次下来，他开始变得特别期待去书店，每次一到书店就特别兴奋，我也尽量拿出很多时间，让他在书店里尽情地享受那个快乐时光。

　　这个过程，实际就是把书店与他喜欢的书建立起一种联系，爱屋及乌，从而让他对书店也产生积极正向的情绪，由喜欢书到喜欢逛书店，促使他看到更多的书，学到更多的知识，一个正向循环的过程就开始了。

相反，如果你经常强加给孩子压力，逼迫他去读一些书，再时不时地就此批评、责备他，则会让他讨厌读书这件事。

从生理心理学角度来看，这其实就是简单的"巴甫洛夫条件反射原理"，将条件刺激 A（书店）与非条件刺激 B（他喜欢的书）之间建立连接的过程，喜多见到 A 时的兴奋情绪，就像巴甫洛夫实验中听到喂食铃声（A）的狗的唾液一样，自然地流淌出来。

犹记得，在贵阳时，因为弟弟喜宝病了，妈妈在车里照顾，喜多在车里百无聊赖、情绪萎靡，我看了看四周，发现刚好以设计美观著称的书店"钟书阁"在附近有一家店，便和喜多说："走，带你出去走走。"喜多问去哪里，我说"书店"。只见他顿时从刚才的萎靡中兴奋起来，蹦蹦跳跳地就向前走，边走边回头和我说："爸爸！你知道我最喜欢去的地方是哪里吗？"还没等我回答，他就接着说，"第一是博物馆和科技馆，第二就是书店！"

那一刻，我是可以看到他眼中的光芒的。未来有一天，当他回想时，可以肯定关于书店的童年往事，一定会是非常美好的记忆。

在规划旅行内容时，不妨做一些小设计，以激发正面情绪为目的，也许就会起到意想不到的效果，建议从以下几个方面来尝试：

一是投娃所好，找到孩子最兴奋的点，将这一点与目的地学习内容联系到一起。比如孩子如果喜欢画画，而目的地的主题是"婺源油菜花"，就可以尝试给孩子创造一些条件，进行野外的写生，会有路人围观、称赞，相信你的孩子，一定会喜欢上去野外写生这件事，客观上既让孩子对婺源油菜花有了更深的记忆和理解，也促进了画技的提升。

二是努力增加一些体验互动的环节，让孩子玩起来，在玩中学。有些目的地的主题内容对孩子来说有些枯燥，比如去盘锦红海滩，我们的目的是让他了解红海滩的成因，以及河海交汇、稻蟹共生的生态现象，但面对着海滩上还不怎么红的碱蓬草，环境略有些无聊。我于是干脆就带孩子在湿地泥中钓起了螃蟹，玩得很兴奋，后来海水又涨潮，渐渐淹过碱蓬草和脚下的泥地，再和他聊起相关的话题，他的理解和印象就都比较深刻。以后每次提起红海滩，他都会想起在泥里钓螃蟹的那次经历。

三是找一些对自己孩子来说具有一定难度，但加把劲是可以克服并完成的项目。为什么呢？因为容易完成的事，做起来波澜不惊，熟练工种往往与麻木无感相伴，而有些难度往往会激发起人们的求胜欲；但也不宜过难，毕竟孩子的受挫能力较差，尽管有些难度，但经过努力克服了，就刚刚好，更易引发情绪并带来成就感。这样的事，在旅途中体验那些非遗技艺时，是会经常遇到的，家长通过一些设计，尽量激发孩子的"斗志"，并帮助他完成以获得成就感。这将为他未来再遇到困难时选择迎难而上而不是知难而退积蓄力量。

四是多尝试一些孩子未曾接触过的项目。新鲜的，总是能激发人的求知欲和探索欲，有兴致，才更愿意参与，也更难忘。

二

做一名能共情又有趣的好老师

父母是孩子最直接的领路人和老师。这一点，不仅适用于亲子旅行，也适用于孩子的人生旅途。我们领的，是通往孩子内心的道路，是助力孩子去追寻自己的人生道路。**我们是引领者、帮助者和旁观者，而不是统治者、惩罚者和代劳者。**

照见孩子的内心

徐霞客，中国历史上最有名的驴友，自由行的祖师爷。艰苦程度史上最强，没有之一。一介布衣，孤身一人，专注穷游 30 年，风里来雨里去，就靠两条腿，足迹遍及全国 21 个省，走的还多是穷乡僻壤的山路野路，几次遇到生命危险，出生入死，尝尽艰辛，给世人留下了堪称地理学和文学领域的经典之作——《徐霞客游记》。

旅游这种事儿，在古代是种格调很高的活动，普通人大多都忙着填饱肚子不会考虑，参与最多的主要是文人骚客，寄情于山水，都是"生活还有诗与远方"的那种。此外，就是些秉性独特的各领域奇人了。自虐的穷游大侠和地理爱好者徐霞客正是不折不扣的一位奇人。

不过，提徐霞客的意思并不是要说一个人穷游格调高。我看重的，是他勇于寻找生活的另一种可能。而这种勇气，是从哪里来的呢？

徐霞客生于明朝江阴地区的名门望族，祖上素有高士之风，诗书传家。本可去追逐仕途名利，他却选择了在当时被视为奇门异术的地理学，用尽一生在颠沛流离的路上。这是一种稀有的反社会传统和潮流的行为，需要有一颗尤为强大的内心。

直到我们这次旅行走到徐霞客故居，进入他的书房，才真正了解到：他之所以伟大，是因为他父母的教化。真正遗世独立的反社会潮流者，其实是他的双亲。

徐霞客故居

徐霞客之父徐有勉，"高隐好义"，素有声名，非常大气。当年和兄弟分家时，本来分到房子的正室，却坚决让给兄长，自己捡一陋室，夫妻艰难创业，终有所成。虽一介布衣，但傲视权贵，官家几次来请做官，坚决不干，沉醉于园亭水木之乐，怡然自得。不仅自己不干，还说"次子弘祖眉宇之间有烟霞之气"，鼓励徐霞客博览群书，追求自己的志趣。

徐霞客 19 岁时，徐父去世，母亲已花甲。他虽好学聪颖，但也不喜功名，少年时就立下了"大丈夫当朝碧海而暮苍梧"的旅行大志，简单地说就是"面朝大海，春暖花开"。这样的人，在封建社会，说好听的是"奇人"，说不好听的那就是浪荡子。要是放在孟母那里，麻溜地赶紧搬家，不培养成圣人不罢休。但徐母就是豁达，坦然接纳"弘祖之奇"。你就是你，不一样的烟火。

看到儿子有"父母在，不远游"之虑，就鼓励他"身为男子，志在四方，羁留家园，一如犁内小鸡，车辕小马"，并言"孺人成之"。就是说，不用顾虑，大丈夫走四方，老妈我成全你，儿子你就来一场说走就走的旅行。末了，还专门为孩子做了一个"远游冠"，不论山高水长，有为娘的心意伴你身旁，给你支持和力量。

22 岁的徐霞客，就这样离开了母亲，此后人生 30 年，大多在外度过。每次回来，都为母亲讲述旅途之事，徐母则烹茶为儿子庆贺，做一个最好的听众。后来徐母为解儿子对她的挂念，80 高龄还随子出行，并走在儿子前面，以示身体康健，无须牵挂。

可以说，是父亲给他种下了那颗向往自由、钟情地经图志的种子；又是母亲，用爱接纳他的秉性，呵护他的志趣，打消了他的顾虑，并鼓励他一往无前。他的爹娘，用包容的爱和强大的内心，使他之所以成为他，为后人留下震古烁今的历史文化遗产。

人各有志，不做圣人，也可名留千古。

回想当下的中国社会，又有多少父母，能做到这一点呢？又有多少父母，每天逼着孩子走那条千军万马挤着过的独木桥，却听不到孩子内心的声音，拒绝接纳孩子的本性，压抑孩子的志趣，最后落得个两相伤害，甚至不乏伤人、跳河的悲剧。

我，亦是很难做到的，有时也会与他人做比较而变得焦虑，进而逼迫孩子去做大家都做的事。写下这些文字，同样难忍自责。

所以，我由衷佩服徐霞客的爹娘。

我也希望自己，未来能成为一个用爱照见孩子内心、助力他们追求自我的好父亲。 带孩子休学环游中国 400 天，就是我的一项努力。我希望在旅行中，多带孩子尝试不同的领域，发现他更多的可能性。

"老师"的自我修养

只会共情还不够，毕竟我们是亲子出行。旅行途中会有无数个问题在等着我们，备好课是基础，上好课是关键。学生最喜欢的，一定是诲人有道、有趣又善于共情的好老师。

做充分的旅行教学"备课"准备

亲子旅行，父母的角色不应仅仅是照顾孩子、把孩子带到旅行目的地而已，还要扮演好"老师"的角色。

不过，亲子旅行教育作为一门通识课，对父母的要求较高，需要对各个领域的知识都有一定的了解。如果平时知识储备基础薄弱怎么办？就需要比孩子还早地学习，对目的地的主题有充分的了解，对孩子可能有的问题做充分的准备。临时抱抱佛脚，也好过一问三不知。重要的是及时回应孩子，完成这个亲子问答的过程。

　　本书的附录，对不同省份的旅行教育内容，根据规划的目的地主题情况，为读者父母们准备了一些提前应备课的问题，主要涉及历史、人文和科学，希望有助于父母朋友们提前准备。不过，这些题目还远不能包括所有您在实际旅行过程中可能会遇到的，只是希望通过这样一种形式，让您能够有所启发，从而根据自己的实际旅行情况，做出更细致和丰富的准备。

不要怕自己懂得不深而回答错误

　　没有任何人可以保证自己对某个问题的回答是绝对正确的，所以面对孩子的问题，完全不用担心懂得不深而回答错误。认知心理学告诉我们，人们对客观世界的认知，都是随着自己接触世界的程度，以及学习能力的增长而不断修正、提升的，重要的是先养成思考、探究的习惯和能力，所以父母回答得对错在其次，重要的是要有积极的回应，而不是一句消极的"我不知道"。

　　还记得我小的时候，每次吃饭，碗里都会剩下很多饭粒。有一次，当我问母亲米饭是怎么来的时候，她就很认真地教育我说："大米是老天爷撒到地里长出来，让人们能够活下去的宝物，你要总是吃饭剩饭粒，神仙就会发怒，等你长大后，你就会娶一个脸上长满麻子的老婆，麻子的数量就是你剩下的饭粒数！"

　　我无法描述当时听到这个"道理"时的震惊，我对大米饭这种东西的神奇有了非常虔诚的认识。虽然这个道理，在我可以自如读书后就知道是骗人的，但效果却非常喜人，因为习惯养成了就很难改变。从那次谈话以后，直到现在，我吃过饭的每一个碗里，都颗粒不剩。

　　当然，如果遇到自己实在难以回答的艰深问题，也可以和孩子解释：这个问题我没有了解过，我们一起查询共同学习一下好不好？而不是仅仅答复一句"我不知道"。积极的回应，是呵护孩子求知欲的一种必要方式；而消极对待，则会让孩子有样学样，离求知的道路越来越远。

河南安阳"中国文字博物馆"，喜多与讲解员在甲骨文前互动交谈。父母对某个领域懂得不多也没关系，重要的是教会孩子如何利用身边的条件来自行学习，不仅包括请教讲解员，还应学会使用场馆的各种电子设备、参与互动项目等。

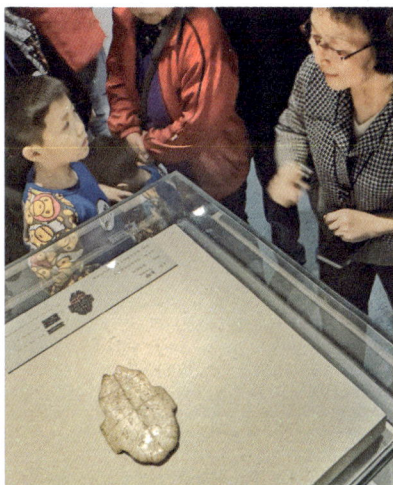

中国文字博物馆，喜多认真听解说员讲解

多利用外部条件辅助孩子学习

如上，有些艰深的问题，我们完全可以随时网上查询并转达给孩子，也可在景区或者场馆请解说员来讲述，还可通过很多景区和场馆的电子屏自行查询了解。总之，要给孩子指出解决问题、探索未知的路径，利用外部条件，辅助孩子学习的同时，也可让孩子学会自学。这是方法论，比纯粹的知识点更重要。

最开始带喜多逛博物馆时，我是很累的，一个环节一个环节地讲，但随着逛得多了，看到我如何利用各种设备来辅助讲解，他也慢慢学会见到解说员就往前凑、见到电子屏就过去浏览，我实在不会时，他也会说"爸爸你给我上网查查是怎么回事"之类的话。基本上在旅行后段，逛博物馆都是他看他的，我看我的，已经很少需要我来讲解了。

这个时候，我更多扮演的是提出问题者，以让孩子能有更进一步、更深层次的思考。

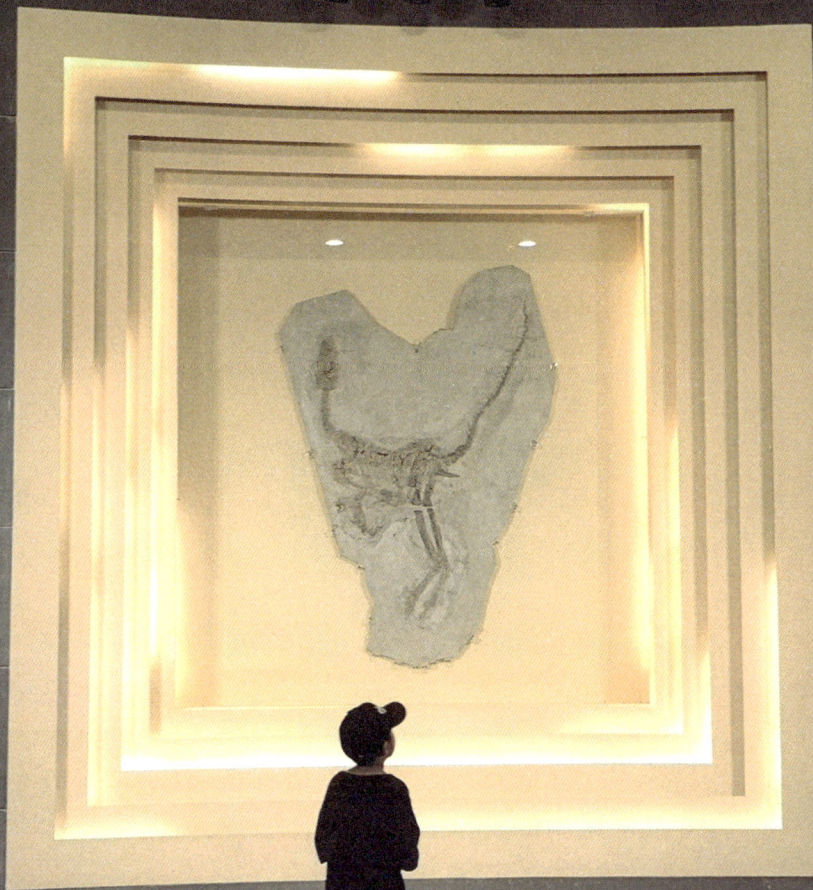

龙鸟

...ropteryx

思考的过程和方法重于知识

很多父母和教师，在辅导孩子学习时，特别执着于记忆的效果和标准的答案。曾经看过这样一个案例：

在一次课堂教学中，教师问了这样一个问题：兵马俑作为世界七大奇迹之一，最应该感谢谁？

学生一：我认为应该感谢秦始皇。

（老师毫无表情地让学生坐下）。

学生二：最应感谢的是第一个发现兵马俑的人。

（老师微笑地摇摇头，示意学生坐下）。

学生三：应该感谢的是制造兵马俑的人。

（老师尴尬地笑笑并示意学生坐下）。

学生四：我认为这是中国古代劳动人民的伟大创造。

（老师满意地示意学生坐下）。

很明显，老师满意的是"学生四"这个标准答案，但这不应该成为唯一的答案，这样做已偏离了教育所应有的本意，扼制了学生思维的活力。

我们的一生，学习过太多的知识，有着太多的标准答案，但注定有些会随着我们疏于接触而逐渐淡忘。而思维的方法不会如此，会在不断解决问题的过程中复现，是一种可以不断获得磨炼和提升的技能。所以古人讲，授之以鱼，不如授之以渔。

在我们的亲子旅行教育中，没有了应试教育的压力，孩子是否记住知识或者父母是否呈现了问题的正确答案就不那么重要了。**最重要的是输出方法论。通过亲子问答互动，给孩子呈现一种解决问题的思路，传达一种学习的态度，营造一种亲子讨论的氛围，引导孩子养成思考的习惯，掌握解决问题的方法，才是家长在亲子旅行教育中所应时刻秉持的理念和做法。**

晦涩知识怎样讲给娃听

家长大多不是专业教师，没有受过专业训练，而很多旅行教育中遇到的主题又比较晦涩难懂，如何让孩子更好地理解和接受，也需要很多技巧。从我的经验出发，以下方法还是比较有效的。

1. 用孩子熟知的事解释未知的事

对于孩子还不懂的科学道理，如果用科学语言来说，很多专业用语对孩子来说无异于天书，但如果用相似的生活场景来解释，孩子更容易理解清楚。

比如，在观看火山口时，喜多问到"火山为什么会爆发"。如果用书上的板块运动、岩浆囊破壳等专业术语去讲，恐怕他会听得云山雾罩。想了想，我指着自己的脸对他说："你看爸爸脸上这个痘痘，里边有个叫毛囊的袋子，装满了皮肤不断分泌出的东西，如果时间长了袋子装不下了，或者有时候你看到我在用力挤它，就会爆出来脓液或者白色的颗粒，像不像火山爆发？其实火山爆发也是类似的道理。等你长大了，脸上就会有很多个小火山爆发啦！"

这样形象的解释，不一定精准，却很容易让孩子理解。

2. 用孩子的切身感受解释复杂原理

在宿迁的"晶世界玻璃艺术馆"里，某个内容板块讲到了近代产业工人利用离心力原理制作玻璃泡，喜多就问起了"离心力"。怎么让他能最直观地感受到离心力呢，我灵机一动，抓起他的两个胳膊，然后以我为中心，把他甩了起来，直到两脚腾空，随着我一直在空中转圈，这是孩子小时候我们经常玩的游戏。待我把他放下后，便对他说："是不是感觉到有一种力量，让你几乎要从我的手中甩出去的感觉？"他还沉浸在玩闹的兴奋中，用力地点点头。我说，"对，就是这个你曾经很熟悉的感觉，这就是离心力。而让你没有被甩出去、拉着你的力量，则是向心力。两个力一样大小，又是相反方向，所以谁也没有把你拉过去，你保持了一种平衡的状态。"

有的时候，我并不会深入地解释某些知识，在他的年纪和认识水平上，再详细的解释，也不见得就能听懂，初步感受到了就好。

3. 用形象的比喻来描述复杂原理

比喻，是我在给孩子讲解时经常用到的，不仅可以让他明白道理，用得好还会让孩子觉得十分有趣。

在西昌卫星发射中心时，喜多问到为什么火箭尾部点火后就能飞上天。我们都知道这是个作用力与反作用力的结果，在给孩子解释了相关理论后，也用了打球、打枪等例子来说明，回到火箭上天的这个现象时，我想了想说："假设，你放了一个屁，而这个屁的持续时间如果足够长、力量足够大的话，你也可以上天。"这样的一个显得粗俗的比喻，对孩子来说却逗乐得很，他笑得前仰后合，边笑还边说："那我以后一定得小心控制一下，搞不好就上天了。"

这样一个比喻，直到几天后，他还有时会提起，虽然他关注的是搞笑的例子，但我相信，作用力与反作用力的原理，他也一定是理解了。

4. 随时利用手边的工具来辅助解释

带娃出行，我建议带一些便携的工具，不仅可用来给孩子在探索自然时使用，而且还可以随手用来解释一些科学道理。

西昌卫星发射中心发射塔

西昌卫星发射中心，我借用人的放屁行为来给喜多形象地解释火箭升空的原理。用比喻将复杂问题简单化，是给孩子释疑解惑的一种重要方法。

比如我们去鸣沙山时，带了些小铲子用来给孩子挖沙玩。看到月牙泉后，喜多不免产生了疑问：为什么在四周都是沙丘的中间洼地，竟然会出现一个小湖，水难道不会干吗？

我解释说，源于祁连山冰雪融化并作为敦煌地区主要水源的党河，在月牙泉附近区域主要是地下水形态，但水位较高，由于月牙泉的低洼，导致地下水上溢，所以形成了一个小湖泊。道理是这个道理，但对孩子来说听上去还是不那么直观。

刚好我们从月牙泉出来，经过一个沙丘中的独树，休息时喜多就用铲子把沙地挖出一个小小的"运河"槽，景区水管喷出来的水，就进入这个小"运河"内流动。喜多的动作启发了我，我随手拿起携带的塑料袋，撕成长方形在地面平铺好模拟地下的"地质构造"，又用铲子将塑料袋四周堆上沙子，由此形成了一个模拟月牙泉的地质形态，然后将水引流到塑料袋四周的沙丘上，水流于是慢慢渗入沙丘，并汇聚到中间低洼的"塑料湖底"，形成了一个类似月牙泉般的沙丘中小水泡，整个过程喜多可以说完全直观地看到了月牙泉形成的原理，相比我之前的乏味解释，孩子不仅兴奋地参与进来，还更好地理解了相关知识。

这样一些技巧，不单单是让孩子理解晦涩的知识，更是呈现一种理解问题的思路，如前所述，**思路重于知识本身，它会让你在面对类似的问题时，知道如何思考，而不是穷尽脑汁回忆自己曾经记得什么。**

沉浸！不催促、不打断

催促，是亲子旅行中的大忌，尤其在团游时，几乎是难以避免的问题。

关于催促的负面作用，前文已经讲过，最直接结果就是打断孩子的沉浸状态，并容易形成习惯性不求甚解的认知行为模式。这一模式，在人类进入智能手机时代后，随着海量信息涌现导致人们选择信息的困难等，而逐渐成为人们为适应生活环境而产生的整体功能退化。

沉浸，也就是我们口语中所说的"很投入"。在心理学上，沉浸理论名为"flow theory"，是于 1975 年由美国芝加哥大学心理学博士米哈里·契克森米哈（Mihaly Csikszentmihalyi）首次提出，个人精神完全投注于某种活动的感觉被定义为心流。沉浸现象，是指一种个人精力完全投注在某件事情上的感觉，忘我、忘记时间、忘记其他所有不相关的东西，沉浸产生时会有高度的兴奋和充实感，沉浸的学习效果，也是最为突出的。

经常被打断沉浸状态的孩子，在专注力方面，会明显地落后于不被打断的孩子。而专注力，又是学习和作业行为中，影响效果的最关键因素之一。

所以，我们不仅在旅行中，就算在平时的生活中，也要尤为注意孩子的状态，除了明显的沉浸状态外，还有愣神、发呆、白日梦等相似状态时，其实孩子的大脑都沉浸于一种意识流中，这个时候不要打断，等孩子转换状态时再介入。

在旅行中，如何避免这一问题，建议：

1. 尽量不参加旅行社团游。绝大部分团游，为了在有限的时间里多打卡几个地方，都是来去匆匆，上车睡觉、下车拍照，没有充分的时间感受、了解目的地情况，更没有时间思考，导游急急如律令般地催促更像是唐僧般令人烦扰。

2. 自由行尽量不安排过紧的行程。国内大多数人，平日忙于工作，亲子旅行大都只能在法定假日或者自己短暂的休假期进行。由于时间有限，又想看得多些，往往安排的行程比较满。这种做法，追求量而忽略质，实际得不偿失。

3. 根据孩子状态灵活调整行程安排。 在我们的旅行中，虽然看起来时间不少，但中国这么大，走起来 400 天还是不够，时间其实也是有限的。 而且有些城市在当地有事先的准备安排。 但即便如此，我们也坚持不催促孩子，而是根据孩子的状态调整原来的安排，甚至放弃一些原定的目的地。

最常见的，就是在博物馆，大多数情况，我们都是先跟着解说员走一遍，再自己从头详细看一遍，如果视频或者电子屏材料多的，喜多常会专注地看很久，我就在一旁等待，以至于我们常常是在博物馆清馆时最后被撵出来。

4. 看博物馆慎选同行小伙伴。 博物馆里，需要沉浸的状态。 但孩子大都天性活泼，有定力的不多，尤其是年纪小的孩子，就更难了。 如果自己和父母看馆还好，若是有个淘气的同行小伙伴，就算自己是一个热爱知识、愿意学习的娃，也受不了另外一个的玩乐吸引和打闹，不仅学不下去，甚至还会制造很多的噪声和烦扰。 这一路上，我们看过太多这样的情况，能安静下来看的孩子不多，只要孩子一多，玩闹就成了他们的主题，沉浸下去非常不容易。

不过，户外场景时则恰好相反，大多数的孩子，一是有小伙伴陪同比一个人更容易"玩进去"；二是孩子之间往往具有模仿行为；三是竞争意识反而会激发专注程度和努力程度，有个好的小伙伴在一起，常常会让效果倍增。

善于"借题发挥"

所谓借题发挥，就是和孩子讨论某个话题时，不会局限于某个具体知识点，而是延展开来，引导孩子运用普遍联系的哲学思维来思考同类问题，或者让相关的话题也顺着话锋都呈现出来。

贵州平塘，俯瞰中国天眼（FAST），和喜多谈到中国其他很多同属重大科技基础设施的技术成就，以及相关研究者的故事。亲子旅行参观某些内容时，可以不必拘泥于眼前，父母要学会"借题发挥"，将话题延伸，在扩展知识点的同时，也是引导孩子用扩散和普遍联系的思维方式来思考问题。

贵州中国天眼

比如在山东沂蒙的"蒙特利尔钻石矿"，看到金刚石的分子结构后，我顺势就和孩子聊起了同样由单一碳原子构成的同位素——石墨的物质特性，及其与金刚石在分子结构和特性上的不同，由此又进一步聊到我国青年学者曹原在当今石墨烯研究的最前沿领域，所获得的最新突破性成果——两层石墨烯间以"魔法角度（1.1）"叠加时成为超导体，再进一步聊到曹原的人生经历，及其是如何学习研究并取得如此重大成果的。

这是我的常规亲子讨论科学的套路，现象—原理—应用—延伸思考—人。很多类似的讨论，最后都会归结到具体的做出重要成就的人，让孩子感受到那些成就者的厉害，激发他向人学习的心。我年少时，就从很多名人传记中获得上进的力量。

又比如，在贵州俯瞰"中国天眼"（FAST）时，在了解到天眼的多项世界领先的指标后，又和孩子谈到了中国近年其他的一些了不起的重大科技基础设施，如中国散列电子源、中国人造小太阳（EAST）、上海光源，以及正在计划中的中国环形正负电子对撞机(CEPC)、锦屏地下实验室等。同时也给孩子讲了"天眼之父"南仁东的人生故事和为科学献身的精神。

这些"借题发挥"的主要好处在于：

一是让孩子在亲子交流中接触到更多的知识，拓宽眼界，并从"普遍联系"而非"孤立"的哲学角度看待世间万物。

在蝴蝶馆，不仅要了解生物特性，也可跑题讲讲"蝴蝶效应"；

在武当山，不仅要了解中华武术和本土道教文化，也可跑题聊聊山下那些算命骗人的假道士；

在安阳殷墟，不仅要了解商代后期的文明，也可以讲讲武王伐纣背景下的《封神榜》故事。这样的讲解，孩子更有兴趣，记忆更深刻。

二是让孩子不局限于眼前的知识，而是要学会思考问题的方式。

看了"马尾海战历史陈列馆"后，我给孩子提出问题，**"你认为马尾海战中福建海军惨败的原因是什么？"**并由此将我们之间的讨论引申为"战争的结果，是取决于人还是武器？"继而又谈到解放战争、朝鲜战争等有关内容，使孩子在纵向的对比中，充分思考"人和武器在战争中的作用"。

三是让孩子学会触类旁通，发散思考。

比如，在王安石纪念馆，看过其变法失败的历史后，就可以连同商鞅变法、张居正变法等一起来讲，和孩子讨论"为什么有的变法成功了，有的却失败了？"在殷墟看过商代女将军妇好墓后，也可以和孩子一起想想：历史上还有哪些巾帼不让须眉的女将军？她们为什么能够名垂青史？

四是可以将主题和孩子自身联系起来，教导其做人做事的方式。

福建马尾海战历史陈列馆

比如，喜多做事缺乏韧性和耐心，往往遇到困难就容易放弃，针对这一点，一路上没少突出各种英雄人物在面对巨大困难时的坚忍表现。看到非遗传承人的经典作品时，也常常会强调其背后数十年如一日地下苦功练习，以及繁杂精细的制作过程。

努力和孩子"玩起来"

我从个人成长以及抚育孩子的过程中悟到了一件事：**讲道理，是情商最低的处事方式。**同样，也是效率最低的教育方式。凡是爱讲道理的人，并不懂得真正如何去沟通，只是一根筋地认道理。

对于孩子来说，他们所处的发育阶段，就决定了言语沟通难以准确地双向表达想法，孩子也难以理解所谓的"道理"等。但是，"玩"却可以；正如美国临床心理学家劳伦斯·科恩（Lawrence J.Cohen）所著的《游戏力》一书中指出，游戏力是亲子沟通的"双向翻译机"，能够及时而准确地"翻译"出隐藏在孩子表面行为背后的需求。

"玩"，恰恰是孩子表达自我、认识世界、发展自我的最重要方式。他们在与父母的嬉戏中建立亲密感，与伙伴的游戏中发展社会性，最后发展出一个独立的自我。

与此同时，学习对大多数孩子来说，却是枯燥的。心理学上将狭义的学习归为一种"低概率活动"。如何让孩子能够愿意主动地从事低概率活动？玩，是一个有效的方式。如果成人想告诉孩子一些道理，帮助孩子建立规则，最好的方式，就是"玩给他看"。

我家喜宝 4 岁，为了让他学习认字，我买了几种教具：第一种，市面上常见的正方形纸板，上面印有一个汉字；第二种是一堆短小木板，每个木板上也有汉字，以及相应的图片；第三种是一副游戏牌，一张纸图和一堆筹码，每个牌上有汉字，每个人抓到什么牌，就拿一个筹码占到纸图中对方的区域，看谁占得多。三种方式，分别用来和喜宝操作学习了一次。从那以后，喜宝几乎每次都是主动拿着第三种教具来找我陪玩，第一种、第二种则完全没有选择过。可见，当学习和玩联系到一起时，他才更愿意去做，我相信喜宝的行为代表了绝大多数孩子的选择。

心理学家们的实验也显示了这一点。他们选取了一批课堂经常失序的儿童，为他们建立一个获取游戏代币的机会：练习算术。而获取的代币可以用来换取各种玩具。借助这个办法，很快就让课堂的秩序得到了控制，学习任务也获得了执行。这其实就是一种强化学习，利用的是"祖母原则"（祖母对付孙子常用的方法，即"先吃了你的蔬菜，然后你就可以吃甜点"），简单地说，就是用高概率的活动（孩子喜欢的事），来强化他去做低概率的事（比如学习等）。

在亲子旅行教育中，也有一些，一定是孩子不感兴趣的主题或者目的地。这个时候，想办法和孩子利用主题"玩起来"，很可能会有不同的效果。上文曾经提到过在红海滩钓螃蟹就是一例。

喜多在旅途中，最不感兴趣的就是艺术类的场所，比如在江西南昌瓷板画艺术馆，馆内都是各种瓷板画作品，他进去后几分钟走了一圈下来，看起来不太想看下去。我想了想说："不如我们玩个游戏吧，从进门开始，你可以说几个数字，比如 2、5、9、16，我就用这几个作品中的内容来编个故事讲给你听，同样轮到你时也是这样，故事需要说清楚每幅画上的信息，看谁能把谁难住，妈妈来做裁判，如果故事讲得好就给你买爱吃的酸奶！"

江西南昌瓷板画艺术馆

南昌瓷板画艺术馆，和喜多利用艺术作品的内容玩编故事游戏。亲子旅行中，对于孩子不感兴趣的内容，设计一些游戏"玩起来"，常常会起到好的效果。

就这样，我们玩了起来，因为每幅画中的内容经常大相径庭，比如有《红楼梦》、乔丹、圣母玛利亚等，编出来的故事十分牵强、搞笑，乐得喜多前仰后合，在欢笑中也记住了我刻意传递给他的关于一些画作内容的信息：既有著名的人物，也有神话故事，还有历史时刻等。

在龙门石窟、云冈石窟时也是类似情况，我便说了一些佛像的独特特征，比如网上有名的"剪刀手"大佛、武则天面孔、举臂金刚等，让他去寻找这样的线索来锁定目标佛像，成功了就有奖励。如此这般，就将孩子不感兴趣的活动，通过游戏达到了让他了解的目的。

玩起来，不仅可以助力学习活动，还能促进亲子关系，让你的话语对他更有力量。有一段时间，我和喜多玩得比较好，一向不善表达的他，有一天竟然直接爬到躺在床上的我的身上，和我抱了起来，那一刻实在让我受宠若惊，那是一种心灵的贴近。

心近了，话就好说了。

佛窟对孩子来说，只看一看的话，大都是枯燥难懂的。如果带上一些雕塑泥和雕塑用具，仿照佛像的样子去捏一些泥人，是孩子很喜欢玩的活动。在捏泥人的过程中，再给孩子讲述一些相关佛像的知识，相对就容易了。

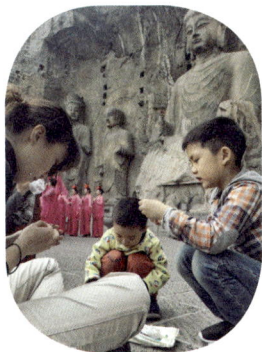

龙门石窟

鼓励孩子"动手动脚"

不要误会，并不是鼓励孩子在景区或者场馆里"动手动脚"，也不是要对别人"动手动脚"。我想强调的是，**旅行教育中**

要多多动手体验和实际操作，而不是只限于做个观众。

当下主流的教育思想是：孩子你要多读书。有些父母也非常骄傲地说："你看，我家孩子，一有时间就坐下来看书，很少瞎玩。"有的家长除了读书学习，什么事都不让孩子做。

诚然，要多读书这一点肯定是对的，但不要把所有重心都放在读书上，读书只是学习的方式之一，不是全部。只读书不做事，未来也不过是一介书生，实操能力差，也与未来的成人社会能力需求不符。而且，越不做事，就越懒于做事，越恐惧做事，成年后往往容易受挫且退缩到自己的舒适区。

所以，在旅行中，我们尤为注重让孩子动手做起来。不管是旅行生活中的很多琐事，比如拿行李、寻路、洗碗、拍摄等，还是旅行内容本身，都尽量要求孩子参与进来。

非遗体验，就是专门为此设计的一项主要内容，和普通手工相比，它的好处是，既可以动手去体验，也可以感受和学习其背后积淀的丰富深厚的历史和民俗文化。乡村生活，也是一个重要方面，采摘、耕种、放牧、畜养、加工等，对于"四体不勤、五谷不分"的城市孩子来说，是很好的接地气的锻炼机会。

"动手动脚"的旅行教育，需要注意以下事项：

1. 很多体验的机会是争取来的

中国的非遗项目很多，但大多还是限于展示，愿意让孩子体验的并不多，做父母的要有敏锐的嗅觉和厚着脸皮搭讪请求的劲头儿。比如前文讲过的厦门漆线雕，还有云南的鲜花饼，只是在路边的一个小店，因为看到一些员工在里边忙碌包制，便以买鲜花饼为由头和对方聊起来，问一些制作的问题，后来逐渐将话题引到让孩子尝试一下，对方不好拒绝，我们

安徽宣城五星宣纸厂的文化园，喜多在工作人员的指导下体验制作传统宣纸。旅行教育中不要只做一个看客，而要鼓励孩子多"动手动脚"。

安徽宣城五星宣纸厂体验制作宣纸

便得偿所愿。

还有的体验机会是偶然获得，比如我们在长白山朝鲜民族村住宿，房东说起第二天村里有两户人家要办朝鲜族传统婚礼，她要去伴舞。听到这里，我们立即求带去看看，最后不仅感受了朝鲜族婚礼的全过程，房东还借了一套朝鲜族传统服饰给宝妈，并且和房东一起给婚礼伴舞，两个娃娃也乐呵地跟着、跑着、跳着，欢乐极了。像这样偶然遇到的机会，只要加以注意并努力争取，旅行中还是挺多的。

2. 体验的过程不要替孩子代劳

一方面是父母不要代劳。孩子能做多少，都是自己的收获，遇到难题进行不下去，家长可以给予指导，或者共同研究，但千万不要沦落为孩子在一边玩，家长在那边绞尽脑汁地琢磨，仿佛孩子上学时替孩子做手工作业的噩梦重演。

二是不要让非遗师傅代劳。有些提供体验服务的非遗师傅，为了让孩子的体验成果看上去好　些，往往会帮助孩子做很多。

在杭州非遗活态馆时，曾经带喜多学习竹编足球，这个的确不太容易，结果全程几乎都是师傅替孩子编完的。这其实违背了我们让孩子动手的初衷，孩子还是仅仅在看，能够思考和学习的强度并不够。所以家长应该适度地提醒服务方不要过度替代孩子来做，我当时也是向师傅表达了这个想法，并且让喜多自己再编一遍，虽然过程非常困难，但最

杭州非遗活态馆里体验竹编足球

终也还是完成了，那个时候的成就感，绝对是第一次所没有的。

杭州非遗活态馆，学习竹编足球。体验非遗注意要提醒师傅不要过于代替孩子来做。

3. 切忌操之过急给孩子过大压力

我曾经犯过这个错误，旅行前期，让孩子体验手工时，因为毕竟孩子还小，非遗技艺也大都有很高的难度，接受起来慢，做得惨不忍睹，我们看在眼里，急在心里，简直有种陪娃做作业的感觉。有的时候情绪控制不住，就责备了孩子，有过几次，就能明显看到孩子的焦虑。每次要体验时，都有些紧张，我知道那是对可能做不好会遭到批评的恐惧，越紧张学习起来就越糟糕，陷入恶性循环。

我后来深刻反思，痛定思痛，坚决改正，娃做手工时，我就躲出去，不看。他轻松，我也眼前清净。等回来时，无论做得怎样都夸奖几句，慢慢孩子就重拾自信了，做手工时就不那么紧张了，也做得更好，这样就回到了积极的正向循环。

4. 完成之后给予正向鼓励反馈

如前所述，不管做得如何惨不忍睹，做父母的，一定要努力找到孩

子的亮点，做得不好，就称赞"认真"；做得不认真，就称赞"有创意"；实在找不到，就说比你爸妈当年强多了。而且，称赞要真诚，敷衍的话孩子也能感受出来，同时用发展的态度，鼓励孩子进一步努力改进和提高。总之，务必要呵护好孩子的积极性，否则以后生拉硬拽都不一定听。

设计开放式的讨论

蓟辽督师府

蓟辽督师府，袁崇焕曾驻守在此。看过后，给孩子留了个开放式的命题作文《假如袁崇焕没有死，清朝会怎么样？》。答案并不重要，重要的是引导思考，这就是开放式问题的好处。

亲子旅行教育中，在看过目的地的主题内容后，亲子讨论是进一步加深理解和思考的必要方式。

一方面，孩子会提出一些问题，家长给予解答；另一方面，家长也可以刻意设计出一些问题，来让孩子思考。这些问题，不要如同学校考试题一般死板，也不需要固定的答案，而是开放式的，目的在于引导孩子回想看过的内容，同时有自己的思考。

比如，辽宁兴城古城，明末称宁远城，是蓟辽督师府所在地，其中最著名的一位督师就是袁崇焕。袁督师克清屡战屡胜，宁远之役清太祖努尔哈赤更是被红夷大炮击中不治而死，但明朝危亡之际，袁崇焕却被离间下狱凌迟处死。这段经典的历史到这里是一定会讲给孩子听的。讲完后，我们可以选择到此为止，事实上大多数父母也是这样做的，告知然后结束。但是，我们也可以选择更进一步，让教育更有效。我的做法是，给孩子出了一道讨论的题目——"假如袁崇焕没有死，清朝会怎么样？"

夕阳下的沈阳故宫牌坊

四川大渡河河畔，看完"中国工农红军强渡大渡河纪念馆"，不妨带娃亲自下到馆外的河里去感受一下。如今虽仍波涛滚滚，但河水少且浅，相对安全。

回答这个问题，喜多不仅需要详细回想袁崇焕的个人经历，还要对明朝末期的整个历史情况有所了解和理解，更需要一些天马行空的想象。是的，在这个时候，不要用逻辑和常识去束缚他的思考。家长要做的，一是帮助他梳理所需的知识，二是在他讲完自己的结论后也讲一下自己的看法，给孩子呈现另一种思考的路径和方式。

在四川雅安市石棉县，有条著名的"大渡河"，带喜多看过"中国工农红军强渡大渡河纪念馆"后，又看了石达开兵败大渡河的历史。同样的地点，不同的队伍，不同的结果，如果是成年人的话，这一点已足以引起人们的思考，但孩子未必。这时就需要家长给予一定的引导，于是我给孩子留了一个命题作文：**《为什么中国工农红军胜利渡河而石达开却全军覆没？》**

喜多的作文节选如下：

石达开失败的原因，第一，是受到土司部队的伏击，因为土司更了解当地情况，再加上土司也会打石达开；第二，石达开没有充足的粮草，才会弹尽粮绝；第三是，石达开部队人心不稳，因为损失了28000人还没有攻下；第四，石达开不该进清营，被抓住就完了。

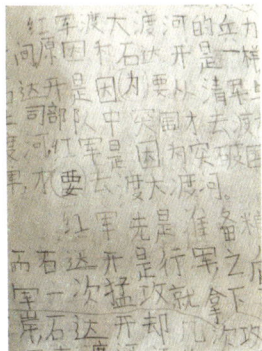

喜多完成的关于红军强渡大渡河的开放式命题作文

8岁的喜多虽然在表述和写字上还不好，但从字迹的背后可以看到，第一，他了解并记住了这段历史；第二，他也进行了一定的思考，尽管思考还比较简单直接和幼稚。看过之后，我也和他聊了聊我的看法，比如从宏观层面来看社会变革力量的发酵程度等这样一个孩子不太会有的思考角度，以丰富他的思路。

类似的开放式讨论，在旅途中还有很多，如果运用得好，不仅可以强化对知识的理解，还可以让孩子不拘泥于眼前的知识，让思维更加发散，发现思考的乐趣。

适度"盲目"的肯定性反馈

做父母的，对孩子不能太讲道理。半辈子都是以理服人的我，直到最近几年才悟透这一点。前面说过，情商比较低的表现之一，就是凡事爱讲道理。

人是情感的动物，很多时候都是不讲道理的。为人之子，和父母不能讲道理，要尽孝；为人之夫，和爱人不能讲道理，要表达爱；为人之父，和孩子其实也不能太讲道理，尤其是年纪小的孩子。

有些成人，非常"理性"，孩子说什么，稍有点不对，就立即纠正。有一次，我们在中国粮食博物馆，看到一名大约六七岁的孩子指着一些高秆植物兴奋地对他父亲说：

"爸爸，玉米！"

"不是，这是高粱，高粱的秆比玉米的细。"

孩子又指着紧挨着的另外一个看上去大一些粗一些的说："那这个是玉米？"

"不不，这只是长大一些的高粱。"

孩子摸摸头，悻悻的样子。

过了一会儿，孩子又指着一个水果说："爸爸，香蕉！"

"不不，这是芭蕉，和香蕉不太一样。"

"可是我看它就是香蕉啊。"孩子懵懂地说，脸上早已没有了一开始感觉自己认出这些东西的兴奋。

"不是的。"

"是的。"孩子小声嗫嚅地说。

后来，孩子再回答爸爸的问题，声音就有些小，怯怯的样子，有点怕说错的样子。

还有一次在西北的一家博物馆，一个孩子站在一个陶器项圈展品面前，对爸爸兴奋地喊："爸爸快来看，孙悟空的金刚圈紧箍咒！"

爸爸看了一眼，说："别瞎说！什么紧箍咒，这是文物，没有什么孙悟空，孙悟空是编出来的！"

当时旁边的我很想说，**想象力比知识更重要**，你应该呵护他，而不是否定他，假装这就是紧箍咒又有什么不可呢？孩子觉得你和他的想法一样一定会特别兴奋，会很容易拉近父子之间的距离，让孩子得到快乐和自信不是更好吗？而且，你怎么就知道孩子不明白这不是孙悟空的金刚圈呢？这也许只是他故意寻找快乐、幽默的一种方式，如果他看到你也假装兴奋地认为这就是他说的那样，你说他是不是会马上感受到你对他的爱呢？这些，对低年龄的孩子来说，都比答案重要。

新疆博物馆展品，一个孩子将其认作孙悟空头上的金刚圈，却遭父亲"认真"地驳斥。事实上，儿童阶段，想象力比知识更重要，这个时候，为父母者不一定非要纠正孩子的想法。

博物馆展品

　　孩子的思维和成人不同，想法迥异，用成人的标准去要求孩子，本身就是苛求。 越是小的孩子，越会有些让成人难以理解的想法，他的脑中充满了幻想，我家喜宝话还表达不清楚，但总会用一些肯定语气向我说一些他的判断，我虽然听不懂说什么，但总会用"嗯，是"的方式给予他回应，然后看到他一脸满足和自我肯定的样子。 不然呢，难道让我去给一个 4 岁的孩子纠正，你到底说的啥？！

　　在旅行中，孩子会接受大量的外来刺激，大脑处于高度活跃状态。经常会问一些不同的问题，也会经过思考后自己得出一些结论。

　　假设在一个历史博物馆，孩子看到一匹陶马，然后对你说，这个一定是东汉或者西汉时期的，因为我发现一路上有很多这个时期出土的马，样子都特别像动画片里的马，有点搞笑。 你望了望孩子指的马，角落里文物的标牌上是有写出土于魏晋时期的，孩子没有看到，显然说得并不对，这时你会怎么办？ 纠正孩子的错误？ 这就是我在雷台汉墓时和孩子之间发生的真实一幕。

　　我建议，你不如就装个糊涂，**肯定他的思考而不是纠正结果，表扬他善于总结发现。 陶马，究竟是不是两汉时期的，根本就不重要。 对于孩子，正确的答案，与思考的过程相比，我们更应该重视和鼓励后者。** 总有一天，他会知道或者不知道这个陶马是魏晋时期的，这些都没有关系，只要懂得思考，他总会慢慢地校正自己的认识。

　　但如果我们总是否认孩子的结论，打消孩子思考的积极性，导致他逐渐不敢相信自己做出的判断，虽然你给了他正确的答案，却毁了他对自我的坚持和信任。 相反，如果你"盲目"地肯定他"说得对，善于总结和思考"，他获得的是一种积极的自我肯定，对于年纪尚小的孩子来说，这远比答案要重要得多。

引导发现问题激发兴趣

看博物馆，对一些孩子来说，并不是件容易的事。没有知识储备和一定的思考能力，有些是看不懂的。一般来说，看不懂的东西，人们的兴趣也会降低很多，看的意愿会减弱。还记得你学英语昏昏欲睡的时刻吗？对，那也许就是你的孩子看新、旧石器或者书法作品的时候。

所以，帮助孩子看懂并产生兴趣很重要。尤其是在历史博物馆这种比例最高的博物馆分类中，新旧石器、陶器、青铜器、瓦当等，对孩子来说很难看出来什么，家长要尤其注重引导。

激发孩子的兴致，有一些办法：

1. 开一些孩子式的玩笑

如上篇的一个例子，如果假装认为那个物件是孙悟空的"紧箍咒"就能让孩子意兴盎然的话，为什么不呢？这使他继续有兴致看下去的基础。

看文物，气氛总是会严肃一些。时间久了，孩子的天性是熬不住的。家长不妨和孩子开开玩笑，活跃一下气氛，但不要太成人化的，要孩子式的简单玩笑。

比如，我常常会拿文物的造型开涮：

"哇，这个石像的脸好圆，像一个大饼，看得我都饿了！"

"这些镇墓兽的脸部怎么都没有上彩，是早上上班

博物馆展品

新疆博物馆展品，我借由这件文物的圆脸开玩笑，逗得喜多哈哈大笑。看文物对孩子来说常是枯燥的事，父母有时可以刻意地拿展品开涮，开一些孩子式的玩笑，往往就能让孩子有精神头儿看下去。

太急忘记化妆了吗？”

　　"四大丞相头戴鲜花聚餐赏月，这也太娘了吧！"

　　"这个人面石像一定是看到了什么好吃的，馋得眼睛都快掉出来了，像不像你那个时候？"

　　这些玩笑，虽然我们成人觉得比较幼稚，但喜多作为一个孩子却乐得前仰后合，并且马上也按照我的逻辑，去寻找其他可以作为玩笑谈资的展品，说给我听，没等我笑他自己就已经先哈哈乐了。

　　这样的精神头儿，要得。

2. 告诉孩子"文物会说话"

　　俗话说，内行看门道，外行看热闹。文物，热闹是没有的，只有门道。但孩子是看不出的，比如泥陶，在他们的眼中，大都是古人捏的玩具。这样看下去，是没有意义的。所以父母要引导孩子发现文物背后所体现出来的内容，让孩子知道如何去看，才会让文物"说话"。

　　比如下页图中这些泥塑，出土于某墓葬。

　　看的时候，我问喜多："这些泥塑都有什么特点呢？"

　　他看了一会儿说："很多人的怀里都抱着鱼一样的东西，有些单独的泥塑，看起来也像鱼或者海豹。"

　　"很好，观察得很仔细，这一点就可以告诉我们一些事。

　　"古人讲究'侍死如侍生'，所以在墓葬中，经常会通过泥陶、壁画、棺材画等载体，重现墓主人生前的生活场景。所以你观察到的这点，可以说明，尽管目前出土的地方，并没有什么河流，但在当时的时代，这一区域一定是存在着较大的河流甚至湖海，人们以渔业为主要的生产生活方式。这就是文物告诉我们的。考古学家就像侦探漫画中的柯南，他们要尽力从文物中发现蛛丝马迹，来推算当时的历史文化生活等。"

　　听到这里，喜多似乎有点开窍，知道用什么样的思路来看，他于是又

看文物时启发孩子思考

端详了一阵儿这些泥塑，并且指着其中一个对我说："爸爸你看，这个动物很奇特，三条腿，和我们现在所有的动物都不一样，那说明在当时的年代，有着现在没有的动物，一定是后来灭绝了。"

尽管我知道他说得不一定对，但秉持着**"肯定思考比正确答案更重要"**的原则，我表扬他说："是啊，你的观察和推理有道理，也许就是这样！"

从那以后，喜多看文物就更加细致了，因为他知道，貌似无奇的文物身上，说不定会有什么线索，可以告诉他更多的故事。

3. 玩一些寻宝的游戏

在博物馆中，非常适合玩寻宝游戏，因为那些展窗中，可都是实实在在的宝贝。当然，我们的游戏需要一些设计和规则。

在参观之前，父母需要制作一个寻宝图，图上将该博物馆里的主要几个藏品用简单的形容词描述一下，比如甘肃博物馆里的"铜奔马（马踏飞燕）"，就可以描述为"一个四条腿的动物站在两条腿的动物上"，类似的线索、不同的藏品多制作几个，让孩子拿着这个"藏宝图"去"寻宝"。找到后回来把宝物的名字写下来，家长给予一定的奖励，并给孩子讲解这个藏品的故事。

这样的游戏，相信大多数孩子都会兴奋地参与，既可以锻炼他们的观察、书写能力，也可以让他们更有兴致地了解主要藏品的故事，效果非常好。尤其适合多个家庭的团体参观，小伙伴可以分组竞争，还可考察每个小组对藏品的了解程度等。

当然，这需要家长事先做好功课，先制作藏宝图，再查询了解和记下关于"宝物"的故事，如此才能更好地向孩子输出有关知识。

4. 不必求全，放手看他想看的

博物馆里常常会见到这样的场景，孩子看看就略过去一些展品，跑去看别的，然后有的家长就会过去把孩子拽过来说："你这些还没看呢，你看这个……"孩子呢，则是一脸不情愿的样子。在一些景区也是如此，大人扯着孩子看这个看那个，或者拉家带口疲惫不堪地打卡景区的所有景点，而事实上对孩子来说，这未必是他们想做的事。

其实，完全没有必要这样。人们对知识的接受需要一个过程，大都是从容易的、感兴趣的开始，然后再去接触难的、不感兴趣的。去博物馆，没有必要毫无遗漏地看遍。尤其对于小的孩子来说，培养兴趣和习

甘肃博物馆，观赏镇馆之宝"铜奔马（马踏飞燕）"。有些时候，可以把博物馆的重要展品，做成一个猜谜游戏的谜底，让孩子循着谜面的线索去"寻宝"，父母再给予讲解和奖励，常常可以让孩子在参观学习的过程中保持兴奋的状态和持续的兴趣。

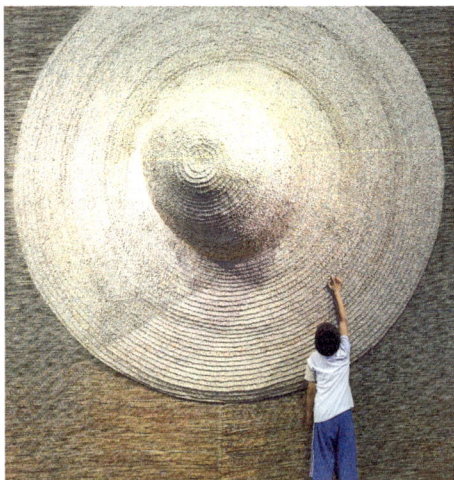

盘锦，蒲编博物馆中巨大的草帽

惯才是最重要的，由着他们的性子和兴趣去看，营造一个愉快的观展氛围和体验，而不要因为有些没看就强迫孩子去补看，容易引起厌烦和逆反的情绪。

就如我家的喜宝，现在体现出对音乐非常敏锐的感觉和兴趣，于是有些朋友就说，给他报个钢琴班吧，接受一下正规的训练，学钢琴要赶早。对此，我的想法是，我要小心呵护喜宝对音乐的热情，一定不能让严苛的钢琴训练破坏他的兴致，所以我并不会现在就送他去学钢琴，或许 8 岁之前，就让他随便地以玩的心态参加一些视唱练耳之类的活动，看一些表演，慢慢地熏陶，待学习能力和心理上都做好准备后，再去进行正规的训练。

在景区，我们也不会强迫自己走遍每一个景点。现在的景区都是越做越大，很多地方一天是走不完的，我一般会看孩子的情绪和体力而定，但基本都不会走遍，因为从孩子的教育来说，走几个地方就够了。

五大连池那么多火山口，走一两个就可以把需要大概了解的火山知识都看到；黄果树那么多瀑布，孩子在最大的瀑布面前也就是看个 5 分钟，还要一个个排着看不到头的长队疲惫地去打卡？意义不大，那都是成人的需求，我要做的就是告诉孩子《西游记》中孙悟空穿过水帘洞的难度有多大、瀑布是怎么形成的、势能和动能相互转化的物理学现象等问题，再大一些我或许会教他如何估算瀑布的流速和到达潭底的冲量等，除非他的兴趣是美术写生，所以只要走几个就足够了，没有必要苛求。

做家长的，都急切地想把一切好的东西一股脑地都呈现给孩子，这种心情可以理解，但要循序渐进。

三

做一些学生应该做的事

既然老师是家长，也要帮孩子做好在旅行中的心理准备，要从思想上把旅行看作是一次教室设在室外的课程，端正学习态度，按照学生的行为习惯参与进来。否则只是家长剃头挑子一头儿热的话，旅行课堂是难以行之有效的。

如果孩子特别抗拒这种旅行方式怎么办呢？提个思路，考虑到很多孩子只是将旅行定性为"出去玩"。既然如此，不如来和孩子玩一个"旅行闯关游戏"，家长把旅行中的每一个目的地都设为一个关卡，设定一些主线任务和支线任务（景点任务和每日作业），甚至设置一些 NPC（非玩家角色）帮助玩家（孩子），完成后会获得"宝箱"的奖励，通关后也会有相应的大的奖励。怎么样？是不是特别像玩一个 RPG（角色扮演）游戏，这样的旅行学习，孩子的配合度和积极性相信一定会有提升。

目的地的预习：资料查询和字词学习

作为一门课程，旅行教育应该和上课一样，目的地只是我们的教室和教具，目的地的主题是我们要学习的内容，上课之前，学生理所应当要预习。而且家长也要协助做好相关的准备。

如何预习？不同年龄的孩子有差别，8岁的喜多还处于识字阶段，我们便从识字做起。以莫高窟为例：

第一，我们先将与主题有关的字词提炼出来，包括敦煌、莫高窟、文化遗产、佛像、彩塑、泥胎、壁画、涅槃、佛龛、菩萨、弥勒、北魏、隋唐、袈裟、修缮、造诣、供养人、藏经洞、失窃等，让孩子先对这些字词进行写认和学习含义，这样未来在实地观看时就可以看懂和理解一些解说文字。

在去莫高窟前，先去敦煌博物馆做了系统的了解，并在那里买了这本《敦煌壁画动物故事》给喜多看，他很喜欢。在亲子旅行中，这种通过辅助资料来"预习"的方式，应该成为一种常规动作。

第二，需要先了解一下莫高窟的主要情况。一般来说，我会让孩子自己上网通过搜索引擎来查询，这样的好处是：一是可以锻炼孩子的拼音，毕竟输入法需要用到；二是可以让他熟悉网络的应用；三是网上不仅有文字还有视频资料。当然，对于网络的使用，我们也是给予了一定的限制，确保他只能用来查询。

我们还事先在敦煌博物馆买了一本适合少年儿童阅读的关于敦煌壁画内容的书籍，名字为《敦煌壁画动物故事》，在网上订购了少儿读物《丝路大冒险：敦煌之遗落的壁画》《漫眼看历史》（莫高窟）、《故事中国图画

敦煌莫高窟辅助理解阅读的书籍

书：敦煌莫高窟》，在去莫高窟之前，给孩子先看一下这些故事，可以激发他的兴趣。

第三，我找了一些有关敦煌的动画片提前放给孩子看，比如我们儿时经典的《九色鹿》，其形象和故事场景都来源于敦煌壁画；还有《降魔成道》，是以莫高窟第 254 窟南壁东侧的《降魔成道图》为创作蓝本，讲述了释迦牟尼以禅定、慈悲和智慧，化解魔王波旬派来的魔众袭扰最终成佛的故事。这些动画片让孩子的兴趣大增，在观看莫高窟壁画时也比较仔细。如果是年龄较大的孩子，还可以看纪录片，比如《敦煌伎乐天》《敦煌莫高窟，美的全貌》等。

第四，和孩子交流一下预习的情况。孩子如有问题，会与我进行一些相关讨论，并最终形成问题，家长可以不必先回答孩子，而是可以和孩子制作一个"问题清单"，一来家长可以根据此做些知识准备，二来带着问题和期待去看，这个过程才更有针对性。

针对一些科技类、工业生产类的主题，除了在知识上进行一些预习，还会根据目的地情况做一些其他准备，比如去安徽宣城五星宣纸厂之前，先带孩子去文具店认识一下宣纸，在博物馆看书画文物时也同时给孩子介绍一下承载那些画作的宣纸。在蒙牛、伊利的生产工厂前，先分别买两份各自的液态奶或者酸奶产品，让孩子对企业及其对应的产品有个认知等。

通过这些预习，孩子基本上可以对目的地有个初步的了解，也具备了相关的识字阅读听讲基础，看的时候有的放矢，更容易理解相关的主题。

遵守"课堂纪律"认真"上课"

在学校上课时，我们要遵守课堂纪律，聚精会神听老师讲课，认真学习。在旅行课堂中，也是一样的。

一是要学会遵守目的地的公共秩序。公共场所都有相应的游览要求：

博物馆、艺术馆、书店等禁止大声喧哗嬉戏打闹；

民族宗教场所很多都不允许拍照、穿鞋、衣衫暴露；

到本地主人家做客要谦尊有礼；

到少数民族地区要尊重当地风俗；

下矿山矿井要佩戴安全防护设施；

工厂车间要遵守生产环境要求；

乘坐景区交通车辆要系好安全带；

有些火山地质区禁止私自带出火山岩石；

丹霞、雅丹等地质奇观禁止踩踏地质表面；

植物园、花坛、草坪等要避免乱踩乱踏；

……

无论去哪个目的地，都会有以上那些不同的要求。还以莫高窟为例，为保护窟内文化遗产，内部没有灯光，只能靠手电光亮照明，游览人员要"巡礼式通过"，不能长时间在内驻留以防二氧化碳浓度过量，也不能使用闪光灯拍照，以防损害壁画。

这些"课堂纪律"，其实也是教育的一部分，要教导孩子学会遵守公共道德，不妨碍他人，不损坏公共设施。但是孩子毕竟还是不受控的，相比成人，遵守起来还是有一定难度，喜多常犯的错误，就是不受控地伸手想摸，看得专注身体就完全贴到防护玻璃上了，为此我们伤了不少脑筋，一路上不断地提醒。后来我发现，其实大部分孩子都有这个问题，触摸是他们认识世界、满足好奇心的最主要方式之一，但也是各种场景下保安最担心的事。对此，父母就需要及时地规范和约束孩子，以免造成不良后果，同时也是为了保证"上课"的效果。

内蒙古牧民的家，喜宝和羊群玩耍

二是要投入地做好学习这件事。

要让孩子沉下心来，进入学习的状态。

这不是件容易的事，孩子保持专注的能力有限，所以在游览时可根据孩子和目的地的情况，隔一段时间就活跃一下气氛，父母可以和孩子讲讲笑话，简单休息一下，或者给孩子设定一些目标。比如，喜多因为晚上要写日记，所以白天参观时为了收集资料，他经常会主动地拿着手机拍照记录，尤其是在博物馆时，这种任务在身的状况下，有助于他保持注意力在学习的状态中。

一般来说，孩子一个人的时候相对容易些。但如果同行有其他孩子，就会增多一些困扰。一开始阶段，喜宝因为年龄太小不懂得学习，常常骚扰哥哥喜多，小孩子哪有什么定力，三两下就打闹起来，全然忘记了还在学习或者听讲。后来，我们就将两个孩子"强制隔离"，我带着喜多，宝妈带着喜宝，各看各的，不在一起，从而保证喜多具有合适的学习环境，能够认真进入学习状态。

要引导孩子养成一些好的学习习惯。

比如记录、提问、听解说、互动、场馆电子屏幕的使用等。要让孩子学会主动去利用各种方式学习。一开始也许会困难一些，而一旦掌握，就完全可以让孩子自主去做了。

一开始带孩子的时候，几乎每个目的地都需要我不停地讲解，非常累，后来随着孩子对各种场景下学习方式的熟悉，以及文字的熟练认知，到旅行后期，喜多基本上可以做到不怎么需要我讲了，我看我的，他看他的。见到有解说员，他比谁都迅速地跟上，甚至紧紧地站在第一排，搞得我和宝妈都有点不好意思。而且，非常主动地向解说员请教，并与其互动。

犹记得在广州的"西汉南越王博物馆"，遇到一位一个月才解说一次的大神，喜多与上百人全程紧跟，并且及时回答了对方诸如"散步"一词和南北朝"五石散"的渊源等几个提问，大神一时惊诧地问道："这是谁家的孩子？！什么都知道！"我们看在眼中一时语塞，眼眶含泪，真有种努力没有白费的感觉。这些正向的反馈，最直接的效果就是喜多越来越喜欢与解说员交流，回到学校进入正常学习生活后，也特别喜欢上课时举手发言，比旅行之前的不自信好多了。

可以通过一些方法提升游览过程中的学习效果。

网上有一位 ID 为"暖爸"的旅行作者，为了提高他女儿在旅途中发现故事、分享故事的能力，专门设计了"讲画面"的游戏，就是每到一个自然景点，就锻炼孩子用语言描述出看到的美丽画面。有时，还会增加些新的玩法，比如让孩子旋转 90 度描述新看到的画面，爸爸妈妈拿出纸笔进行简单的绘画。通过这种不断游戏式的练习，孩子学会了从左到右，从远到近，从主体到细节的表达方式，描述画面时越来越有层次感。

"暖爸"设计的另一个环节是"抓独特细节"练习，每当带女儿到一个新的地方，或者遇到她不认识的人，都要引导她描述出 3—5 个最独特的细节，通过这几个细节，勾勒出场景或人物的独特之处。这是借鉴了法国著名文学家福楼拜要求徒弟莫泊桑到马车站去观察马匹的做法，这种做法让莫泊桑有了超强的观察力，使得他的小说以人物刻画细致、入木三分而著称，在世界文坛享有很高的声誉。实际上在心理学专业的教育中，也经常会有这样的训练方式，犹记得我本科时，老师就经常带我们去室外的各种场所，包括商场、菜市场、医院、公园等地，让我们分别在一个地方观察当地的人群，用本子记下、描述那些人的状态，分析他们可能的心理。

这些学习方法，不需要繁杂或者设计很多，毕竟游览的过程中精力有限，需要和游览行为紧密地联系在一起，如此方能促进游览的学习效果。

目的地的复习：作业、费曼学习法和旅行日记

德国心理学家赫尔曼·艾宾浩斯 (H.Ebbinghaus) 的记忆遗忘曲线告诉我们，遗忘在人们学习之后就迅速开始，并且进程很快，如果不复习，一天后平均就只剩下原来的 33.7%。而经过了及时的复习，则可以大大降低遗忘率，将短时记忆转变为长时记忆。

所以，结束一天的游览学习后，务必要加强记忆和理解，可以亲子讨论、观看辅助理解资料（书、动画片或纪录片），也可以给孩子布置作业，比如日记、手工、绘画等都可，只要是和主题相关，就会强化相关主题的知识记忆，加深理解。

学习理论中，有一个非常著名的"费曼学习法"，被誉为最高效的学习方法。费曼是美籍诺贝尔物理学奖获得者，爱因斯坦之后最伟大的物理学家之一，他提出的这个方法，形象一些来说就是：用自己的语言来记录或描述你要学习的概念，达到让一名 10 岁孩子能够听懂的程度。也就是说，当你能够用简单形象的方式，去把一个问题给孩子讲清楚，那你对这个问题的理解，就已经非常深刻了。

这种学习方法，的确非常有效。我在清华上研究生时，有些导师就使用了"费曼学习法"进行教学，让学生自己就学习的课题做主题陈述，在课上讲给老师和其他同学，然后老师再进行点评和查缺补漏、解疑释问。

> 心理学中著名的赫尔曼·艾宾浩斯遗忘曲线告诉我们，复习是减少遗忘的最重要手段。亲子旅行要充分利用这一点来强化教育效果。

不过，这是一种高阶的学习方法，需要有一定知识储备和专业能力。年龄较大孩子的父母，可以尝试去运用这个方法，让孩子每天游览完之后，通过扮演老师的角色，把当天学到的东西和他的理解、思考等，用自己的方法来教给作为"学生"的父母。

物理学家费曼，不仅是美国研制原子弹项目"曼哈顿工程"的领导者，也是量子力学和纳米学的重要奠基者之一，还提出了公认最高效的"费曼学习法"：用自己的语言来记录或者描述要学习的概念，达到让一名10岁孩子能够听懂的程度。亲子旅行中完成一天的日程后，可以尝试运用此方法来强化学习效果。

就我们而言，喜多年龄还小，理解能力和表达能力有限，所以大多时候都是采取写日记、看辅助资料的方式，如今全程下来400天，大约也记了200多天的日记，看了几十本和目的地有关的书籍。

在本书的附录，我在旅行规划和辅导参考中，都列出了与目的地主题有关的书籍、动画片、纪录片甚至电影，以供参考。

这里重点说一下关于孩子的旅行日记，我有以下一些体会：

1. 不要过于"规范"孩子的写作

对于处于写作经验初期的孩子，最重要的是培养他的写作热情和习惯。

我们这代人，从小写东西、说话都不是太自由，工作后长期在政府机关，文风更是严谨，套话很多。我感觉，写作的方式不仅限制了文风，也限制了思考，更影响了性格，这是我的痛处。所以，现在一般情况下，我会让孩子随意写，不做要求，写他最想写的话。不要为了应付父母的要求、为了纯粹的记忆知识而写些目的性很强的句子。

比如我们去了云南老山前线的烈士陵园献花，还看了对越自卫反击战纪念馆，作为成年人，我和宝妈都很激动和感慨，所以我们想当然地认为孩子的日记里，也应该是对这些烈士满满的敬意和对今日和平来之不易的感慨吧，我们自小写过的作文不都是这样吗？然而结果却并不是如此，他只是冷静地就事论事，说了说两方部队的能力层面的感想和战场的表现。这个时候，我们应该对孩子说"你应该写什么"吗？当时我是有这个冲动的，但是还是克制住了。我们可以引导孩子，比如讲讲自己参观后的感想，但不应强迫孩子形成一个"标准的"思想，就如我们小的时候所经历

云南老山对越自卫反击战纪念馆

云南老山，对越自卫反击战纪念馆。本以为喜多当天的日记会如父母一样感慨烈士们的牺牲，谁知他只是客观地分析战争双方的表现。我们要告诉孩子"你应该写什么"吗？大可不必。思想是不能有标准化答案的，自由地表达也尤为难得。

的那样。

让孩子自由地写作，一是让他有好的写作体验，二是发散思维，三是希望通过这个也让他的性格不要过于拘谨。

当然，这种"自由"，主要指的是内容和思考方式，这是需要建立在一定的写作能力基础上的，孩子需要先了解基本的写作规范，比如什么是记叙文、说明文、议论文等。

2. 引导孩子写作不同的文体

旅行的目的地不同，会有适合写作不同文体的机会，比如我们白天去内蒙古牧民家做客，孩子当晚会写一篇记叙文；去了"中国鳄鱼湖"，就可以写一个关于鳄鱼的说明文；看了历史博物馆，写的时候常常会发表一些自己的看法，类似议论文体。在具体写的时候，家长请先给孩子讲一下每种文体的规范和特点等，也算是一种写作知识的普及。

除了以上主要文体类型外，在实际的写作中，我们还灵活地布置了其他一些文体，比如喜多在路上看了海伦的名著《假如给我三天光明》后，我会让他写一篇读后感；在某个城市看了大热国产动画电影《哪吒》后，也让他写了篇观后感。至今还没有尝试过的，还有诗词、小说和戏曲。如果您的孩子文字能力较强，不妨试试。

3. 认真批改给予正向反馈

刚学写作的孩子，写一篇东西不是容易的事，孩子费尽心思写出来的成果，有时会心里忐忑，有时又会满心期待家长的评判，所以务必要认真对待，切忌漫不经心地一看而过。

注意，刚开始的时候，要以培养兴趣和习惯为主，不要过于关注文字错误，纠正就可，更不要指责，重要的是努力指出孩子的亮点和进步之处。

我曾经犯过这样的错误，喜多的文字表述基础比较差，一开始写的时候，满篇错字、漏字，导致语句不通，惨不忍睹，因为这个问题特别明显，我每次都把错字圈出来，让他改正，长时间下来，我发现他在写作上越来越有畏难情绪，而且时间拖得特别长，我就有些纳闷，后来仔细沟通过才知道，因为我对错字给予了更多的关注，导致他认为写得好坏就是有没有错字，所以害怕写错字，由此也导致不愿意写日记。

带娃在内蒙古牧民家玩

了解到这一点，我及时做出了调整，把更多的关注点放在日记是否表述清楚、是否有好的记述方式、是否有自己的思考等方面。在批改时，我会固定地用波浪线，表扬他写得好的内容、有自己思考的内容。后来随着词汇的积累和表达方式的熟练，文风也越来越活泼起来，有很多灵活运用的"暗喻"等手法，这可是我上初中才会用的。对此，我也是不吝夸奖的。

如今，喜多自己翻看旅行早期写的日记，还笑着跟我说："真不敢想这些都是我当初写的，实在看不下去。"他能这样说，至少在他心中，一定是对自己现在的写作有一些信心的，尽管仍然算不上很好，但至少在进步，进步就好。

四

带这些 App "教具" 上路

看过很多推荐出国旅行 App 的文章，但至今没有一篇推荐国内亲子旅行需要的 App，可能大都觉得在国内没有语言障碍、亲子旅行也没什么特别的，所以没什么必要吧。

如果说推荐百度地图、携程、去哪儿、途牛、穷游、马蜂窝等这些大众熟知的旅行所需的 App，的确没有什么必要。但亲子旅行不同的是，在旅途中有对知识获取的需求，如果您亲子出游的目的是教育，这方面的 App 就很有必要了。比如以下这些我们在环中国旅行中用到的：

1. 植物认知

孩子总是对他们看到的世界充满了好奇，不停地向父母问着各种为什么。亲子出行时，自然场景出现的比例非常大，且不说自然景区、植物园、自然博物馆等这些直接和植物有关的目的地，就算是历史、人文的室外景区，花草树木，也随处可见，孩子提出相关的问题就非常高频了：

"这个是什么花啊？"

"看这个种子像个黑珍珠！"

"好漂亮的叶子，这是什么树？"

"这个果子能不能吃，不会有毒吧？"

"形色"，目前最好的植物识别软件，推荐亲子出行必备。一般来说，父母在出行前都知道要做攻略，但却常常忽略了要准备辅助教育的"教具"，比如植物、昆虫、鸟类等的识别软件，景区和场馆的导航、解说、互动软件，知识类的问答软件等。当然，也包括一些线下的实物工具、书籍资料等。

叶剑英纪念馆，冬日里盛开的繁花

"这个叶子怎么像花一样？到底是花还是叶子？"

"这是高粱还是玉米？"

……

这些问题都是娃在路上问过我的，只要在路上见到特别的植物，就会问我是什么。我的植物知识积累很少，怎么办呢？

找了一款非常实用的 App，叫作"形色"。只要用手机对准植物咔嚓一拍，上传后系统就通过比对数据库进行自动识别，很快结果就出来了，虽说识别率不能做到百分百，但绝大多数还是能够提供详细准确的结果，包括植物的名称、生物性状、分布、用途，甚至相关的历史文化。尤其最后一点，有一定的故事性，有助于讲给孩子听。而且，App 还支持用户之间进行鉴定，支持一键浏览知名景区的植物样态等，旅行过程中用起来非常方便、实用。

类似的植物识别 App 网上其实有很多种，"形色"目前最受欢迎，其他还有"苗叔""花伴侣""识花"等，功能大同小异，可自行选择使用。

2. 昆虫识别

除了植物，昆虫也是野外常见的物种。孩子们对昆虫的兴趣，显然比植物要大得多，毕竟人类普遍存在着"植物盲"现象（指人类天生对周围环境中的植物缺乏主动的注意和易混为一体），却没有"昆虫盲"或"动物盲"。

我们一路上，只要遇到了奇特的虫子，娃们必定走不动道，可以全神贯注地蹲在那里看很长时间。就如之前所述，去黄果树瀑布的大部分时间，都在趴地上围观蚂蚁和蚯蚓大战。

孩子对虫子的敏感度，也比植物更强。大人眼中差不多的昆虫，而在孩子们眼中往往都有着很多差别，这个时候如果提出问题，实在是难以回答。

找了很久关于昆虫识别的 App，结果不尽如人意，只有"**见虫**"一款 App 尚可用。识别的方式，也是拍照后上传，系统比对后会有一个结果，识别精度一般，识别结果信息包括名称、生态性质、生活习性、分布区域等。App 的界面采用的是百度地图，每一个上传昆虫图像的人，相关结果都会在地图上显示，所以我们可以看到附近存在的虫子情况。

这个 App 从技术的实现和界面等来看，还比较初级，昆虫数据库内信息有限，使用起来体验较差，但总是聊胜于无。对于常见的昆虫种类，还是可以解孩子询问的一时之急。

3. 鸟类识别

鸟类同样拥有一定数量的爱好者，国内著名的观鸟目的地也很多，比如观鸟之都秦皇岛、北京的野鸭湖、上海的东滩湿地、广东新会的小鸟天堂、山东荣成的海驴岛和烟墩角等，几乎每个省都有适合的观鸟湿地。

即便是在一些非观鸟类的自然景区，也经常见到不同的鸟类。

孩子难免就会提出相关的问题，这个时候有一款智能识别的软件就非常必要了。

有一些识鸟软件，代表性的主要是**"识鸟君""懂鸟"**和**"图音识鸟"**。它们采取的识别方式也大多是拍照，然后通过内部数据库进行比对识别，呈现相关资料，包括物种分类、居留类型、习性、分布地域等，同时也有鸟类的查询、同好者社区等功能。

不过，拍照这种方式，对鸟类识别来说，并不是太方便。因为鸟类大都离得较远，手机拍摄难以呈现出较大而又清晰的效果，所以识别起来还是有一定困难的。

在这方面，"图音识鸟"App进行了一定的尝试，在图片识别的同时推出了"声音识别"的方法，为识别鸟类又增添了一些手段。

但总的来说，就"野外识别"这种应用场景而言，识鸟软件还需要进一步的发展，才能更好地满足我们野外使用的需求。

4. 景区和场馆解说

父母自己旅行，可以不用讲解，但带孩子旅行，讲解是必要的需求。没有智能手机的时代，我们往往需要雇用导游或者解说员来为我们讲解，若走的地方多，也是一笔不小的支出。

后来，随着智能手机的应用，解说软件如雨后春笋般涌现而出，然而大浪淘沙，前赴后继地创立、倒闭了很多家后，如今这个市场已经呈现出几个主要的头部App，包括"三毛游""美景听听""一路乐旅游""新恋景"（原"链景"）等。

个人比较习惯用"三毛游"，这个 App 与高德地图可以无缝链接，在使用地图导航时就可看到目的地的"三毛游"语音讲解。

不过，最好是单独下载，软件体验很好，能自动定位讲解，目的地比其他同类软件丰富，尤其是有很多的博物馆，同一个目的地不仅有不同风格、内容和深度的解说，还配有一些游学课程、展览资讯等，这一点是亲子旅行最适合也最需要的。

5. 辅助参考资料

除了以上，还需要一些音视频的辅助参考资料，比如用视频看一些和目的地有关的动画片、纪录片等，视频软件很多，就不特别推荐了。

音频资料是一个选择。毕竟路上看视频多了损伤眼睛，有时可采取听的方式了解相关资料，推荐**"喜马拉雅"** App。作为一个音频软件，虽然不是为旅行服务的，却也有一些博物馆、景区的解说音频，不过最有用的还是大量关于目的地的深度解读，以及相关主题系统的课程。

问答社区类 App 也是一个选择。以学习为目的的话，选择应该是没有什么争议，国内这个领域首推**"知乎"** App，毕竟太多各领域的大神在里边，如果有什么问题实在不知如何回答，不妨在"知乎"中发个提问，等待专业人士的详细解答。

6. 特定景点的 App

国内有些高流量的目的地，也开发了自己 IP 的 App 应用，从而为参观者提供更好的体验。故宫目前已经开发了 10 款 App，其中最受欢迎的包括：

"皇帝的一天"（Android & ios）：以活泼的手绘画风、卡通化的人物，引领孩子深入清代宫廷，了解皇帝一天的衣食起居、办公学习与休闲娱乐。

"紫禁城祥瑞"（ios）： 可了解故宫博物院文物中的一些瑞兽形象，每个都有详细的说明，有高清像素的照片可供浏览，能放大观察到细节。

"韩熙载夜宴图"（Android & ios）： 一种通过富媒体形式展现的"数字画卷"，可远观、可近赏，向观众全方位解读这幅画作中的每个细节，了解画中每个人物、用品的名称、历史和典故等；画中人还可以鲜活地动起来，演奏乐器、翩翩起舞，让观众沉浸在画卷创造的艺术氛围之中。

除上面三款外，还有"胤禛美人图""故宫陶瓷馆""清代皇帝服饰""每日故宫""故宫展览""故宫社区"等 App，为参观者提供全方位的参观、学习体验，也将故宫的历史文化更好地向大众传播，成为最受期待和关注的文创品牌，一时引业界之先。

其他有些景区也陆续开发了自己的 App，比如西湖的"掌上西湖"、黄山景区的自动导览、国家博物馆的解说导览、敦煌的虚拟展示"数字敦煌"等。

我们在带娃旅行之前，下载这样一些 App，将是很好的进行旅行教育的"教具"，让我们的亲子旅行能够了解到更多，学习到更多。

五

写教案：以莫高窟为例

旅行，我们常常要做攻略；亲子旅行，除了攻略，还要做"教案"，用以指导在目的地的亲子教育。

从敦煌鸣沙山上向月牙泉跑去

莫高窟，最近一些年爆火的旅行目的地。很多家长都带着孩子去，旺季时人多到恐怖，可惜大部分人打开莫高窟的方式不对，属于花钱找罪受，只想打卡不考虑实际收获。

为什么？佛教壁画和塑像，除了少数学者、修行之人、艺术工作者和爱好者，我敢说中国绝大多数成年人都只是看个热闹，更不用说孩子。尤其是旺季，多数人也只是购买 B 票（4 个窟），常常要排队 1—3 个小时不等，进到每个窟内，只允许"巡礼式参观"5 分钟就出来了。对小孩子来讲，大部分时间只能看到排队中别人的腰，以及窟中头上黑漆漆的窟顶，即便被父母托举起来能够看到，那又能有多少收获呢？什么是经变、本生、无量、梵天、涅槃、力士？什么又是半跪坐式、影窟、供养人、北魏风格、西藏密宗？显然，这些生僻的词汇在孩子耳中无异于天书。

排这么久的队，就算你能忍受得了，小孩子这种神兽可耐不住，听又听不懂，何苦？

所以，我有几个建议：

一是尽量不带幼童去莫高窟。到莫高窟至少需要有较大的识字量和较强的理解能力，能看文字介绍，能听懂解说，这样去了也能有所收获。不符合这个条件的，去的意义不大，长大些再去也不迟，不去扎堆也是在一定程度上保护了莫高窟。

二是带孩子去之前做好充分的预习。事先熟悉和莫高窟有关的字词、历史、文化、艺术等基本知识，可以先读一些面向青少年的少儿读物，也可看一些相关动画片，以激发孩子去了解的兴趣。

三是选择 8 个窟的全票或者去特窟。8 个窟的票，人会少一些；如果额外再花上数百两银子看几个特窟，那就是 VIP 的待遇了，可以放慢节奏仔细观赏学习。当然，此项只适合不差钱或者真正感兴趣、想要了解更多相关知识的朋友。

四是参加专业游学团体。目前社会上有关敦煌的青少年游学项目不少，但是需要甄别，选择具有专业师资和资源的项目。

如果孩子年龄合适，也没有参加游学，我以莫高窟为例，为您演示一下如何制作亲子旅行教育的"教案"，基本体现了我们前几节所说的一些理念，包括短时间高频主题内容输入、多感官富媒体内容输入、行前预习和行后复习等，供您参考借鉴。

莫高窟亲子旅行规划和教育参考

1. 字词预学

*说明：此部分均为行程中将要接触的高频词，行前用一个晚上教导娃认知，这样在后续的参观体验中会不断接触到相关词汇，加深理解和记忆。下述词语仅为示例和参考，可结合实际行程具体拟定所需字词。识字的过程查找相关图片配合说明，效果会更好。

河西走廊、敦煌、莫高窟、佛教、壁画、泥质彩塑、佛龛、释迦牟尼、修行、经变、本生、功德无量、善业、梵天、涅槃、弥勒、菩萨、比丘尼、金刚、天王、力士、乐伎、飞天、反弹琵琶、影窟、半跪坐式、袈裟、供养人、北魏、西夏、隋唐、回鹘、西藏密宗、藏经洞、文物盗贼、浩劫。

2. 人文与科学预讲

*说明：此部分在去目的地前可以选择几项，简略地讲给孩子，表达注意故事性，目的在于激发兴趣，带着期待和问题去游览。如是低年级的孩子，挑选重点内容即可，不需详细解读，避免枯燥讲授。相关预讲需要父母提前预习了解，部分内容可参考本规划中"辅助理解资源"部分。

敦煌莫高窟，本来是小众的宗教文化圣地，近年却成了火热的大众旅游地。佛教壁画和塑像，并不是谁去都能看懂的，盲目从众、扎堆打卡地去排长队受罪，有何意义？尤其是亲子旅行，一定要做好"教案"，才能真正有所收获。

莫高窟

1）莫高窟是什么？

2）古人为什么要修建佛窟？

3）莫高窟是如何被发现的？

4）为什么莫高窟具有极高的艺术魅力和文献考古价值？

5）莫高窟壁画中的故事。

6）为什么洞窟中要禁止拍照和限制人数？

7）泥质塑像是如何塑造的？

3. 行程规划

1）旺季至少提前一个月在微信小程序"莫高窟参观预约"预约莫高窟 A 类门票（8 个窟＋数字展示中心），或报名参加研学课程。

2）参观"敦煌博物馆"总览历史全貌。敦煌历史上曾经鼎盛辉煌一时，莫高窟不过是其一隅，来到这里可以看到历史的全貌，了解到莫高窟的发现始末和主要内容。

3）参观当日先到"数字展示中心"看《千年莫高》和《梦幻佛宫》；再去排队看洞窟，出来后参观"敦煌石窟文物保护研究陈列中心"，里边原样复制了一些洞窟，弥补了有些正牌洞窟看不到的遗憾；再到"敦煌藏经洞陈列馆"，里边展示了藏经洞封闭、发现和文物流散的历史，以及藏经洞文物的内容及其珍贵价值；晚上可观看实景演出《又见敦煌》；敦煌附近瓜州县的"榆林窟"等，也是莫高窟的一部分，游人不多，确有兴趣也可一看。

4）到"敦煌画院"体验敦煌艺术。到敦煌的人很多，但来到画院的人却不多，在这里不仅可以看到以敦煌壁画等为内容的艺术作品，还可体验敦煌壁画古法临摹、制作敦煌夜光杯、品尝清莲素食等，亲子到此可直接入住画院的敦煌画院沙舍酒店。

5）其他目的地。除了莫高窟，敦煌还有"鸣沙山和月牙泉""雅丹魔鬼城""玉门关""阳关""大地之子"戈壁雕塑、"千佛洞"（东、西）等，可根据自己的行程加以选择；具体敦煌旅行参考，请详见本书搭配的数字内容中的"甘肃省亲子旅行规划和辅导参考"。

4. 辅助理解资料

*说明：此部分可在行前或游览过后作为辅助理解资料给孩子看，提高孩子对目的地的兴趣，同时配合目的地学习体验的内容，加深相关理解。

1）**少儿读物**：《漫画丝绸之路：敦煌壁画故事》《敦煌壁画故事》《故事中国图画书：敦煌莫高窟》《丝路大冒险：敦煌之遗落的壁画》《少年冒险王：莫高窟古墓探险》。

2）**父母读物**：《敦煌本纪》《敦煌壁画故事大观》《河西走廊——西部神话与华夏源流》《文化苦旅》（《莫高窟》一文）。

3）**动画片**：《九色鹿》（动画形象来源于敦煌壁画）、《敦煌传奇》《降魔成道》（敦煌）、《莫高霞光》（玄奘取经敦煌段）、《丝路传奇》。

4）**纪录片**：《敦煌伎乐天》《敦煌莫高窟，美的全貌》。

5）**"云游敦煌动画剧"小程序**：从"敦煌研究院"公众号，可进入"云游敦煌动画剧"小程序，观看动画剧，并参与互动剧目，为敦煌壁画动画剧故事《神鹿与告密者》《太子出海寻珠记》《谁才是乐队C位》等配音；还可了解有关敦煌莫高窟的所有知识、观看线上课堂；景区智慧导览；报名参与研学体验等。

6）**"数字敦煌"网站**：在PC端全面展示敦煌壁画，可检索查看每一幅壁画的图像、内容及其相关解说，还可体验VR虚拟游览。

（www.e-dunhuang.com/index.htm）

去一个目的地旅行，切莫什么都不准备地"裸看"。游览前后，建议阅读一些相关主题的书籍，或者观看一些相关视频，可以起到预习和辅助理解的作用。

甘肃瓜州大地之子雕像

5. 旅行作业：

＊说明：以下仅为示例，请根据旅行实际情况任选其中一项或几项，或自行拟定。

1）图文小报《我眼中的莫高窟》。
2）给爸妈讲一个莫高窟壁画故事。
3）体验古法临摹壁画。
4）做一只敦煌夜光杯。

六

设计但不偏执，未知永远是旅行的魅力

旅行前，有些朋友看过我设计的旅行课件，对我说："规划得太详细了，实际旅行中能够严格按照预想去做吗？"我的回答是："不一定能，也不必全部严格去执行。"

旅行，毕竟充满了不确定性。规划，只是给我们一个努力的方向和方法，我们尽力去做，但也不必偏执地强求。

而且，未知永远是旅行的魅力之一。偶遇而不是设计，常常会给人惊喜。

所以，虽然我们详细设计规划了旅行课，但并不是死板地去执行。事实上，有很多的教育和体验场景，都是在旅途中临时遇到的：

被内蒙古牧民邀请到家里做客；
在朝鲜族村子给新人婚礼伴舞；

雨后森林，长出了很多蘑菇，我们便临时修改了当日行程，用半天时间来和当地人一起采蘑菇。虽然制订了详细的旅行教育规划，但也不必死板地去执行。未知，永远是旅行的魅力之一。我们经历过的很多教育和体验场景，都是在旅途中临时遇到的。

街津口赫哲族文化村内，偶遇雨后新蘑，
临时改变行程采蘑菇

在路边帮农民晒稻谷；

和果农家一起制作冻柿子；

在杭州梅家坞收留被遗弃的小奶狗；

雨后在赫哲族村的森林里采蘑菇；

黄河附近和一群农家奶奶在地里拾花生；

在蕲春闯入艾草加工车间观看体验；

惊险夜下黄山；

在皇都侗寨参加侗族新年游行；

丢失物品的寻找和失而复得；

……

这些际遇，让我们的旅行更加丰富多彩，也获得了更多难得的教育契机。所以，在某种程度上，我们也是非常随性的。可以随时改变既定计划，去追逐偶然发现的体验良机。哪里有更好的教育场景，哪里就会成为我们下一步的目的地。

皇都侗寨，侗寨新年的长桌宴即将开启

比如，自驾到甘南藏族自治区时，经过路边一所较大的藏医院，勾起了我往日独自背包走川藏线时曾去过藏医诊所的回忆。我知道，藏医有着不亚于中医的独特的系统诊疗体系，博大而精深，并且与宗教紧密合为一体。便想着有必要让孩子了解一下，于是临时延后了当日的行程，就带娃进了藏医院。

这是一所二甲医院，外观上看，建筑风格就是藏族传统的碉房式建筑与现代楼房风格的结合。最吸引人目光的，是走廊墙面上贴着的很多幅"曼唐"，就是藏医中的医学图谱，其中藏传佛教的神学意味蕴含其中，非常有趣。

一幅关于胚胎发育的曼唐，形成于 1300 年前，在那个时代就已经认识到胎儿是由父精母血结合发育而成，用图画描述了胚胎发育 38 周所经历的鱼期、龟期、猪期，最后才成人的顺序，这与生物进化从水生动物—水陆两栖动物—陆生脊椎动物的顺序相符，与 1000 年后达尔文的进化论惊人一致！

第二个独特的方面，是医院里科室的设置。可以看到，有缚浴室、火灸室、庵熨室、放血疗法室、角吸室、特尔玛室、优厥室、气浴室等少见的藏医奇特疗法，最奇特的居然还有"天文星算研究所"，当时我就震惊了。

第三个独特之处也非常具有民族特色，就是院内还分别设有佛龛和转经筒，以供患者祈福许愿。

整个医院转下来，感觉非常奇妙。按照藏传佛教的说法，藏医是释迦牟尼的化身等传授给人的，在这样一个由神创造、由神阐释的系统里，却并存着一套忠实于客观物质形态，基于解剖学和本草药物实践，注重外科手术和五行调理的医药理论，类似于神学、中医、西医的结合，这是何等令人惊叹的文化人类学现象。

4 F	临床研究所	基础理论研究所	药物研究所	天文星算研究所	信息中心	
	甘南州藏医药学会	甘南州藏医药开发重点实验室			藏医药文化展示馆	
3 F	胃镜室	B超室	心电图室	医生值班室	风湿病专科	胃病专科	治未病科
	名老藏医慈智木传承工作室		脑病专科	肝胆专科	特色外治专科	涂擦室	推拿室
	特尔玛室	缚浴室	竜熨室	火灸室	角吸室	放血疗法室	汽浴室	足疗室
	泻疗室	藏医正骨室		牵引室	优赆室		医生办公室	藏医药文化展示馆

甘南藏医院里的楼层图，有很多闻所未闻的科室。如果不是路上自驾时的一瞥，和时刻饱满的好奇心，可能就错过了探秘藏医院的机会。

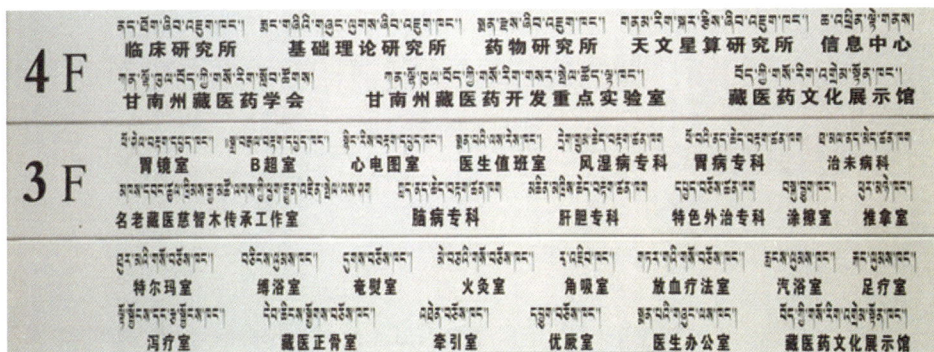

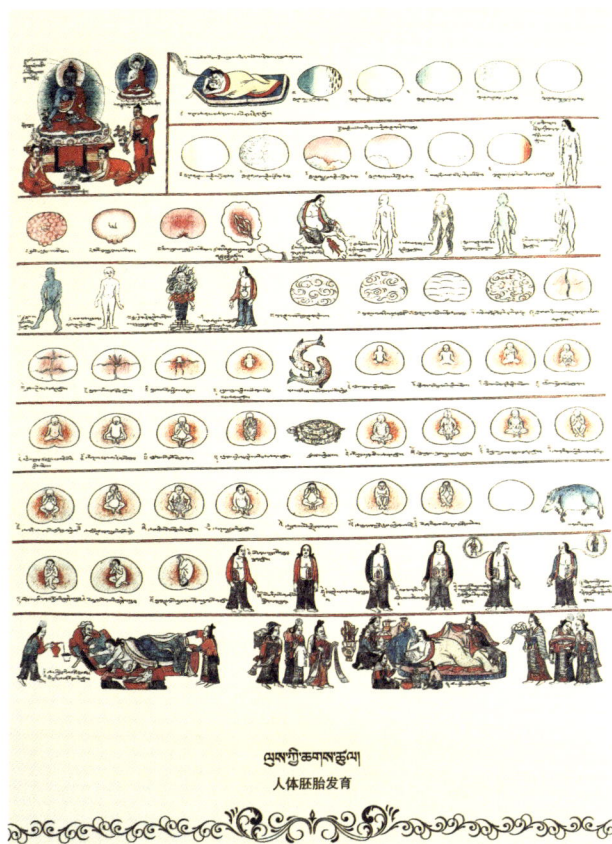

藏医院中的传统医学图谱 "曼唐"

甘南藏医院中的转经筒

这样一个旅行中的意外收获，就来自路上不经意地一瞥和灵机一动，而不是事先精心设计。藏医院也根本不是什么旅游景点，却带来了很多惊喜。

当然，大多时候，我们还是需要精心准备和设计的。也有朋友觉得，如此这样去旅行，会不会太累了。累，是一定的。就算你是去娱乐休闲，也会累的，但累的主要是父母，孩子其实大都是在玩乐中学，比学校和课外班的生活轻松很多。

我想强调的是，如果你的旅行目的是教育，那就有个教育的样子，最大化地实现教育的效果。当然，如果目的只是休闲和娱乐，那自然不在我讨论的范畴，也并非本书的目标读者了。

自驾车里的教育生活＿＿＿＿＿124

旅途中锻炼生活的基本能力＿＿＿＿＿144

不要错过旅行意外这门特殊课＿＿＿＿＿155

爱的教育＿＿＿＿＿182

第三章

旅途无处
不教育

旅行教育的场景，绝非只有在目的地和住所，还包括交通工具上、饭间、临时休息处等，目的地的教育自不用说，其实其他场景，尤其是自驾车上，也都可充分利用起来，将教育融入进去，让孩子在旅行中能有更多的收获。

一

自驾车里的教育生活

长途自驾旅行，其实是件挺辛苦的事。尤其是在行车时，长久坐在车里，大人能受得了，娃却未必，有的可能就哭闹起来，吵着下车玩或者回家之类。

有人开玩笑说，好办，扔给娃一个 iPad 或者手机就好。嗯，的确管用。

不过，每个做父母的都不愿让孩子过多沉浸在电子玩具中吧。

走走停停固然是一个方法，但是否可以通过一些设计，将教育融入其中，又可让漫长的自驾时间不那么难熬？当然是可以的，下面讲讲我们的做法。

安全教育第一条

在讲具体的车上育娃生活之前，"北京第三区交通委"提醒我们，"道路千万条，安全第一条，行车不规范，亲人两行泪"。

自驾路上，行车时间长，速度快，安全一定要放在首要位置，尤其是带娃出行。不仅司机要安全行车，对孩子也首先要进行乘车安全教育。这一路走来，基本上每天都要唠叨叮嘱孩子相关安全要求，我把它总结为儿童乘车"**安全十条**"，希望不在旅途中的你也同样能够借鉴。

第一条，系好安全带。这一点不必细说。车内条件可以的，安全座椅是标配，家长也要带头做好示范。

行车安全绑好安全带

第二条，注意坐姿不倚靠车门。喜多常常有个习惯就是背靠着车门，虽然门上有儿童安全锁，但这是一个有潜在风险的乘车习惯，未来万一坐了没有安全锁或者安全锁没锁的车，不排除发生危险的可能性，我们对此也是严格禁止。

第三条，垃圾不能扔出窗外。

基本的乘车公共礼仪要遵守，乱扔东西本来就是小孩子常出现的情况，一路上也会经常见到别的车存在这样不文明的行为，如果不跟孩子及时纠正讲明，他看到了就会模仿，以为是正常的行为。即便我们经常叮嘱，也会出现"意外"，记得在洱海，虽然不是车上，但手拿食品袋的喜宝，猝不及防地把袋子扔到了海里，瞬间漂远，而全程恰好被身边一对外国夫妻看到，在国内丢人丢到外国去，我们也算是够糟心了，刺眼的袋子在水中仿佛扎在我们心头的刺，即便如此又不能大声斥责孩子，恨不得找个地缝钻进去。

第四条，不将身体伸出车窗。旅行中，孩子对外面的一些场景好奇，会比平时更多地出现探出头、伸出胳膊等情况，行驶中一定要注意观察，严格禁止，以免发生意外。

第五条，不随意摆弄车内按钮。喜宝自小对所有能够按下去的东西非常感兴趣，起初经常会趁我不在时按来按去，我会在冬天里感觉如坐冰块，在三伏天如坐火炕，这些都是拜他所赐，甚至有几次还误按了"SOS"呼叫按钮，惹得对方紧急联系我们要实施救援，那一刻真有种"狼来了"的孩子的切身体会。

第六条，独自在车内要将车窗打开。近年出现多起家长将孩子独自锁在车内，结果粗心忘记，导致孩子缺氧暴晒而死的情况，因此要特别注意。如果一定有必要单独将孩子置于车内，请将车置于阴凉处，两边车窗都打开一定缝隙，保证空气流通，并在临走前教导孩子如何用尖锐物品敲破车窗玻璃。

第七条，行车时不要干扰司机。有些小孩子会在行车时突然和驾车的父亲打闹、开玩笑等，容易造成司机走神或者驾驶失误，切记提醒孩子避免出现这种情况。

第八条，行车时车内禁止打闹。两个孩子尤其是两个男孩的家庭，行车时一定要妈妈坐在中间，将两人隔开，否则车里会成什么局面相信大家也能想到。

第九条，下车开车门注意后方来车。孩子常常不会注意到这点，轻则把旁边车刮伤，重则会发生严重交通事故。

第十条，不允许站在任何车的前后方。画重点，旅途中有过两次这样的情况，孩子差点被车轧到。路上下车后，经常都是在停车场，孩子四处乱跑，因为个头小，站在大车后面或者前面，有时司机根本看不到，最容易出现危险的时刻，切记！

卡通片里的英语启蒙

有些人的自驾车里，具备一定的视频播放条件的话，播放 DVD 是一个打发路上时间的选择。不妨就充分利用这一点，给孩子播放一些有教育效果的视频，比如英文动画片，既可以看动画，又可以磨耳朵练练听力。

我们的自驾车是英菲尼迪 QX60，它在前排座椅的背面，各有两个 7 寸液晶显示屏，可以同时播放影片。两个孩子乘坐时一边一个，刚好可以不费力气地同时观看。配合 14 个扬声器的音响，娃们在车里的视听生活还是很享受的。

出发前，买了大量的动画片 DVD，近年市面上火热的动画片几乎都有相应的英文版，给喜宝准备了《小猪佩奇》《汪汪队立大功》《迪士尼经典动画片》《猫和老鼠》《爱探险的朵拉》《迪亚哥》《彼得兔》《托马斯和他的朋友》等。

其中《爱探险的朵拉》是喜宝的最爱，可以学习到简单的单词和对

车上的屏幕

自驾出行，很多时间在车上度过。可以利用起来，通过播放英文动画片等，让孩子既可以打发车上的无聊，也可以磨磨耳朵，提高一下英文水平。

话。我们路上自驾找不到路时，喜宝都会模仿其中的叫声大喊："Map！Map！"（地图）在电梯门口时，会说："Open！"（打开）类似的场景有很多，数字 1—10 的英文更是早已学会。

给 8 岁的喜多则准备了《降世神通（Avatar）》《功夫熊猫》《冰雪奇缘》《冰河世纪》《疯狂动物城》《赛车总动员》《狮子王》《玩具总动员》等英文动画电影。他最喜欢的是当时美国孩子中比较流行的一部武侠动漫《降世神通》，英文难度比较高，可以先放一遍字幕版，锻炼孩子的认字能力，然后再放英文版，让孩子混个耳熟即可。

孩子们在看的时候，我也偶尔能听一听，或者教他们几个单词。出发前，喜宝对英文几乎没有接触过，回来时已经会不少单词的发音，以及简单的对话短语。而且，对英文产生了兴趣，如今在家中也经常像模像样地捧个英文书自己在看，效果还是明显的。

如果车上没有屏幕，可以自己携带笔记本电脑或者 iPad，在前排座椅后背配置一个可以放电脑的支架平台，一样可以播放给孩子看。我们的视频目录里包括《地球之盐》《植物王国》《微观世界》《海洋星球》《旅行到宇宙边缘》《圆明园》《故宫》《舌尖上的中国》《猎捕》等多部国内外经典的纪录片等，适合在旅行的路上放给孩子看。

需要注意的是，这种方法主要适用于高速公路上的行驶，路面相对比较平稳，对于一般城市道路和乡间道路，行驶颠簸，速度经常变换，紧盯屏幕观看容易视觉疲劳。即便是高速上，也不要长时间地观看，注意间隔休息，以免影响儿童视力。

让我们玩游戏吧

车上适合带娃玩的游戏很多，有词语类、联想类、观察类、推理类、棋牌桌游类等，寓教于乐，很有效果。

1. 词语类：“成语接龙”

成语接龙，是最常见的游戏，对于年纪小的孩子，直接词语接龙也可，对于锻炼孩子的词汇量来说很有好处，而且玩起来也很有趣味性，孩子愿意参与，寓教于乐，一举两得。

2. 联想类：“关键词编故事”

比如，给出四个关键词：时间——夜里；地点——科技馆；人物——孙悟空；事件——恐龙灭绝。然后让孩子用这些关键词来编一个相对合理的故事。当然，孩子也可以给大人出关键词来编。这些风马牛不相及的关键词的组合，很可能会产生非常有趣味的故事内容，可以锻炼孩子的想象力和表达能力。

即使在家中，也可以经常陪孩子玩这种游戏，然后让孩子把故事写下来，也许坚持一年就可以出一本儿童故事书了！

3. 观察类："你看到了什么"

行车时，路上经常会呈现各地不同的风貌特点，如果你希望孩子也一样能够领略这些，就和他玩这个游戏吧。

大人和孩子可以轮流出题，比如在内蒙古草原上行驶，路过一个羊群，就可以对孩子说："提问！刚才羊群中，有几只牧羊犬？"总之是考察观察力的一些题目。事先需要准备一些扑克牌或者任意卡片，如果回答正确就赢得一张卡片，如果错误就输一张，约定以 20 轮为限，最终牌多者赢，胜出者可以给予一定的奖励。这样的游戏，为取得胜利，孩子就必须睁大眼睛、聚精会神地注意窗外一切可能的细节，以应对出题者的刁难。这个过程中，自然就锻炼了观察力，同时还浏览了路上的风土人情。

4. 推理类："我知道你想什么"

这是喜多最喜欢的车上游戏，几乎占据了我们车上游戏 60% 的比例。具体规则是：游戏参与者轮流出题，出题者在头脑中想定一个事物，可以是任何有形、无形的东西，但不要说出来，然后其他参与者轮流提问，比如"是人还是物品"？回答者只能用"是"或者"不是"来回答，提问者就可以根据回答来推理、不断缩小提问范畴，直至聚焦推断出答案。

为了把旅途中的知识融入游戏中，我在这个游戏中想定的东西，大都是旅途中见过或者学到的，比如看过"张居正纪念馆"，我就会想"张居正"，然后让孩子通过层层提问和推理，得出最终的答案，由此加深对相关知识的记忆和理解。由于问猜的历史人物较多，通过这个游戏，喜多可以说对历史各个朝代都比较熟悉了。

5. 棋牌类：扑克象棋桌游

象棋可以很好地培养逻辑思维，喜多已经会下，这次出来就带上了象棋。我们自驾车的二排座椅空间宽敞，摆放一个棋盘绰绰有余，有时我驾驶累了，就换宝妈来开，我陪着喜多下上几盘，漫长的路途，在沉浸地

自驾路上，小孩子容易坐不住。不妨陪孩子玩一些游戏，推理观察、棋牌桌游等都是不错的选择。

下象棋

思考棋局中，很快就过去了。孩子的象棋水平也有明显的进步。

扑克，有一种名为"钓鱼"的玩法，是喜多非常喜欢的。这种玩法主要思路就是用手中的牌"钓"上对手打的牌，成立的条件是两方牌数之和是 14，最后谁钓的"鱼"斤数最多即为胜者。数学的加法运算在这里是需要高频使用的，所以我们也非常愿意借此锻炼娃的计算能力。此外，我们在河南殷墟买了一套娃喜欢的甲骨文主题扑克，玩的同时还能学习甲骨文，一举两得。

有一种国内不太常见的桌游特别介绍一下：德国旅行宾果牌。适合两个孩子一起玩，每个人挑选一些卡牌放到自己的平板上，卡牌的内容一般是旅行中可能出现的物品图画。游戏开始后，双方同时观察车窗外的景象，如果发现和我自己拿到的卡牌中一样的物品，就用"×"卡牌放到相应物品卡牌上，当窗外发现的物品形成的"×"的数量可以连成一线时，就大喊："Bingo！"（棒极了）赢得游戏。这种游戏也可以算作是观察类的，因为主要考察的是孩子对车外景象的观察能力。

我们还自己发明了一些简单的游戏用来进行教育，比如有一种字母造型的饼干，喜宝很爱吃，每次他想吃的时候，就让他学习相应的字母，学会记住了才可以吃。无奈之下，他只好照做。就靠着这个，让喜宝学会了大部分英文字母。

利用字母饼干教喜宝学习

亲子沟通：目的地的故事

两位认知心理学家贝蒂·哈特和托德·莱斯利（Betty Hart & Todd Risley）在 1995 年的一项实验中，考察了不同家庭的父母和孩子在两年间交流的情况，结果表明，父母与孩子交流对话的时间越多、使用的词语越丰富，孩子在认知能力的发展方面表现得会更优秀。

人类的学习方式中，在早期阶段，与父母之间的沟通，实际上是最重要的方式之一。通过和父母对话，不仅可以学习到语言，也可以学习到丰富的知识，以及思考问题、解决问题的方法，甚至面对问题的情绪、决策等。

在自驾旅途中，亲子相处的大部分时间都在车上度过，所以非常有必要将这段时间充分利用起来，沟通的话题其实也不必有局限，天南海北，无所不言，重要的是交流本身。其中，在去目的地之前和之后，交流的主题可以相对聚焦一些。

前篇讲过，去一个目的地前，要让孩子对目的地情况有个大致了解，类似于预习。预习的方式有很多种，其中一种就是在去的路上，和孩子先就目的地主题进行讨论，或者给孩子讲一些有关的故事。

长白山下锦江木屋村，和村民的姑娘上山采摘

车行在大兴安岭的森林中

车行在大兴安岭的林区中，和喜多讲起我幼时的林区生活，孩子听得有滋有味。实际上，每次去某个景点的路上，都可以充分利用这段时间，和孩子聊聊目的地主题相关的情况或者故事，这也是一种"预习"。

比如去长白山前，我们在车上和孩子讲了长白山的有关传说，包括"人参娃娃"的故事、长白山天池水怪等，听了这些故事后，"我会不会也在森林中遇到人参娃娃？""我也要在天池上好好看看有没有水怪"等充满期待的念头就会在娃的头脑中产生，这个目的地对他来说就有了不一样的意义，他的主观能动性就会驱动着他去参与、了解更多，而不是被动地让大人带着爬上爬下。

又如在大兴安岭自驾时，面对着路上满眼的桦树、松树等，在这边土生土长的我，会给孩子讲我小时候剥桦树皮烧火、做手工、摘松塔、采松树油、抓林蛙等丰富的林区生活，孩子听得有滋有味，在这个过程中对北方林区的风土人情、地理风貌等自然就有了一定的了解。

在结束了当天的主题旅行后，孩子也往往会有些问题，我们在车中也可以进行一些讨论。即便孩子没有问题，家长最好也找一些相关的话题，和孩子一起交流一下，从而强化孩子的记忆，促进理解。

当然，亲子沟通还是选择路况较好的时段或者路段，司机参与要适度，以免造成不必要的交通事故。

读书时间：400 天里的 150 本书

无论孩子，还是成人，在智能手机广泛使用之前，读书都是我们在旅途闲暇之余最常做的事。自驾旅行的好处，就是你可以携带不少图书在车上，随时拿给娃看。

我的建议是：**准备充足的、孩子喜欢的，以及最好是与目的地主题有关的图书。**

旅行路上，带一些有关地理、历史、博物，以及与目的地主题有关的图书，可以有效辅助亲子旅行教育。

喜多出发时刚刚 8 岁，识字量不错，喜欢看漫画书、历史书和军事类的书。这次旅行，给他总计带了 50 本左右，其中有多本都是和旅行相关的：

漫画图书《大中华寻宝记》系列：全套目前出版到第 28 册，是通过一群少年到全国各省寻宝的故事，来体现各省的历史文化、风土人情等，简直就是为亲子环中国旅行量身定制，喜多非常喜欢，有提前预习之效。

《博物馆里的中国》丛书：新蕾出版社出版，主编是两位权威的考古学家和人类学家，全套包括《探索科学的脚步》《倾听地球的秘密》《破译化石密码》《藏在指尖的艺术》《阅读精美的建筑》等，很多书中内容都可以在各地的博物馆、科技馆、地质馆、

路上携带的书籍

自然博物馆、艺术馆中看到，不仅孩
子可以看，父母也可以将其作为给孩
子辅导的参考资料。

《中国历史地图》和《手绘中国地
理地图》：两个大开本，都是手绘的风
格，以各省地图的形式，把各省的历
史、地理风貌、人文习俗都展现了出
来，非常适合环中国旅行时辅导孩子
使用。

陕西博物馆辅助理解阅读的书籍

《漫画万物起源》系列：全套四册，出品方和上面两个地图类图书是同
一家，通过漫画的形式对人类历史上的各种发明、发现进行了讲述，其最值
得称赞的是通过"动漫流程图"将很多我们日常生活中常用物品的原理、工
艺流程等清晰、有趣地展现出来，特别有助于在亲子旅行中了解各种科技、
制造业、手工业、非遗技艺等。

《写给儿童的中国历史》系列：第十届文津奖获奖图书。国内的亲子旅
行，目的地很多都和历史有关，读一套中国历史系列的丛书，从而系统地了
解中国的历史进程，可以说是非常必要的。相关图书众多，讲历史既不能
太严肃，也不能过于戏说、漫画化，所以我们选择的是这一系列，也是市面
上广受好评的中国历史少儿读物，适合有一定文字阅读能力的孩子。

《DK 大百科全书》系列：DK 系列想必很多父母都比较熟悉，英国 DK
公司出品的百科系列，在全球市场都广受推崇，涵盖绝大部分领域，内容
质量过硬，不过此套书系列有很多种，价格高、书又重，不太适合全部带
到行程中，国内旅行建议可带"自然探索""动物""恐龙化石""岩石与宝
石""地理"等专辑。"人类历史"专辑虽然只有部分涉及中国历史，却可以
让孩子看到与中国历史并行的世界历史是什么，形成一个大历史观。

除了上面提到的图书，还有一些旅行回来后发现的适合亲子旅行阅读的书籍，推荐给大家，包括：《中国人文地理画卷》（黄河、长江、万里长城、丝绸之路）、《你好啊，故宫》《城市全自然故事》（在公园、在胡同、在郊野）、《我看得懂系列》（博物馆＋名画）、《漫画国宝》《漫画中国》《时间的礼物》《影响孩子一生的自然课》（动物博物馆＋植物博物馆）、《田野里的自然历史课》系列、《我们的非物质文化遗产》系列、《万物产生的秘密》等。本书的数字内容部分对各省亲子旅行需要的书籍都有介绍，既有少儿读物，也有父母读物，有需要的读者朋友可翻到后面参考。

我们虽然只带了 50 本左右的书上路，不过各地书店，也在预先计划的目的地范畴，既可培养一下娃去书店的习惯，也补充一些新的图书。我和喜多的约定是：每个书店，他可以自己选 1—2 本书，我再选 1—2 本书给他，算下来每个书店也要买 3 本左右的书。

这样做的结果就是，每到一个城市，喜多看到书店时都会很兴奋地指给我们。喜宝也跟着哥哥在书店里有模有样地翻起书来，不过在他眼中，只有都是图画的才是书，翻到其他的书，他会说："嗯，这不是书！"然后放到一边。

此外，还会去一些场馆或者景点的文创商店，挑选一两本和目的地主题有关的书，比如《敦煌壁画中的动物故事》（购于敦煌博物馆）、《双枪老太婆的故事》（购于重庆渣滓洞集中营）、《甲骨文小字典》（购于殷墟）、《黄埔，不可说的秘密》（购于黄埔军校旧址）、《太空日记》（购于西昌卫星发射中心）、《戚继光抗倭民间故事选》（戚继光博物馆赠予）等，其中在陕西博物馆购买的《给孩子看的历博鉴赏书》尤具代表性，内容非常精良，针对孩子参观陕西博物馆而编制，可以拿着书边参观边看。

总的算起来，全程 400 天，喜多完成的图书阅读量在 130 本左右，喜宝 20 多本，其中近半的阅读都是在自驾车上完成的。

通过阅读这些图书，一方面加深了对旅行目的地的了解；另一方面，孩子的阅读理解能力也得到了提升。

旅行初期，喜多的阅读，还基本限于漫画类童书，纯文字类根本不看；旅行后期，已经看过多本纯文字图书，而且其中有一些还是成年人才看的书籍，比如《黄埔，不可说的秘密》《成吉思汗和他的子孙们》等，阅读速度也很快，20万字的《少年赫比》，用了一周读完。虽然看得很粗不够仔细，但即便如此，阅读能力的提高也是明显的。最近长假，学校留作业让看一本书写读后感，他选择的是《美国人眼中的朝鲜战争》，全书60万字，竟然也粗略看完了，并且在读后感中写道："作者写得比较客观……"显然，至少也能有自己的看法了。

此外，读书的不应该只是孩子，为了给孩子更好地讲解，父母也要买一些与目的地主题相关的书来辅助了解，相关主题书籍本书后面都有推荐。

当然，车里看书不宜长久，只适用于白天光线充足、路况良好或驻停的时候，阅读一段时间要注意休息。

给孩子"玩手机"？ Yes！

如今国内的舆论，有把手机妖魔化的倾向，甚至呼吁儿童禁止使用手机。

禁止低龄儿童使用、禁止在学校的范围内使用手机，是没有任何问题的。但若完全禁止，那是自绝于历史发展进程。智能手机作为当今人类生活的一个重要工具，做父母的不可能让孩子隔绝于现代生活之外。

越阻拦孩子接触，孩子的好奇心就越强，尤其是在叛逆期，父母越是旅行中，我们习惯让孩子自己使用手机事先搜索了解目的地的有关信息，并且让他看完后讲给我们听。这种方式，可锻炼孩子的文字阅读理解和表达能力。

行前喜多用搜索引擎查询目的地信息

不让做什么，孩子就越想对着干；过度的限制还会让孩子产生心理上的匮乏感，这种匮乏感甚至会伴随一个人的一生，并在其成年后会进行"报复性的补偿"。媒体上报道的案例告诉我们，一个上大学前没有任何玩乐的高考状元，也可能在上了大学后因为沉迷游戏而被退学。

不论视手机如洪水猛兽，还是对孩子沉迷手机不管不顾，都是错误的。2019 年的湖北高考考生中，既有当年因沉迷游戏而退学的状元，也有请妈妈代练游戏的学霸。问题的关键，还是在于如何引导孩子能够自律性地适度使用手机。

旅途中，我们不仅给喜多使用手机，而且还允许他适度地打游戏。我愿意这么做，是出于削弱好奇心和匮乏感的考虑，同时对于他在旅行中进行自我学习也有很多帮助。

要去哪个目的地之前，常让喜多自己使用搜索引擎查询目的地资料，查询的结果图文并茂，还有视频，他也很愿意看。在他查询后，还常常要求他向我们复述他所了解到的内容，利用"费曼学习法"强化他对相关知识的记忆和理解。有一段时间，还让喜多注册了一些英语课程，在路上坚持英语学习打卡。

我允许孩子玩手机游戏，首先是选择合适的游戏。

现今手机游戏种类丰富多样，不过有些可能存在色情暴力等因素，因此玩什么游戏需要家长把关，建议使用大部分手机中都有的"学生模式"，没有父母允许，孩子无法自行下载游戏。另外，复杂的成人化游戏，过于炫目的效果以及多线维度等，让孩子的专注力容易分散，相比较有些简单小游戏，反而更适合孩子来玩。

《俄罗斯方块》有助于锻炼空间想象能力；
《连连看》《找不同》等有助于加强对颜色、图形的识别能力；
《贪吃蛇》《坦克大战》《飞机大战》等有助于提高反应速度；
《割绳子》《推箱子》可以训练逻辑推理能力；
《数独学院》《24 点》等计算游戏有助于提高计算能力；
《巧虎乐园》可以学习生活中的知识；
《我的世界》等沙盒游戏让孩子有机会释放他们的创造力；
……

其次，是把握好度，建立时间规则。

我们在旅途中，给喜多的规定是，每天可以用 1 个小时手机，半小时查询目的地主题资料，半小时打游戏，游戏必须在学习完成之后；自己掌握时间，超时的话第二天就不许玩，连续超时两次，一个星期不许玩，如果连续坚持不超时一周或者在某些方面表现很好，第二周就可以多玩 10 分钟。

不过毕竟是孩子，有很长一段时间，喜多还是做不到 1 个小时就放手，我们也毫不犹豫地执行了事先的惩罚规定。最严重时，甚至停了一个月的时间。就这样反反复复下来，在游戏这个方面，到目前为止，喜多基本已经具备了一定的自制力，每天放学先去兴趣班，回到家后完成作业，再完成其他的训练任务，最后玩一会儿游戏，或者看看视频。由于对游戏并没有到沉迷的程度，所以很多时候，他都因为做别的事，或者玩别的项目，而忘记了玩手机。

有些家长说，我们家孩子不行，怎么说都不听，每天就抱着个手机。这方面，我个人其实也是过来人。在我的成长经历中，有过两次较为严重的沉迷阶段：一是小学和初中时期的任天堂红白机，二是大学时期的电脑游戏。而走出沉迷的决定性因素是：

1. 高强度接触之后的厌倦；
2. 较多领域的不同爱好；
3. 不曾湮灭的上进心；
4. 并未丧失的人生目标感。

厌倦这个事情其实很好理解，大鱼大肉天天吃，总会有一天想小米清粥的。拥有很多的爱好，喜欢做的事越多，也可以分散被游戏垄断的时间；而上进心和目标感，才是孩子最终主动放弃、走出沉迷的内驱力。这两方面，就需要平日里慢慢积累了，通过不断给予孩子正向的反馈，孩子就可以拥有较高的自我评价水平，迫于外界的期望程度，会更倾向于选择努力获得上进，进而维持或者到达更高的评价水平。另一方面，协助孩子树立人生目标也要同时进行，哪怕是短期的，也要让孩子知道自己未来要做一个什么样的人，有了目标才有为之而努力的内驱力。

我们在路上也刻意地就此和喜多沟通，引导他思考未来想成为什么样的人，这一年旅行下来，经过各方面的接触和尝试，他多次笃定地表示：长大希望能够当一名将军。我们也多次以"未来的将军"称呼他，帮他强化这个目标。暂且不管这个目标是否合理，但就目前而言，他学习的目的性强了，比如坚持锻炼体能，阅读更多的军事史、军事策略和武器方面的书籍，练习象棋、制作武器类手工等，他的自律水平也有了一定的提升。不管他的目标能否实现，但目前这些改变，是我们乐见的。

内蒙古陈巴尔虎旗，草原中的一个牧民私家小湖

○
二

旅途中锻炼生活的基本能力

———————————————————————————

　　长时间在外自驾旅行，无异于以车为家，平时生活中的很多事情在路上也一样都要做，孩子们在家时，家务活儿做得少，有些日常技能因为没有教育的场景也不见得就会。出来后凡事我们都要亲力亲为，正好也是一个锻炼孩子掌握生活基本技能的机会。

儿子！带你老爸乘地铁

　　乘坐地铁，对我们成年人来说司空见惯，但对喜多来说，还很少尝试过，毕竟平日里上学就在家附近，假期出去都是开车。所以这次旅行，有几次刻意带他去熟悉了一下地铁乘坐，尤其是在武汉时，7号线的王家墩东站有"武汉地铁科普馆"，隔几站就是网红车站"武汉商务区"站，恰好可以形成一个游学的短路线：看完地铁科普馆，再乘坐地铁到商务区站感受，这个中间乘坐地铁的部分，恰好可以作为教孩子如何乘坐地铁的"现场实践课堂"。

　　首先，向孩子讲授乘坐地铁的知识。包括看路线图、售票机购票、安检、进站、搭乘电梯、候车、乘坐、下车、出站、辨别方向等所有环节的相关知识、礼仪和安全须知等。不讲不知道，讲起来才发现习以为常的乘坐地铁，也蕴含着那么多需要掌握的情况，而这些一下子灌输给孩子，接受起来还是需要一定的时间和实践。

　　然后，让孩子主导，实践乘搭地铁去目的地。我让喜多在前面走，我跟在后面，他要独立完成以上这些环节，要假设父母并不在身边，遇到不知道如何办的情况，可以去问询路人或者工作人员等。

喜多带我们乘坐地铁

　　全程我在后面一段距离紧紧跟随，看着喜多小小的身形，懵懵懂懂有些不知所措的样子，时不时回头瞟我一眼。对此我心里还是有些担忧的，有一次喜多问询工作人员时还被误认为是走失儿童，虽然过程有些曲折，但走下来，他对如何乘坐地铁熟悉了很多。

　　最后，和孩子一起复盘整个乘坐过程。

　　复盘，不仅是在工作中经常运用的总结方式，在亲子教育中，也应经常使用，尤其是这种自主实践类的情况，以孩子为主导，回忆乘车全过程，引导分析有哪些错误，如何避免或解决等。通过复盘，有助于强化孩子对所学习和实践各环节的记忆和理解，形成思维路径，找出存在的问题，进行分析和学会解决。

　　练习的难度也需要不断加深，在后来的几次乘坐实践中，又增加了"换乘"这一环节，这对于孩子来说难度增加不少，需要学习如何用手机地图软件进行导航、学习如何获取最优换乘路线等，需要孩子到达一定的年纪，具备更好的理解、分析能力才可。

搭乘地铁，只是教孩子自行搭乘交通工具的例子之一；在我们日常的生活中，使用交通工具的场景还包括共享单车、出租车、公交车、长途汽车、火车、飞机等，在旅行中如有机会不妨也都尝试着教孩子去学习实践一下，这可是实打实的生活技能。

病了？正好学习如何看医生

长时间的旅行路上，身体免不了有些小病症。仔细算下来，这 400 天我们总共就医近 10 次，一家四口每个人都曾有过小问题，其中两个孩子至少各有两次去医院雾化输液的经历，甚至边换城市边输液。

也借此见过了一些不同地区的医院，大到省会城市，小到小镇诊所，甚至藏医院、新疆医院等少数民族地区的医院也都感受了一番。有些特点之前的确未曾了解，比如丹江口医院挂号不收费、药品极为便宜，吐鲁番市医院下午 4 点才上班，藏医院里的"放血""缚浴""天文星算研究所"等神秘科室等，也算开了眼界。

有一次在贵阳，我去医院看病，带着喜多一起，因为我身体虚弱，脑中灵机一动，便想不如让喜多帮我做一下，顺便教教他如何到医院看病这件事。

想到这里，我便在心中把看病的几种情况和流程都过了一遍，从正常的门诊看病开始，将挂号、分诊、就医、缴费、化验、取药、治疗等各个环节给喜多讲了一遍，然后又让他从帮我挂号开始实践，他边做我边指导，有的时候还需要他搀扶我，看到小小的臂膀也开始发挥作用了，老父亲心中不免有些娃长大了的感慨。一遍流程走完，又和他讲了急诊、住院两种情况的流程环节不同之处，以及各地医院在流程上可能存在的差异，如此下来算是把就医这件事儿给他讲清楚了。

对于日常的公共生活事务，流程图是一种很好的教导方式。尤其是在孩子亲身实践后，再用流程图复盘，帮助他梳理清楚，有利于强化孩子对这一事务操作逻辑的理解和记忆。

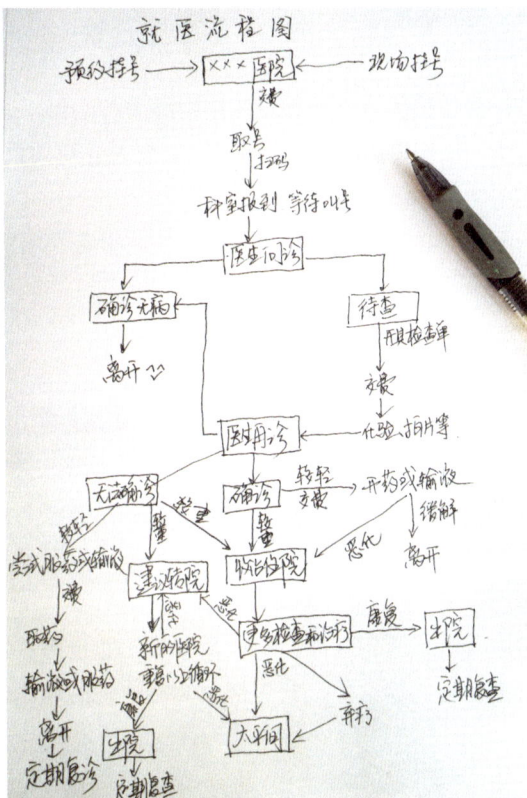

就医流程图

　　不过对于孩子，我相信他理解起来，还是有一些困难。怎么办呢？后来回到住所，我便将就医的一般过程画了个简单的流程图呈现给他，和他一起复盘，梳理整个就医逻辑和处理结果。

　　除此之外，如果孩子年龄够大，还可将就医的问题做进一步延伸，讲一讲医院这样一个社会组织机构的功能定位、不同层级和分类、管理运行方式，以及医护人员的职业生活等，这是一个涉及社会、经济、组织管理、医学、心理学等多个方面的综合性话题，相关的交流，一定会对孩子认识这个世界是如何运作的有很好的帮助。

最后，再让孩子将这个学习体验的经历和心得，通过日记表述出来，强化对所学知识和技能的记忆和理解，让学习更有效果。

上面的教育思路简单概况，就是"公共事务性场景—教导孩子—实践体验—流程图复盘—延展话题—书面总结"。

实际上，生活中很多流程性的公共机构事务，都可用这样的方式教导给孩子，比如银行取钱、公安局报案、景点买票、菜市场买菜，以及上文的乘坐交通工具等。不仅可以让孩子更容易理解相关做事的方法，更重要的是，呈现了一种做类似事情的思维路径给孩子，让他们能够触类旁通、横向迁移。

出门旅行，若遇到这样的场景，家长不妨也都放一放手，尝试着教孩子自己去学会处理这些日常生活中高频出现的场景，培养孩子的自理能力。

请准备一顿简单的早餐

同是在贵阳的这段时间，我和宝妈都病倒，喜宝也有些发烧，只有喜多稍微好些，没有办法，他只能尽量多做一些事来照顾自己。对于习惯了接受父母照顾的孩子，这未必不是一件好事。

新闻中曾报道过，日本福冈有一位 5 岁的女孩安吾花，在我们看来还是什么都需要父母来做的年纪，却因为母亲患有乳腺癌去世后，已肩负起照顾家里的重任，一大早天还没亮，就起床做饭上学，回来还要做各种家务。这样的孩子，且不说未来能否成才，就生存能力而言，早已比同龄的孩子强了很多，也一定有着很强的责任感。

曾在斯坦福大学担任新生教务长的教育学家海姆斯，就在她的《如何教育成年人：摆脱过度照看并引领孩子走向成功》一书中提出，做家务是建立自我效能感和责任感的一种行之有效的途径，这个结论建立在哈佛大学对青少年的多年跟踪研究成果：一个人如果从儿童时期就参与做家务，成年之后在职场和家庭中都是主动、积极的人，人生成功的可能性会更大。

想到这里，我和宝妈考虑，不如让喜多也尝试做一次饭如何？哪怕从一顿简单的早餐开始。我们在旅行中带了非常齐全的烹饪工具，包括电饭锅、炒锅、豆浆机、碗盘、大米、油盐酱醋等一应俱全。我们常规的一顿早餐，一般包括粥、炒青菜、咸菜、鸡蛋、包子或者地瓜等，简单一点，可以让喜多煮粥、做个凉拌黄瓜，再煮几个鸡蛋，配上榨菜，也可将就吃了。

说做就做，想起来容易，但指导孩子来做，很多都要详细来教。

就拿煮粥来说，如何洗米？米和水的比例是多少？放锅、插电的注意事项是什么？如何使用电饭锅按钮来煮粥？我们习以为常的动作，到孩子手里有很多要交代的细节。

喜多做的也是状况频出，煮粥的水放得不够、电饭锅内胆外侧的水没有擦干净、切菜用刀的姿势很危险、煤气灶打不开、煮鸡蛋把手指烫了、凉菜盐放多了……就这么一个小小的劳动任务，我和宝妈也是担惊受怕，好在有惊无险，最终虽然粥做成了米饭，但毕竟还是有的吃。

长期在外自驾旅行时，免不了要经常自己做饭。这种情况下，我们不仅可以要求孩子分担择菜、收拾碗筷、洗刷等家务，也可教导他做一顿简餐。

这么一趟下来，喜多不仅学会做早餐，最重要的是感受到了父母做家务的辛苦。喜多说："想不到看起来很简单，自己做起来却那么多事要注意，真是不容易。"

我想，饭虽不需要孩子经常做，但收拾桌面、洗碗之类的小活可以作为一项长期家务来分配给孩子。我们在旅途中，经常和喜多约定，他早上洗碗，我晚上洗碗，以减轻宝妈的工作量。旅行下来，喜多已经洗过很多次碗，在这个过程中，也学习到很多技巧，他感悟到，"这么小的一件事，也需要动脑思考和掌握技巧"。

还有一些孩子自己生活中的事情，建议也根据孩子年龄的能力范畴，让他们自己料理，比如洗袜子、剪指甲、擦鞋子等，大的孩子也要学着照顾弟弟或妹妹。喜多在我们都生病时，就"无可奈何"地帮助喜宝刷牙、洗脸、吃饭，完了还不忘感慨："我小的时候也是这么难伺候吗？！"哈哈，虽然是抱怨，但至少他知道了父母带他们的辛苦。

行文至此，喜多刚刚帮助妈妈包完了上百个饺子，这是他第三次做这件事了，擀皮儿还不太好，比较笨拙，但包饺子已经像模像样了。

我们是旅行的搭档

除了家务，还有一些直接和旅行相关的事情，建议也请孩子参与进来，共同分担。一来可培养他们的技能；二来可建立责任感；三来还可让孩子有种参与感，在过程中看到自己的成长，感受到自己的力量，提高自我评价水平。细数起来，孩子们一路上承担的角色大致有以下几种：

1. 每日行李工

一路上，行李的拿上拿下是非常频繁的事情，有的时候入住民宿，需要自己做饭，锅碗瓢盆、柴米油盐醋都得拿上去，要带的东西很多。所以每次喜多、喜宝都是要拿些东西上下楼的，重的是拖着其中一个行李，轻的就是拿着自己的水杯、图书、玩具、衣服、帽子等。

当然，代价也是有的，毕竟是孩子，经常打打闹闹，手里拿着东西，

3岁的喜宝在拖拽行李包。长期在外自驾旅行，要不断地换酒店、民宿等，行李经常搬上搬下，这样的日常劳动自然也可让孩子们共同分担。

保不准就掉到地上摔破。全程下来，喜多共摔坏一个玻璃烧水壶、两个饮水杯、一个旅行大热水壶，丢过东西多个。

好处是：一来已能比较自觉地分担行李，现在回来了，每天上学，书包、水壶、饭盒都自己背，也不会要求我来帮他；二来旅行后期，每次在宾馆或者民宿退房时，都会仔细在房中检查一遍，看看有无遗落。

2. 摄影小助理

考虑到我要拍摄大量的照片，还要录制视频，一个人的确会分身乏术，所以行程初期就决定教喜多用手机拍照，包括对焦、构图、基本参数的设置，以及打光等，这样的好处立竿见影。

一路上，喜多为我整理摄影器材、辅助打光、摆放道具；在我需要入镜时，还会让他来充当摄影师。因为已经掌握了基本的手机拍照技法，所以经常在参观时，他也会用自己的手机拍摄一些照片资料，以备晚上写日记时参考。

摄影小助理

3. 找路小能手

旅行中找路是高频的事，大的道路有导航问题不大，而有些小路或者不易找的地方，就需要常常问询路人。另外，在停车场每次出来找车，也是常见的场景。这样的情况，经常会让喜多去问路、找车，喜宝耳濡目染，后期一到停车场，他就会先去看看车在哪里，然后大叫一声"在那儿呢！"兴奋得好像很有成就感的样子。

4. 小小洗车工

洗车工

有的时候自己临时洗洗车，会要求孩子们一起动手帮助擦车，对于他们来说，这其实和玩差不多，也没什么压力，还能熟悉汽车的构造。

除了以上几点，特别建议的是：旅行前和孩子一起制订计划。

这一点，我们由于是长期旅行，需要制定的事项太多，所以只是大致征求了孩子的建议，其他参与得不多。但如果是短途旅行，建议还是请孩子充分参与：一来亲子旅行教育可以更有针对性；二来如果是孩子参与制订的计划，他们对旅行将更有期待，也更主动投入到相关活动和学习中；三是改变当前孩子在旅行中被带着的角色，让孩子认识到旅行也是自己的事，需要自己去承担一些事情。

闯祸了？学会自己负责

带娃出行，由于娃的不受控性，大人一不留神没看住，也许就出现了损坏他人或者公共物品的情况，这就是考验家长的时候了。一般来说，家长的反应无非以下几种：

A. 代孩子认错

B. 温和教育

C. 赔偿损失

D. 叱责甚至打骂

E. 袒护孩子

F. 拒不认错

G. 反咬一口

H. 撒泼耍赖

I. 放任不管

不管父母选择的是哪一种，孩子都看在眼里，记在心里，成为他后来面对同样情境时做出反应的模板。

如果家长选择 D、E、F、G、H、I 中的一种，孩子未来也将恶言恶语、有恃无恐、拒绝承认错误、推卸责任，做事胆大妄为。

如果叱责甚至打骂孩子，孩子未来将因过于恐惧惩罚而同样学会拒绝承认错误、推卸责任，做事畏难保守，缺乏自信。

这两种负面结果，是两个极端，但现实社会中并不少见，总有一天父母会因为他当初的选择而反受其害。

我们都希望孩子未来是一个有担当的人，对自己负责、对家人负责、对社会负责。

我们选择的答案就应该是 ABC。但这些只是基本标准。有的时候，还不够，也许我们需要更进一步。

我们这一路上，同样面对过一些这样的选择。

在一家民宿时，喜多和喜宝在屋里跑着打闹，一不小心将屋内的一个花盆打碎，泥土撒了一地。两个孩子知道自己闯了祸，站在那里望向我们，有点发蒙，一副等待被我们骂的样子。我努力克制情绪，平静地和他们说，错误已经犯下，请你们先主动向房东认错，然后设法补救。是的，这一次，我并没有代他们认错，父母不能永远代劳，孩子终归要自己承担，他们需要明白自己的错误要自己负责。我们拨通了房东的电话，

两个孩子正在收拾他们打
闹时不小心撞翻摔碎的花
盆。旅行中，熊孩子惹祸
是高概率事件，为父母者
可充分利用这样的时刻，
教会孩子为自己做过的事
负责。

闯祸了，正在想办法弥补

孩子们在电话中老实认错，但房东并没有怪罪，反而因为孩子的认错而表现得非常大度，说碎了扔了就好，别伤到孩子。

到此为止，也许就告一段落了，但作为一次教育的机会，我想把它最大化地利用起来。房东让把花盆扔掉，我们没有。我让两个孩子，自己将地上的土用扫帚清理干净，将花盆的碎片拾起放好。然后，我买来502胶水，带着孩子一起，边教他们如何使用强力胶水，边一同将花盆碎片对齐一一粘好，待干透，再将土和植物重新放入，还复如初。

这样一个过程，让孩子看到如何将破坏的东西，用自己的行动弥补好，无非就是给孩子呈现一种面对问题的处理路径：承担责任——不仅仅是认错而已，也不是只有一个花钱赔付的方式，如果可以，请尽力用自己的行动来弥补。

大概这件事过了不久，同样是在一家民宿内，两个熊孩子再次把一个木马玩具的腿部撞断，这次两人痛快地过来承认了错误，并且怯怯地对我说了一句："爸，胶水呢？"

看到他们两个那个样子，我忍住笑，严肃地指出了他们的错误，但肯定了他们勇于承认错误和希望弥补的做法。我知道，上一次的做法，有了成效。

当然，结局还是好的，小木马已经完好如初地又站在那里了。

不要指望熊孩子会突然变得老老实实，再也不打破东西，但我们可以希冀，他们懂得去担当，并努力去负责。

三

不要错过旅行意外这门特殊课

平淡的日子，很难让人成长。将军百战穿金甲，风雨之后才有彩虹。困境，才常常是磨炼人的心性和技能的最佳时刻。

旅行中，有时会遇到大大小小的突发情况，大到生命安全，小到一件重要物品的丢失，表面看是困境，但实际上却"焉知非福"。某种程度上，困境也是难得的旅途际遇。

我就是个旅行中经常陷入困境的人。

2007 年，第一次出国去希腊爱琴海度蜜月，刚下飞机所有行李在公交站被偷，英语不好，证件全无，没有手机，没有酒店肯收留，走不了回不去。就在这种境况下，我们整理好欲哭无泪的沮丧心情，振作精神，一点一点地克服各种困难，找大使馆、公交公司、警察局报案、酒店入

爱琴海之旅

住、补办护照和机船票，每天吃一顿饭、喝两瓶水，凭着兜里仅有的 400 欧元，一边补办各种手续，一边按计划安排完成 12 天的蜜月旅行，最后一天身无分文只能睡在公园板凳上，在这种情况下，戏剧性地凭借着在地上捡到的 50 欧元，顺利回国。

当时的窘困和无助，如今回想起来却都成为这蜜月永生难忘的记忆。这样的经历，也让我们笃信：旅行中无论任何困难，我们都一定能想办法克服。如果当时放弃旅行选择回国，既没有这人生难得的独特蜜月，也没有心性上的成长。

爱琴海的曲折遭遇，也只是我旅行状况高发的开始。

2007 年，我和宝妈赴希腊爱琴海度蜜月时遭遇困境，最终克服困难完成旅行并顺利回国。这次遭遇当年被《旅游时报》以"虽然什么都丢了，但幸好还有爱情"为题做了大篇幅的报道。也让我们在后来的人生旅行中遭遇状况时，能够保持镇静和坚忍的心态去解决问题、走出困境。

2008 年，去泰国潜水，遇到"红衫军"和"黄衫军"对峙，被封闭在机场。

2011 年，带政府高级访问团赴美国交流学习，遇到当年最大飓风 Sandy 登陆华盛顿，半米粗的大树都被从中间吹折，机场近乎关闭，全团后面行程有多地多个政府和企业高层会谈面临取消，我带着整团人在机场和美方交涉，最终说服对方为我们改签转机亚特兰大，从而避开飓风飞往西雅图，同时也没有耽误计划中的会谈。

2016 年，全家春节自驾环游我国的台湾岛，从北部九份附近的地震开始，一路震动模式尾随，南部高雄 6.7 级大地震造成上百人死亡时，我们就在震中，并作为内地游客代表和中国国际广播电台现场连线，讲述报道震区情况。躲过这致命一震后，在东部花莲又再次遭遇 4.8 级地震。走过这一回，避震的经验值和心理素质大增。

在美国华盛顿遭遇飓风

这些旅途中的经历，让我相信，只要努力去改变和争取，困境也会有转机，更会带来成长。所以，在这次带娃环中国自驾游中，我有意识地进行了一些**化困境为教育契机**的尝试。

在遇到突发状况时，我们可能会沮丧无助甚至放弃，但我们也完全可以选择换一种应对模式，用积极的心态去和孩子共同面对、引导孩子思考解决问题，克服困难达到目标。

比如，那次初春时节的惊险夜下黄山。

惊险夜下黄山

登山那日，我和喜多去得有些晚，山上游玩结束时，已下午 5 时多，天色渐黑，到达下山索道后，被告知已关闭。这意味着，我们只能有两个选择：一是在山上过夜，明日下山；二是夜里步行下山，但需要走 3—4 个小时，摸黑走险峻的山路，危险且容易迷失。

正常情况下，相信绝大多数父母都会选择带着 8 岁的孩子安稳地在山上过一夜。但我想，步行下山的人应该不只我们，过程虽会有些困难，但风险在可控范围内。于是我此时已有心将这个不好的状况，充分利用起来作为逆境教育的时机。

我征求孩子意见："你想走夜路 3—4 个小时下去？还是在山上过一晚？"

喜多思索了一下，坚定地说："我想下去。"

既然孩子已有这个决心，我就更没有顾虑。

"好，既然你做出了这个决定，那我们就要为实现这个目标做好万全的准备。"

于是，我开始一一将下山可能面临的问题摆在他面前，并启发他讨论应对策略，从而呈现给他解决这种问题的思维模式：

"第一，我们没有食物，水也耗尽，体力已耗费太多，再走3—4个小时，可能体力不支，下山时间也许将更长，甚至因此摔倒受伤。"

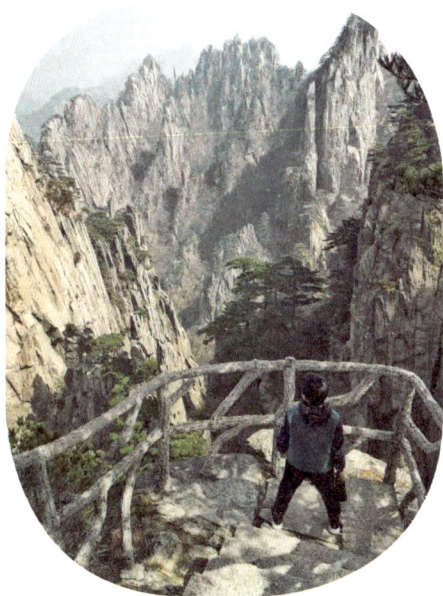

登黄山

喜多说："现在还有卖东西的，那我们赶紧去买些吃的和水吧！"

"嗯。第二，下山后半途，天色会完全黑暗，没有光线，黄山山路陡峭，非常危险。"

"我们可以用手机的光线照路啊。"

"不行。这也是第三个问题：手机用了一天，连充电宝也没多少电了，如果用来照路，遇到不清楚的岔路，就没办法导航了，容易迷路。"

"哦……那手机还是先关掉吧，找不到路时再开。我们要不去看看卖东西的地方有没有手电筒？"

"嗯，可以，但是如果没有手电筒呢？"我追问道，"你还需要一个替代方案。可以发出亮光的，也不一定是手电筒。"

"打火机！"喜多想了一会儿说道。

"对！打火机是非常容易买到的！"

"第四，就算成功下山，也已经很晚了，景区不让外部车辆进入，我们无法让妈妈开车来接，从山门走出景区还要 1 个小时路程。"我继续列举问题。

"啊？！还要那么长时间啊！那怎么办啊？"

"我们两个人的力量是有限的，注意面对危机时一定要想办法获得更多人的帮助。可先打电话给妈妈，让她和景区的人说明情况试试，或者我们也可现在就先问一下景区的工作人员。"

"是啊，景区的人应该会遇到过和我们一样情况的人吧。"喜多说。

"最后一个问题，如果我们不小心摔伤了呢？"我问。

"不会的，我会紧紧把住栏杆往下走的。"

"那如果是我摔伤了呢？我现在感觉非常累。"我继续追问。

他想了一会儿，不知道怎么回答。

"首先，你要用我的手机打给妈妈告诉她情况，让她联系救援。同时等待看会不会有别的下山的路人经过，到时请求协助。"

"嗯哪，不过爸爸你说错了一点儿，首先是——不要急，要保持冷静！你以前经常和我说的，嘿嘿。"

"哈哈，对对，你小子还记得，很好。"

就这样，我们想好了各种情况和应对策略后，去小贩处买了两颗玉米、四个茶叶蛋和两瓶水，而且也买到了手电筒，这下我就更加放心了，给宝妈打了电话，关上手机，循着路标开始下山。

走了一个多小时，天色已完全黑了下来，我们打开了手电筒，下山的路上隔段距离也有些微弱的灯光。前半程很顺利，喜多体力比我好，时不时走在前边。我怕他危险，紧跟着，但越来越吃力，小腿痛得厉害。

直到一次坐下来休息，再想站起来时，腿突然抽筋，我不由自主地一下跌坐在地上，赶紧用力蹬直，让喜多帮助用力地抓住我的脚往身侧掰，痛得我直冒冷汗。过了好一阵儿，我尝试站起来，走了两步，又开始抽起来。一时没了主意，这么下去根本走不了。怎么办？

紧急救护我并不懂，但我琢磨，既然正着走受力的肌肉抽筋，倒着走是不是之前受力的肌肉就会缓解一些呢？想着我就试了试倒着下山，竟然真的可以缓慢走了。于是就这样，倒着走一会儿，正着走一会儿，喜多在前边探路，时不时提醒我哪里要小心，终于在4个多小时的步行后，下到了山门。

在山门口，喜多看到一只硕大的癞蛤蟆，还笑着和我说："爸爸你看它好像在这里要接我们出去似的。"我四周看了看，发现了景区办公室窗户上贴的夜间应急交通车电话号码，并假装不知道的样子，引导喜多去发现了这个线索。联系后，说一会儿过来接。

带着喜多到了上车地点，结果看到还有将近10人等在那里，看来都是选择下山的人，只不过比我们早了些。

晚上顺利到了住处后，又带着喜多复盘了一下整个过程，通过思维导

惊险夜下黄山

图的方式，强调了如何应对突发状况等，从而加深记忆和理解。

这样的特殊课，关键在于引导孩子一起思考解决问题，同时也可用为父母者自身的表现，让孩子耳濡目染毅力、坚忍等这些你希望孩子具有的品格。

相比在山上安稳住一晚来说，我想这样的一次他自主抉择的、与我共同克服困难实现目标的经历，一定是难得而记忆深刻的，他也一定会从中感受到、学到更多的东西。就像我曾经在旅行中遇到的那些状况，它们让我成长。

每当此时，我的脑海中经常会浮现一些小时候和父母出游的情景。

有一次，也是和喜多同样的年纪。在哈尔滨市，我们从一家招待所，换到了城市另一边的另一家招待所，这时我突然发现自己的电子表不见了，也许是丢在了上一家，但天色已黑，又那么远。我想，要不就不要了吧，或者让父亲去找一下？

怀着愧疚的内心，和父亲说了，没想到听到的答复是让我自己去找！

换了现在的我，恐怕也不敢让 8 岁的喜多，在夜晚独自一人去到城市的另一端寻找丢失的东西。但当时好胜的我，就这样去了，父母详细叮嘱了我注意交通安全，如何乘坐、换乘到目的地的公交，再通过哪些标志找到那家招待所……

天色渐暗，等待我和喜多的，将是在黑暗的夜里步行 4 个小时走下险峻的黄山。面对艰难的局面时，不妨将其充分利用起来，作为教育孩子如何应对困境的契机。

我就这样硬着头皮，战战兢兢地，经过近两个小时，把电子表找了回来。

看到我，父母竟然看起来也没有丝毫我预想的慌张、焦急的神态。虽然有些矫情地伤心，内心却感到有一丝力量和成就感在生长："我做到了，我敢走夜路，我准确地找到了往返路线，克服各种困难找回了丢失的东西。再遇到这样的事，我不会再畏惧。"

这些在成年人眼中微不足道的小事，就是一个少年成长过程中，对自我的肯定，和未来面对困境时的内心力量所在。

今天，我想把这种力量，也带给我的孩子。

夜下黄山还不够，擅长失而复得的我，自然不能放过旅行中经常会出现的这个状况。

旅途中的失而复得

丢失物品，是每个人经常遇到的状况。是默然接受，还是努力去找，结果也许一样，但面对状况的态度不一样。你希望在孩子面前，呈现出哪一种态度？轻易放弃，还是努力争取哪怕依然失败？

在洛阳的第一天，没有开车去洛阳博物馆，回程时打了辆出租车回住所，到了后喜多突然发现手机落在了车上。

这时的他，进入了一种消极模式：情绪上，沮丧而懊恼，因怕我批评而显得紧张；行动上，已认可手机丢失的现实，没有改变现状的趋向；思维上，情绪占据上风，即便在我提醒考虑找回的前提下，仍然六神无主不知道如何去找。

我灵机一动，这不恰好是一个帮他建立决不放弃、努力克服困难、达到目标的心态的机会吗？

于是，我迅速分析了一下目前的情况，似乎有找回的可能性。理好思路，便开始带动和启发孩子共同参与到解决这个问题的过程中。

"我们尝试一下倒推，找回手机需要什么条件？"我问娃。

"找到出租车司机。"

"是的，看看我们有什么线索？"

娃对出租车发票是没有认知和注意的，这里顺势给他普及几个知识点：

1. 出租车发票的作用和其中蕴含的信息，最直接的就是出租车公司的名称；
2. 如何用 114 查询一家公司的电话。

了解这些后，我们拨通 114 查到了该公司的电话，但遇到了第一个难题：电话号码是无效的。

"这说明这个公司的电话号码已更改，114 无法联系到，如何进一步查询呢？想一想谁会知道出租车公司的电话？"

"公司老板啊。"娃说。

我笑道："公司老板我们也不知道是谁啊。不过我们可以找到管老板的人，他们一定知道。"

我指着面前路过的一辆辆出租车车身上的投诉电话给娃看："这个电话一定能找到出租车公司。"

果不其然，投诉电话联系到了洛阳市交通局出租车管理处，进而找到此出租车公司经理的电话。

然后我们遇到了第二个难题："我们需要告诉对方出租车号牌，对方才能知道是哪一辆。"但这张发票和以往看到的不同，正面并没有任何关于出租车的标识性信息。

翻看发票背面，空白处印着四个数字，见此我心中有了猜测，便继续引导孩子："这四个数字有些奇怪，不知道什么意思。一般来说，车牌号不可能只有四个数字。路上来往的这个出租公司的车有一些，看看他们的牌照，有什么特点？"

"他们的牌照号都有几个字母和数字是相同的！"喜多看了一会儿说。

"是的，这张发票后的四个数字和字母，很有可能就是这辆车与其他车不同的那几个字母和数字！"我说。

做出这个断定后，我们联系了出租车公司经理，报出这个可能的号牌，成功找到了该出租车司机的电话。联系上后，司机说已发现手机并答应给我们送回来。

到此为止我和孩子都松了一口气，相视而笑。

不过引导到此还未结束，在等待的时间里，我带着娃去超市买了一盒中华香烟，并在收到手机时送给司机表示感谢。

整个过程，从寻找线索、推理号牌、思考解决办法、沟通联络，到最

刚刚找回丢失的手机

喜多刚刚找回丢失的手机。丢东西，是旅行中经常发生的状况，是默然接受现实还是努力想办法寻找？也许结局一样，但心性的磨炼和成长却不相同。

后的感谢，都全程展示和让喜多参与进来。

最后手机失而复得的喜多，终于露出笑容。我能够感觉到这件事在他内心中留下的印记，相信他的内心也一定会对"不放弃"三个字有了些正面的感受，这会给他未来面对类似困难时增添一点点的信心、勇气，以及解决问题的能力。

半年后的又一次丢失，让我看到了这种改变。

在四川凉山的一个清早，我们到酒店附近的饭店吃早餐，喜多随手把手机放在桌上，吃完后忘拿就走了。然后我们退房，开往下一个城市。走到半路，突然发现手机丢失。这时的孩子，不再是当初的惊慌失措，也不是默然接受不知道丢在哪里的现实，而是皱着眉头仔细回想、分析丢失的可能地点，并做出了判断。

我们驶回住过的酒店，喜多带着我们寻找，主动和酒店、饭店的人沟通说明情况，并终于再次找回了手机。

事实上手机能否找回并不重要，重要的是我们看到，孩子在这一过程中，已经开始学会努力去尝试改变这种状况，学会去推理思考。

丢一物，长一智，在错误中学习成长，也不白丢。
丢一物，骂一顿，孩子心理上雪上加霜，大人的损失加倍。

选哪一个？不言而喻。

被原油染黑的墙面

喜多在克拉玛依油田，自己亲手滴灌了一个原油玻璃小瓶，他非常喜欢，每天带在身上拿在手里把玩，我和宝妈提醒了多次，让他注意不要失手打碎，但屡说不听。

过了几日，我们入住一家民宿，喜多把小瓶拿到卧室甩着玩，结果一个没拿住，原油小瓶被甩脱撞到白色的墙上，玻璃立即粉碎，里边的原油全部洒在了白色的墙面上，形成了从上到下约 1 米长 40 厘米宽的抛物线形黑色污染区，我和宝妈当时也是眼前一黑，差点站不住。

祸已闯，怎么办？

一般来说，很多家长的反应可能都是没控制住怒气，给娃骂一顿，然后和房东说赔钱了事。毕竟在外旅行，时间有限，尽量息事宁人，不多生事端。

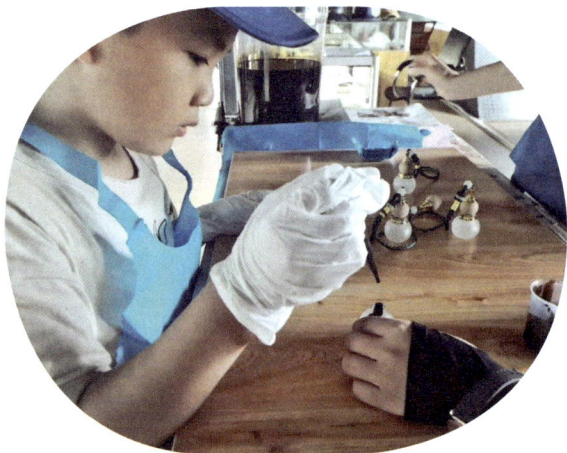
克拉玛依油田制作油瓶挂饰

这样做虽然简单直接，但是对孩子来说，有什么价值？他只负责闯祸，父母负责用钱善后，那他连赔钱的肉痛都体会不到，更不用说学会承担责任这样好的品质了。或许用不了几天，就把这教训忘得一干二净。而且，即便是赔钱，房东仍然需要暂停营业、花时间找工人来重新修整墙面，这对于刚刚开始经营并且事先和我们聊过"对民宿没什么信心"的房东来说，简直是个很大的打击。

在新疆克拉玛依油田，喜多亲手滴灌了一小瓶原油。我们亲子旅行的一贯原则就是：能让孩子动手体验的，就不要只用眼看。不过，这一小瓶原油，却为他后来的闯祸埋下了伏笔。

这么转念一想，此前已有所心得的"化困境为教育契机"的理念，让我决定换一种方式去处理。如何做呢？

此情此景，想起一个网上被推崇为正向教育典型案例的故事：一个小女孩把家里墙面弄脏了，父亲看到没有责怪，反而和小女孩一起，把污渍画成了一幅美丽的图画，小女孩并没有因噎废食，反而未来更具创新精神等。

诚然，这个案例在避免孩子恐惧犯错误、培养创造性思维方面有值得学习之处。但此刻的我，如果也这么来上一番，房东势必会和我拼命，毕竟咱画的东西，没法让人看不是。而且，此做法对于急需学会自己负责的熊孩子来说，并无作用，反而会加剧破坏力，所以网上的方法不能一概而论。

我的思路是：通过和娃一起面对和弥补我们造成的问题，从而让娃记忆深刻并懂得应为自己做错的事负责。

首先，和娃明确一点，自己惹的祸，自己去道歉，开口很难，但一定会记忆深刻。

其次，和父母一起共同让墙面恢复如初，也就是给娃提供一种解决问题的思路和办法。

考虑到瓶内是重油，黏稠度高难挥发，我和宝妈首先想到的，是用一些可以溶解原油的溶剂，比如酒精或者汽油，去擦拭掉原油。并顺势给娃讲了关于溶质溶剂和溶液的化学知识。不过等到去药店买了药用酒精回来，原油已干，并且渗入墙面深层。用酒精虽说可以部分溶解擦拭掉，但只是从黑色变成了灰色，仍然很碍眼。

既然化学方法不行，那就只有变身瓦工了。

去五金店买了砂纸、刷子、界面剂、腻子粉，回来教娃怎么做，一起动手把污损的墙面表皮处理掉，清除污渍及灰土浮土，刷界面剂，再刮几遍腻子，其间用吹风机迅速吹干，最后再用砂纸打磨修补，边做边和娃说其中的原理。

两个多小时，完活儿。污渍去无踪，墙面更出众。

看着墙面，娃又乐了，"老爸真厉害！"他说。

"那是，"我得意地说，"我小时候，俺们东北那旮旯，谁家里盖房子，就和谁家里杀猪差不多，左邻右舍亲朋好友都去帮忙，我们当时年纪小，就干一些简单的打夯、钉钉子、刨木料和泥瓦工的活儿，这些小意思！"

虽说有些小嘚瑟，但倒是实话。十几岁时，经常会帮左邻右舍、亲朋好友家干些活儿，同龄的男孩子大都这样，不仅是盖房子，还有劈柴火、运煤、糊窗户、腌酸菜等，想想还真不少。

如今的孩子，虽说做手工挺多，但生活上的技能，做得太少，也掌握得太少了。

这次突发状况，教娃了解了一些化学、瓦工知识，也学习了如何处理墙面。最重要的是，学会对自己做的事负责。

为了强化效果，我和娃又做了一次复盘：从遇事先保持头脑冷静、思考对策、补救遇阻、重新选择方法、刷墙的过程方法等都一一回顾，并总结这次"事故"发生的教训，以免未来再次发生。

这样的在民宿中发生的状况，后来又陆续出现了石膏马车腿被折断、花盆被打翻撞碎等，一个变化是，孩子们不再逃避承认过错，或者等着让父母来处理，喜多已经可以带着喜宝主动地收拾残局，弥补自己犯下的过

已经修复一新的墙面

错。这种态度，我自然是乐见的。

孩子闯了祸，家长应做的，不是打骂，而是鼓励孩子去面对和承担，并为孩子提供一种解决问题的思路和方法。孩子念在心里，看在眼里，终有一天，当他独自面对失误、过错时，脑中会想起这一刻，一种过去记忆中的范本，会指导他自然地做出正确的反应，更好地应对所处的困境。

这才是教育所应达到的效果。

在地震震中是什么体验

2016 年春节，带着老婆和两个孩子租了辆车到我国的台湾环岛自驾。先到的北部沿海小城九份，当晚

粉刷如初的墙面。喜多之前将原油不小心洒在民宿的墙上惹了祸。是赔钱道歉走人，还是带娃弥补过错？父母选择积极面对，事故也会变成教育孩子的有利契机。在想办法恢复墙面的过程中，喜多不仅了解了一些化学知识，还和我学会了如何粉刷墙壁。不过最重要的，是让孩子具有一种积极负责的态度，去努力弥补而不是消极接受。

附近海域就发生了 6.1 级地震，从这次开始，台湾春节进入了震动模式，在后面的环岛行程中，一路大震不少，小震不断，差点命丧宝岛。最为大众所知的就是 2·6 高雄地震，震级里氏 6.7 级，能量相当于 2 颗原子弹，造成 117 人罹难，震中就在高雄市美浓区。那时，我们在哪呢？就在震中。

地震发生在凌晨 3 点多这个人们最为熟睡的时刻，我突然被晃醒，发现眼前的景象，就如身在摇篮中一样左右摇摆，楼房能晃成这副德行，我是前所未见的，脑袋已蒙，等到回过神来抱着孩子就跑时，地震其实已经停了。现在看，如果楼房倒塌，根本就没有时间逃离，太短暂了。脚下无根的感觉，也实在太恐怖了。

在楼外随着人群站了一段时间，发现没有进一步动作后，便又回到了房内。喜多和喜宝两个孩子全程都是迷迷糊糊睡着，根本就不知道自己曾经遭遇了多么凶险的时刻。我和老婆完全不敢入睡，只能困倦地看着两个小家伙。担心是对的，大概一个小时后，又发生了一次余震，好在只有 4.8 级，而且发生时我正坐在卫生间马桶上方便，在我思考是方便完了还是直接跑的时间里，已经震完了……

庆幸的是，虽然震中在高雄市，但房屋防震质量较好，受到破坏最严重的却是邻居台南市。现在回想起来仍是后怕，能在震中而不受损的概率，还是很小的。

事情发生后，两岸各方媒体高度关注，我在朋友圈报了平安后，作为在台大陆游客遭遇地震的代表，中国国际广播电台第一时间与我连线做了前方报道，他们不知道受损最严重在台南市，真的是选错了连线对象。

考虑到余震频繁，在短暂的游览后，告别了高雄，开向东部。以为已经离高雄很远的时候，在东部花莲却又一次经历了 4.2 级的余震。这一次，我们已经懒得逃了，集体以发呆应对。

直到后来回家，心里仍然有阴影，走路或者在楼里，就总是感觉好像地面在晃。

我后来多次和孩子聊到那次台湾地震，当时他们毕竟还小，已经根本没有记忆。谁知道，这次环中国旅行，愣是把这堂"地震体验课"给补上了。

2019年6月17日，四川宜宾市长宁县发生6.0级地震，当时的我们一家，身在宜宾北部的成都天府新区，距震中200公里左右。

地震发生时，我刚好坐在22层楼的窗边，就觉得脚下地面发晃，头有点晕，根据我过往的经验，心中一惊，怕是地震了。上网一看，报道迅速出来，果不其然。

睡，还是不睡，这是个问题。按照以往的经验来看，问题不大。不过，既然心有担忧睡不着，何不给孩子们普及一下地震知识？于是从晚上如果再次发生地震如何逃生开始，讲地震的原理、遇险求生的方法、地震带的分布，以及我国唐山、汶川等几次典型大地震所造成的破坏。

讲到最后喜多说："爸你别说了，我都不敢睡了。"好吧，毕竟干巴巴地讲，还是有些无趣。

咱有办法，秉持着"同主题短期高强度输入"的原则，地震后的第二日，我们便带孩子去了汶川映秀镇的大地震震中纪念馆。全程下来心情非常沉重。尤其是在展馆中模拟体验汶川地震发生的那一刻，看到同胞被瞬间埋葬，感同身受，无比悲怆，小小的喜多也忍不住眼含泪光。在有关抢险过程中因直升机坠落而牺牲的五名战士的视频面前，他站了很久，看了多遍。

在科普馆内，我们进一步了解了地震的形成原理、国内和世界历史上

漩口中学地震遗址

旅行中在四川遭遇宜宾 6.0 级地震后的第二天，带娃到了汶川的大地震震中纪念馆，以及地震遗址。趁着前一日经历地震的感觉还在，赶紧给娃集中输入有关地震主题的内容，感受和理解由此更加深刻。

发生过的主要地震情况，体验了多个有关地震的物理实验，包括震源的确定、震级与破坏度、楼房的不同防震结构等，接受了一次非常好的地震安全教育。

在漩口中学地震遗址，当年的师生，很多已不在了，但地震后的残垣断壁却保存了下来，如同一个溃烂的伤口，让每一个看到的人，都忍不住心痛，提醒我们莫忘这可怕的灾难。与之相对比的，是灾后重建的新城，比地震前好太多。毁灭，也常常孕育着新生。而支撑起这一切的，是来自全国人民的爱和力量。展馆就建在当年震中位置那座山的山腰，馆外顺阶而下，就是陵园，带娃献上了几朵小花。长眠在这里的，不只是遇难者，还有在救灾中付出生命的那些英雄官兵。愿这样的人间悲剧永远不要再次上演。

经过了地震，又看了这些，这已不仅仅是一次知识的教育，更是一次悲天悯人的情怀之旅。希望在孩子的小小内心中，能有一丝正能量在悄悄生长。知识或许会忘记，但那种信念将永留心中。

熊孩子掉进了蝌蚪堆

有一个物理学原理叫海森堡"测不准原理"，改个字叫"保不准原理"就是对熊孩子行为的最佳描述。

2019 年 5 月份，我们一行走到四川巴中市，去看南龛佛窟，结果一进门，孩子们就被院内池塘里的蝌蚪给吸引住了。

初夏暖阳，正是蛙卵孵化的时节，密密麻麻的小蝌蚪聚集在这一小塘内，我也是生平仅见，目测得有数千甚至万只，塘里的锦鲤可算是有得饱腹了，一口好几只。见此情景，娃心里哪还有佛龛，眼睛都挪不开了，趴在池塘边用手不停地去捞着玩，一般这种情况，我都是由着孩子去的，并且拿了个矿泉水瓶递给喜多，嘱咐他小心莫要掉水。

谁知片刻不到，就听"扑通"一声，眼见这熊孩子就掉了下去，溅起大片的水花，真是惊起一池蝌蚪啊。幸好池水不深，刚到他脖颈处，赶紧把他拽了上来。

他站在那里，全身如落汤鸡一般往下淌水，衣服上还有一些蝌蚪在扭动着，脸上沾着一缕缕水草和绿藻，那场面，啧啧，要不是我儿子，一定先发个朋友圈示众……真是惨不忍睹，气得我都想笑。

在池塘里捉蝌蚪

不过看着喜多沮丧地站在那里，心里的感觉一定是很丢人很难过，大庭广众之下如此狼狈，自尊心也一定受挫。我告诉自己，一定要控制住情绪，不能责骂也不能讥笑，他现在需要的是安慰，以及尽快解决目前的窘境。

想到这里，赶紧把他衣服脱了下来，当作毛巾给他把脸擦干净。然后引导他解决问题："现在你觉得应该怎么办？"

"换衣服。"

"如果没带衣服呢？"

"那只能把现在的衣服弄干了。"

"如何弄干？想一想，唐僧取经经过最后一段流沙河沉入水底上来后，怎么弄干的？"

"晾干。"

"对。不管怎样，先把衣服脱了，以免身体受潮得病。"

迅速地把喜多全身只脱剩了一个小裤衩，其余的衣服让喜多摊开，晾晒在凳子上。好在正午时分，光照强烈，接近30度的气温，衣服应该比较容易干。实际上，宝妈已经往景区外走去，准备去车里取新的衣服给他。

"如果冬季掉到河里怎么办？"我继续就"落水"这个话题，引导他思考。

喜多想想说："肯定不能晾了，在外面不穿衣服，会冻坏的。"

"是的，所以冬天掉河上来后，要第一时间找到室内的场所，然后脱掉衣物，否则衣物的蒸发会带走热量，让你更加冷。脱掉后想办法找到暖气或者其他热源将衣物烘干。当然，也可以向他人求助借用衣裳。"

"如果冬季湖水冰面破碎让你落入水中呢？"我又进一步增加了情境的难度设置，这种情况南方很少遇到，但对很多北方孩子来说，那是童年曾经令人恐惧的事。

喜多说："那估计很快就得冻成冰人儿了，必须赶紧上来往屋里跑。"

"没那么容易，从冰窟窿里爬出来，和夏季落水完全是两回事，很可

捉蝌蚪落水后晾晒衣服

从跌落的池塘中爬上来后，喜多羞赧地脱光了衣服放在阳光下晒。我在安慰他后，趁机普及起落水的自救知识。旅行中的状况别放过，教训当头，感受真切，正是亲子教育的好时机。

能没命。"我说，"你要记住，一旦发生，保持冷静，不要乱挥手臂，以免继续打碎冰面更难上岸。"

"手臂伸展开，脚部用自由泳方式打水，将身体慢慢浮出水面，注意不要用手撑着站起，那样身体重量集中在小面积冰上，对冰的压力会比较大，容易导致冰面继续破碎。可以利用滑水的力量慢慢往上爬，腿上来之后可以像虫子一样蠕动或者滚动着远离洞口，差不多两米以上吧，用手测试下身下冰层的承受力度，没问题的话再缓慢站起。"

"这么危险，我还是不要上冰面了吧！"

"不用过于害怕，有一个成语叫因噎废食，你不能因为吃饭噎到了，就放弃吃饭这件事。不要因为今天的落水，就完全回避在水边玩耍。而是要在玩耍前，观察好周边环境的安全性，做好充分的安全防护再玩。所以，你今天最大的疏忽是什么？"

"只顾着玩，没有注意安全。"喜多回答说。

"是的，事情发生前，一定要预防发生；而一旦发生，就不要一直懊恼，而是冷静地思考如何解决问题。"

到此，关于"落水"的父子对话告一段落，喜多也很快换上了妈妈从车中拿过来的干衣服。穿好衣服后，我鼓励他继续用矿泉水瓶捞上来一些蝌蚪，如此这样，是为了避免这次突发事件对他造成心理上的冲击，压抑和阻止他继续探索的勇气。

这样一次尴尬的落水经历，想必会深深地烙印在喜多的童年记忆里。利用这样的一个难忘场景，适时地和孩子交流一些相关的话题，输出知识和方法。与这次经历相伴而被回忆起来的，就不会只有痛楚，也会有成长。

在无人森林被顽虫围攻

黑龙江漠河北极村以东 100 多公里的地方，有一处美景被称为"龙江第一湾"，在此处遇到一些伐木工人，便和他们聊了起来。从他们的口中得知，附近有一处大型的白桦林，就在"银环岛"上，游人罕至，也没有硬板路。根据他们的描述，我们开车走了很多小路，钻进了这个区域，果然有大片漂亮的白桦林。不过，我疏忽了这里暗藏着的危险。

孩子们看到白桦林很兴奋，一下车就撒了欢地跑开了。我站在一旁，坐在地上，寻找着给孩子拍照的最好的角度，拍了几张满意的作品。

就在我拿着相机以趴在地上的姿势再次对准前方跑动的孩子时，眼角余光却瞥到胳膊的左臂袖子上，有一只带有两个透明薄翅、像小一点的苍蝇似的虫子在爬。我没有在意，用手随意地一挥想把它打下去，没想到虫子却好像突然一头扎在衣服中纹丝不动，我试着用手去捏住它的薄翅把它摘下来，但虫子似死死抓住衣服一般，直到翅膀被我揪断也没有丢下来，我心中有点奇怪。

"怎么了？"宝妈这时看到我在和胳膊较劲，走过来问我。

我抬头看她，霎时就愣住了，只见她的头上，赫然有好几只这样的虫子。

"别动！"我上去用手抓她头上的虫子，结果这次可以很清楚地看到

龙江第一湾

虫子有一个使劲儿往里钻的动作，越用力拽它，越往里钻。我心头一凛。

生长于林区的我，本应该有所警觉的。我的姥姥，40多岁时，曾在一次进山的过程中，被一种我们当地土话称为"草爬子"的虫子所咬，也就是现在大家闻言色变的"蜱虫"。在那个年代，被这种虫子咬了后若没有死，便是命大，但姥姥的神经系统被毒素侵害，导致留下了脑晃手摇的后遗症，这种摇晃一刻不停，伴随了姥姥的后半生，直至她在70岁那年去世。我们当地人，如果要进山干活儿，常常要提前注射相关疫苗。今天我们遇到的这种虫子，外形虽然不似蜱虫，但这种劲头儿，怕和蜱虫是一类货色！

我本来应该想到这一点，此时却冒冒失失地带全家来到这个人迹罕至的林子里，实在是愚蠢。

"啊！"正想着，突然听到宝妈一声叫，只见她指着我的头上。

漠河银环岛上的白桦林，遇到危险虫子

"你的头上也有好多！"我再一看自己身上，不知什么时候更是四处爬上了虫子。

"喜多、喜宝！快回来！快！！"我赶紧大声向孩子们喊道。

漠河银环岛上的白桦林，几分钟后遭遇了成群的顽虫围攻，受到了小小的惊吓。考虑到"激发情绪最难忘"，惊魂未定时，就和孩子讨论了很多关于吸血生物的话题，相信喜多的感受和记忆一定非常深刻。

他们马上跑了回来，我迅速检查了一下他们的身上。还好，也许是因为他们一直在跑动，所以身上没有附着这种虫子。

我迅速从车上取下一副皮手套，我和宝妈身上的虫子没有进入皮肉，用手套使劲儿地划拉，很快就都清理干净了。只剩下头上的不敢轻举妄动，我和宝妈互相为对方摘除，好在头发松软，虫子也只是附着在外端，即便摘的时候虫子的头用力往下陷，但仍然有空间把他们拔除。清理干净后，又仔细检查了车里，竟然也发现了"潜入者"，赶紧灭除，然后启动汽车迅速离开了这个区域。回想刚才的场面，不免虚惊一场。

孩子还处在蒙的状态，本着"激发情绪最难忘"的原则，此时受到了惊吓，借着这个时机，便和孩子讲了我的姥姥曾被蜱虫咬伤致残的事，顺便把蜱虫的习性和毒性都普及了一下。本着将话题外延扩展的原则，又启发孩子对这种吸血类昆虫的整体认知。

"你还知道有什么昆虫是以吸血来进食的吗？"我问道。

"嗯，我最恨的蚊子！"喜多答道。

"是的，不过昆虫吸血鬼家族，并不是只有蚊子。"于是，我又给他介绍了跳蚤、水蛭、牛虻等的习性和驱除方式等，还讲了作为哺乳动物蝙蝠家族中的吸血蝙蝠。

亲子话题的讨论，完全可以无限延伸。谈到吸血蝙蝠，就不得不说一说西方的吸血鬼文化，从宗教传说、影视形象到吸血鬼害怕阳光、大蒜的特性等，再转回到东方古老中国文化传说里的类吸血鬼形象，如旱魃、僵尸等。

虽然对孩子来说口味有点重，喜多听得却津津有味。我经常会从一个话题延伸，讲到很多领域的知识，目的是让他们形成一种哲学中的"万物之间存在普遍联系"的思考方式，引导他们发散思维，用不同的视角看待和理解世界，而不仅仅是记忆知识。

（四）

爱的教育

中国人，传统文化中更重视的是亲人之间的礼仪，而不是表达爱。

我们这一代人，至少是我，原生家庭的严肃、一本正经和爱讲道理，让我成人后常处于表爱无能的状态。童年的记忆中，他们应该是很爱我的，用一切可能去对我好，却从没有亲密的感觉，没有亲子之间的玩笑嬉戏，没有那温暖的让人踏实的拥抱，更不用说亲吻。

这种亲密接触严重匮乏的早期经验，虽然让我的独立感很强，但也让我成年后对父母有些距离感，从没有一次说过"我爱你们"，甚至对妻子也很少表达。不是不想，是说不出口。很多时候，我都想给年迈的父母一些拥抱，但总是觉得有些做作张不开手。那种踏实安全的拥抱感，我相信他们也是需要的吧。

这种匮乏感，每次想起，心中都会有些痛。我不想等我老了，孩子也是如此对我，我一定不能让我的下一代也有这样的痛。但清醒地意识到这点并去对孩子做时，还是有点晚。

我对喜多早期的教育，现在回想起来，简直是我儿时的翻版，凡事都说教，各种讲道理，而忽略了他作为一个孩子所需要的亲密爱抚和安慰，他现在的独立性很强，但和我们的亲密程度较低，衡量情商的人与人之间的共情能力，更是与三岁的喜宝都有着明显的差距。

但好在喜多也不算大，我还有时间去弥补。这一路，得以有机会长时间地陪伴他，爱的教育自然是我的一个重点。最基本的，就是和他一起打闹、拥抱，甚至亲吻他。

除此之外，旅途中还有很多场景，适合引导孩子感受不同的爱、表达不同的爱。

救助被遗弃的小奶狗

喜多一直都想要一只小狗，无奈俩娃和宝妈都有严重的过敏性鼻炎，只能暂时先放弃养猫养狗的计划。

我们旅行到杭州时，在梅家坞的茶餐厅附近刚下车，一只步履蹒跚看起来也就一个月大的小奶狗走到了马路中间，前方一辆车疾驰而来，宝妈看到后赶紧去把狗抱了过来，放到喜多、喜宝的脚下，小奶狗看到小孩子很高兴，摇头摆尾做出嬉戏的样子。我们环顾四周，以为是哪个路人家的，但没有发现任何人。这时一个路边店的人冲我们喊，这是刚刚被人扔了的小奶狗！

我们仔细检查了小奶狗的全身，没有发现任何异常。喜多问我："为什么小狗会被扔掉？"

这个问题有些尴尬，说人家就是不想要了可能显得有点冷漠，"可能希望它能找到更好的主人吧"，我勉强搞了个还过得去的有点爱的答案。

说完感觉处境有点尴尬，我们本是路过，车里也养不了狗，看着狗狗和孩子们欢快地玩耍，走还是不走呢？转念一想，为了孩子的感受，至少我们不能就这样弃狗而去。

"喜多，我们还在旅行中，没办法一路带着它。但如果放下它不管，可能会被车轧到或者没有东西吃。我们要想想办法找到人照顾它才行。"

因为要先去吃午饭，我们便找路边店里的人要了一个纸箱子，把小狗带到饭店，给小狗喂了点牛奶和水。

吃饭的过程中，孩子们不停地问我："爸爸，你找到收留它的人了吗？"

"一般来说，野外发现的受伤的小动物，我们应该把它送到动物救助站，我正在查找杭州的救助站在哪里。同时我也发了朋友圈，看看有没有杭州的朋友愿意收留。这样你满意吗？"我笑着说。

虽然一直没有联系上救助站，但幸好我们住在杭州的朋友开的客栈表示要留下小狗。回去后，客栈管家和喜多一起把小狗洗了个澡，喂了些牛奶，又带它到园子里遛遛弯儿。

我给喜多讲了我曾经养过的一只蝴蝶犬的故事，那时我和宝妈刚毕

在孩子面前，救助小生命，
也是一种爱的教育。

浙江收养被遗弃的小奶狗

业开始工作，很忙很累，每天早出晚归，根本没有时间好好照顾那只狗，更不用说每日带它出去遛弯。慢慢地，那只狗变得时而萎靡时而狂躁起来，把家里的很多物品包括电线都咬坏咬碎了。带去动物诊所，医生的一句话把我这个心理学科班出身的人都惊了："它得了抑郁症，主要缺乏陪伴。"

"你看，我们在没有准备好照顾它的时候选择了要它，虽然我们喜欢，却是害了它。没办法，后来只得将这只狗送人。"我到现在还记得，当我对一位爱狗的朋友说起这件事来，她竟然破天荒地叱责了我。

"狗狗并不仅仅是玩伴，要收留它还要像照顾孩子一样照顾它。喜欢并不是全部，还有责任。"我对喜多说。

夜里时分，小狗在不停地发出哀嚎，喜多听到，翻来覆去睡不着。"爸爸，它怎么了？"

"它太小，也许是想它的爸爸妈妈了吧。就像你一样，如果你很小的时候，就离开了爸爸妈妈，你是不是也很难过？"

听到我的话，喜多似有同感地点点头，抱着我胳膊的手，更紧了。

追忆宝爸宝妈的似水年华

关于育儿，有一句话很流行：如果想对你的孩子好，要先让他看到父母的相爱。

车行吉林，我们特意回了趟我和宝妈本科时的母校——吉林大学。我们要和孩子一起，重温他父母当年的青葱岁月。同时，也是让孩子感受到我们对母校的一份爱。

我和宝妈同年入学，分属吉林大学哲学社会学院的不同专业。她是社会学，我是心理学。我这个人，心智早熟，也总好做些不太一样的事。本科一年级就和宝妈走到了一起，算是当年我院新生的第一对儿。如今已 20 余年，也是同学中当年恋爱到现在时间最久的了。这次带着孩子在校园里，边走边和孩子述说当年的生活学习场景。

讲我如何躲过宿管大爷犀利的眼光和宝妈约会；
看我们当年亲手平整的主楼前的绿地和植下的树木；
讲我参与组建的乐队和歌唱比赛中获奖；
看我挥洒下无数汗水的篮球场；
讲我和宝妈一起办过的院刊；
看我们熬过无数个日夜的自习室和图书馆；
还有校外和同学们一起彻夜观看科比时代 NBA 总决赛的镜头；
……

青春散场，时光荏苒，物是人非，校园里很多都不一样了。但仍然还有些我们生活过的地方仿如昨日，抚摩着熟悉的课桌，宿舍的门板，青春年华历历在目，回想当年离别时的痛哭和不舍，不禁泪湿眼眶。这样的情感，并不是为了教育孩子而故意做作，但也希望孩子能够看到父母对母校的这一份情感，对我们逝去青春的一份眷恋。

不过，我最想和孩子讲的，是妈妈曾经多么优秀和出色。为什么呢？因为我有些东北的大男子主义，所以在平常的家庭生活中，慢慢形成了一个以我为主的模式。孩子也主要是我来教育，也就更崇拜我，妈妈更多扮演的是陪伴、照顾生活的角色。我和妈妈在日常生活的争执中，我比较强势而妈妈又比较忍让。这导致出现了一个问题，就是孩子对于妈妈的管教，有些不在意，甚至很多简单的常识，即便是妈妈已经告诉了孩子，孩子也必须让我确认才行，妈妈在管教孩子方面，没有权威。

我知道，这一方面是我过去在家庭中扮演的角色强势造成的，是我的问题；另一方面，孩子认为我的学历比妈妈更高，学识更好。所以，这次回到母校，是一个向孩子很好地述说宝妈当年学习生活的契机，于是便用了很多时间和孩子讲妈妈当年的优秀。

从左至右分别是 20 年前，10 年前和这次旅行到达时，背景是吉林大学逸夫图书馆。重回这里，是想向孩子展现父母的青春年华，以及对母校的眷念。

母校之旅年代老照片　母校之旅新照片

当然这也是事实，宝妈本科四年没有考过班级第二名以下，而且从来都是超过第二名很多分，基本上当时的状态就是：宝妈 4 年稳居第一名，拿遍各种奖学金，而其他同学则都在努力学习争夺第二名。此外，宝妈还是学校话剧社副社长、院刊《求索》的副主编等。我的本科成绩，当时也就在班级的前五名而已，和宝妈实在是比不了。

这些话，我和喜多也是这样讲的。我希望他知道，妈妈不是学习不好学识差，妈妈只是扮演的角色不同，更多地承担了照顾我们生活的重任。宝妈放弃了考取更高的学历，却在社会这个大学中继续历练和勇往直前。

当然，要想转变孩子的看法不能仅仅靠这一次介绍，更多的是需要我对自己在日常家庭中的表现做出调整和改进。

这次母校之旅，他能听到父母的青春历史，就是对我们在这个世界上如何存在过的一种传承；他能看到我们对母校的尊重和眷恋，就是完成了一种除了亲人、恋人等，人与人之外的另一种大爱情感的传达；他能知道母亲当年有多么优秀，就有可能在未来以他父母为傲，并激励着自己也能让父母以他为傲。

放羊的孩子，你的伙伴

人与人之间的爱，有的时候是接纳，有的时候是给予；孩子，绝大多数时候，在爱的关系中扮演的都是前者；然而，除了父母对孩子的爱，没有什么爱总是能够忍受单向的输出而没有回馈，一个只会索取而不懂得给予的人，也不配享有别人的爱。

我们都希望孩子是一个懂得感恩、善良和友爱的人。孟子讲，"爱人者，人恒爱之；敬人者，人恒敬之"。学会爱的施与，既可滋养内心，感受快乐，也可培养社会责任感，是每个孩子成长所应面对的"必修课"。

这也是我们几年前和伙伴们共同发起"草原春生"计划的一点"私心"。

这个计划考察了内蒙古科右中旗的一些贫困牧民，并选择了 10 多个当地村里的孩子作为一对一资助的对象，每月给予小额资助。这些家庭各有各的困苦，记得我们第一次带孩子去时，有的人家破旧的小房子都已坍塌，父母带着孩子连处遮风挡雨的地方都没有，旁边政府援建的房子正在建设；有的是留守儿童，父母离婚已各奔东西，孩子一人和残疾的爷爷、患病的奶奶一起生活。

我们资助的孩子叫子鹏，父母患病无法干重体力活，虽已住上政府援建的房子，但家徒四壁空空如也。在光秃秃的水泥墙面上，却有着醒目的十多个奖状贴在那里，那是一家人的骄傲。我特意让喜多和子鹏站在这些奖状下面拍了一张照，后来的一些时日，我还时不时将这张照片，以及另一张子鹏放羊时做作业的照片，都拿出来给喜多看，让他看看在这么差的生活环境下，人家仍在奋发努力地去学习，去想要改变自己的困境和人生。

转眼三年有余，子鹏的确也非常让我们欣慰，每次考试都是全旗第一名。每次考完拿到奖状，都会让他父亲拍一张照片给我们发过来，让我们分享他的喜悦。一开始只会用短信发，后来待我们旅行启程时，已可用微信了，子鹏就时不时问问我们到哪里了，喜多弟弟怎么样了之类的。我们也会把旅行途中在各地给喜多买来的图书，也快递给他一部分，毕竟在那个偏远贫困的地方，书籍也是缺乏的。

在旅行到达内蒙古后，我们便专门安排了去探望子鹏的行程。当年光秃秃的墙壁已经刷上了白灰，墙上的奖状比上一次去时多了一倍多，子鹏也长高了很多，我们还多了一个喜宝跟屁虫。见面就如亲人一样，娃娃们也很快玩到了一起。子鹏的爸爸热情地杀了头羊给我们做饭，让我们非常不好意思。

资助的孩子，放羊中学习

聊天中我问子鹏爸爸："为什么子鹏这么努力学习？"

他回答道："低年级时也不学习，怎么打骂都没用。后来我实在没法儿了，就趁他放假的时候，每天都让他去放羊干农活儿，累得他直叫唤，我说你要是不好好学习，以后就天天像你爸妈这样过日子，我们没能耐，你长大了也没钱给你娶媳妇，我们老了走了，你就一个人过吧。有一天他就说，爸我还是好好学习吧，我不想一辈子这样。"

说完我们就都笑了，为什么努力学习？为了改变自己的人生。这其实不也是生活在东北边塞小镇的我小时候的动力吗？而如今很多城市里的孩子，甚至有些农村的孩子，却早已因为物质条件的改善而没有了这个劲头儿。包括我的孩子一样，他们需要找到他们这个时代奋发努力的内驱力。

从这里离开时，子鹏爸爸还热情地拿了一些羊肉等食物要给我们带上，我们婉拒了，只是留下了黄豆、土豆等，孩子们也依依不舍地告别。

对子鹏一家的资助和看望，从一开始就让喜多参与了全过程。额外捐赠的物品是喜多选的，也是他交到子鹏手里的。他看到了贫困的人们是如何艰苦地生活，也看到了子鹏又是多么努力，更感受到助人的快乐。

我后来和喜多讲："当你把书包、文具和钱交给子鹏手里的时候，当你觉得自己能够帮助别人的时候，你是什么感觉呢？"

"能帮助别人心里当然挺高兴的。"

"草原上，羊是最重要的资产，人家贫困，总共才二十几头羊，就毫不犹豫地杀了一头给我们，为什么要这样做呢？这是发自肺腑地感谢我们对他们的帮助。别人这样感谢你，你快乐吗？"

"当然啊。"

"就是这样，帮助人的行为本身，就会让我们自己也快乐。中国有句俗语说，赠人玫瑰，手有余香。讲的就是助人者自助的道理，希望你能明白。"

不过，现实世界，却不会总是如道理中说的那么理想和简单。旅途中经常会见到一些乞讨者，残疾的汉子、垂危的老者、昏迷的病童、卖艺的盲人、"迷路又没钱回家的学生""只要钱不要饭的乞丐""送你开光物件的和尚"等形形色色。有时，孩子会问我，他们怎么了？我们要给些钱吗？不是要帮助别人吗？

这个时候，也不必回避，世界并不是如童话般美好，有时也需要适度地把人类的阴暗面呈现给孩子，教会孩子如何面对这复杂的世界，如何去甄别何时助人、如何助人，这也是一种现实版的爱的教育。爱心需要付出到真正需要它的地方，而不能盲目地泛滥。

云南老山祭英魂

大爱有很多种，其中一种，就是对祖国的热爱。我的孩子，我可以接受他不爱女人，但不能不爱国。

我幼时也曾发愿，要当一名解放军，保家卫国。那个年代的孩子，幼时耳濡目染过对越自卫反击战，很多都有着从军梦。我在清华时有位同学也是热血青年，每次我们两个喝上一点小酒，他就发誓说，如果要收回台湾，他第一个报名奔赴战场。我说你厉害，你是拳击队的，我不和你争，你第一个报名，我就第二个行不。

这种情结，让我在旅途中，也经常向孩子讲一些和爱国有关的事。在"中国两弹城"讲邓稼先等放弃美国优渥条件回国投入核弹研发，在丹东讲朝鲜战争中的上甘岭等战役，在抚远和珲春讲俄国对我们领土的侵占，在福建讲我们如何声索钓鱼岛主权。

在"中国的阿灵顿"——云南老山的对越自卫反击战烈士陵园，我带着孩儿们，凝神肃穆，庄严地把素洁的鲜花，献给为保卫国家而牺牲的英雄们。

还记得那天，当我们到烈士陵园时已经闭园，如果第二天再来，需要从住处再跋涉150多公里过来，而且将耽误下面的行程，但我毫不犹豫地选择了放弃后面的行程。毕竟，老山难得一见，这样的教育场景，比后面的行程更重要。

一路上和孩子讲了很多爱国的战争历史和故事后，我们还需要一些具有仪式感的行为，来让孩子对战争有所敬畏、对英雄持应有的敬意、对今日和平生活有所珍惜。

云南老山烈士陵园，带娃向保家卫国的烈士们敬献鲜花。在汶川地震遇难者公墓时，也做了同样的事。我希望通过这样的仪式感，来向孩子传递一种价值观和爱国主义情怀。

带孩子在老山烈士陵园献花

老山烈士陵园

老山于我，也有着深刻的童年记忆。"没有花香，没有树高，我是一棵无人知道的小草"，我人生学会的第一首歌，是这首《小草》。那时年幼，不懂得歌声的意义，只知道电视里的那些战士们，常常在战壕里哼唱着这首歌。再后来，《血染的风采》，又让我知道了战士们的牺牲奉献。

30 多年后，在当年那个战火纷飞的边疆猫耳洞，在战士们用鲜血守卫的界碑前，面对着与我当年差不多大小的孩子，再唱起这些歌，声音止不住哽咽。老山很远，道路很险，但来到这里，没有犹豫过。青山埋忠骨，鲜花祭英魂。不仅是表达自己内心的崇敬，也是为了教育孩子们。

喜多现在的理想，是当一名将军，希望他能在这里感受到战争的残酷与和平的来之不易，感受到战士们的伟大和誓死卫国的精神。理想可以实现不了，但希望他能有一颗拳拳赤子爱国之心。

云南支嘎阿鲁湖

　　同样，在汶川地震遇难者公墓，我们也把鲜花献给了那些在地震中遇难的死者，包括在救援中牺牲生命的军人们。

　　如果说对越自卫反击战是"卫国"，汶川地震救援就是"保家"，那些为之奉献牺牲的人们，都值得我们以最大的敬意，以最庄重的仪式感，来缅怀和祭奠。尤其在孩子面前，这是一种价值观的传达，也是爱国主义精神的传承和延续。

与当地人发生连接_____198

去尝试吧！孩子_____225

不走高速，旅途看到更多_____241

低幼儿童亲子旅行禁忌_____255

第四章

旅行教育
最好这样做

一

与当地人发生连接

旅行教育，很重要一点，就是深度体验目的地，而不是只做一个过客。如何做到这一点？你需要找到一个切入点，这个切入点就是当地人，让他们给你提供线索或者引你深入。就算只能够和他们交流，也已经比一笑而过要有收获了。

在我们的旅行中，这样的当地人，主要来源于两个方面：一是各地的旅行大咖；二是路上随机遇到的当地人。前者就像一个当地旅行信息的集中地，而后者常常就是你要了解的当地风土人情的直接体现。

你需要认识一位当地的旅行大咖

向一个当地的旅行大咖请教，无疑将为我们省去很多寻找信息的工夫，而且还经常会为我们呈现最地道的、外地少有人知的旅行体验。

怎么能找到这些人呢？在这次旅行前，我特地写了一篇文章，讲述我的亲子旅行教育计划，邀约各地的人来围观我的旅行，结果获得了很好的关注效果，得以让我建立了几个涵盖全国很多地区的围观群。这些群友中，有一些对当地的旅行资源、风土人情很熟悉，在后来的旅行中给了我很多帮助。

盘锦当地的亲子大号"盘锦童心加油站"的创立者米爸，就是群友之一。在他的帮助下，我们得以在正确的潮汐时间内体验红海滩，乘坐非遗古船去少有人知的河海交汇的绿水湾挖蚬子、访大米博物馆、尝《舌尖上的美食》中的美食稻蟹、体验盘锦手工皮具制作等，感受非常深刻。

又如在紫砂壶之乡的宜兴，我们认识了一位擅长儿童心理教育的张老师，不仅彼此交流了很多心得，还住进了她在玉龙潭明清古镇上的徽式古宅"不一格"，尝到了店里很少亲自掌勺的当地名厨所烹制的特色美食，又介绍我们认识了很多紫砂壶的名师、体验了紫砂壶的制作等，非常难忘。

还有些在当地难得的经历：

在广东新会陈皮村品尝陈皮宴；
在厦门进入英雄三岛和通士达照明公司；
在牡丹江品尝到朝鲜族秘宴；
在哈尔滨进入农科院试验田和机械站；
在北戴河蔚蓝海岸畅玩亲子海滩和乐园
在洛阳水席园感受"女皇武则天"来敬酒；
在浙江黄岩上山挖冬笋；

宜兴"不一格"民宿

在广西北海龙宫赶海、电虾、捉螃蟹；
在杭州住进西湖畔的茶园民宿等；
在江苏靖江名厨为我们演示《舌尖上的美食》中的汤包制作全过程。

 这些背后无不是有着熟悉各地情况的朋友的鼎力相助。

江苏靖江，五星大厨亲自为我们演示《舌尖上的美食》中靖江汤包的制作全过程。这样的机会，完全要感谢熟悉当地资源的朋友给予的安排。一路上，很多特别的体验，都来自各种途径认识的当地朋友。

江苏靖江观看五星大厨演示非遗美食靖江汤包

当然，我们这次的情况有些特殊，关注的人比较多。一般的旅行者，如何解决认识当地人的问题呢？其实方法很多。

一是朋友圈找。人际关系的六度理论告诉我们，总会找到你想找的人。当然，这只是理论，但不妨一试。你如果在读这本书，至少你能找到我不是吗？

二是到网上的旅行社区去拜访旅行达人，比如马蜂窝、携程、去哪儿的攻略社区，微博、头条的旅行达人和问答频道。也许有的人不会回应，但大量地去问询，总会有所收获。我就经常在微博上收到这样的私信，只要不是太忙，我都会尽量回复。

三是入住客栈或民宿的老板和工作人员等。一家客栈或者民宿，往往就是旅行信息的中转站，老板或者工作人员就是你到达目的地后第一个需要去接触和请教的人。需要注意的是，这里不推荐酒店，酒店的旅游信息，大多是大路货的旅游产品，缺少原汁原味的本地生活信息或者小众目的地，这对于以亲子教育为目的的旅行者来说，并不太实用。

四是一种产品化的本地旅行服务。比如"丸子地球"等，它们的模式是会聚了很多熟悉当地旅行资源的达人，兼职提供旅行咨询、导游等服务，相比旅行社的导游，他们大多不会以推销为目的。如果是出国游，有提供境外包车旅行服务的"皇包车"、提供境外定制旅行服务的"无二之旅"等，这些也都可以充当一个"本地通"的角色，为你的在地旅行提供个性化的咨询。当然，以上这些都是付费服务，适合不差钱的高品质旅行者。

勇于搭讪有特色的当地人

如果行前没有找到旅行大咖助力，也没关系。只要在目的地主动出击去接触当地人，总会给你惊喜。下面几段我们旅行中的经历，希望能给您一些启发。

1. 蒙古包里的小羊之胃

2018年9月，车行内蒙古海拉尔到阿尔山段，一路上都在浩瀚无边的大草原上驰骋，人烟稀少，牛羊成群，偶见前方出现一个小湖，便下车走到湖边驻足休息，湖中水草茂盛，水鸟飞舞，阳光夕照下，非常有仙气。

正沉醉于美景，身边走过来一个圆状的身影，转头一看，原来是个外貌极为典型的蒙古汉子。我不禁冲他一乐，"你好！"我大声说。

汉子也一乐，问我："怎么样？这个湖漂亮吗？"

"漂亮，像仙境一般！没想到草原上还有这种景象。"我说。

"我的。"

"什么？！"我以为自己没听清，

内蒙古草原上，蒙古汉子骑马
带着喜多飞奔，吓到了喜宝

又问了一下。

"我说湖，湖是我家的。"他面带自豪地说。 然后用手往远处一指，在空中划了一大圈。"都是我家的。"他说。 朴实的带有浓重蒙古口音的话语，如振聋发聩般响彻在空中，留下我在风中凌乱。

"这个季节很少见到外面的人，要不要过来到我家坐坐？"

"嗯哈，哈哈，好啊好啊。"我赶紧从刚才的震惊中回过神来说。

于是他骑着马在前边引路，我们开着车，就到了他的蒙古包。 五六条大狗狂吠着来迎接我们，吓得喜宝赶紧缩到我们身后，这时一条中等大小的黄狗跑了过来，把五六条大狗"骂走"，过来嗅了嗅我们，便带着我们向围栏里走去。 它很喜欢喜宝，一直走在身边"护卫着"，尽管那几条大狗多次来想找事儿，但都被警惕的黄狗给撵走了。

汉子叫巴尔虎，围栏内是他们冬季准备过冬的驻扎地，有三个蒙古包和两个平房，一些姑娘在为帐篷加厚，为过冬做准备。

我们走进作为厨房的平房，带娃看了他们正在制作的奶干、奶皮子和

蒙古包中的小羊之胃，用来储存小羊自己的肉。 因为在一处河边的攀谈，偶识了当地人巴尔虎，得以进入他们的家中做客，感受蒙古族的生活。 旅途中的独特际遇，也许就是来自你主动的一句问候。

蒙古包里的小羊之胃

酸奶。 在房梁上吊着一个半透明的皮囊，我好奇地问是什么，竟是一头小羊的胃！原来在这边，杀了一头羊后会把胃取出，然后把所有的羊肉都塞到这个它自己的胃囊中，储存起来留作日后食用。 用自己的胃，包裹自己的肉，真是奇异的民俗。

出来后和巴尔虎又聊了一会儿，结果再一次把我们震惊。 原来他的牧场，比我们现在看到的还要大，总共有 7000 亩！是的，你没有看多一个 0，其中就包含着那个特别美丽的小湖。 而他的哥哥，据说现在是在北京做主持人，竟然还有 9000 亩！只不过不在这边生活，也没法打理，只能他代为照顾一下。 没想到我面前的这个面貌憨厚的蒙古汉子，竟是个大牧场主。

"我们这边都这样，人少，地多，有草，没钱。"他平淡地说。

巴尔虎后来带上喜多，纵马绕着牧场奔驰一大圈，喜宝则带着黄狗"护卫"四处"招羊逗牛"，还和巴尔虎的闺女搭讪，终被巴尔虎骑回来的奔马吓得拔腿狂奔。

夕阳渐没，暮色照在与"狗护卫"玩耍在一起的喜多和喜宝身上，那一刻，美极了。

2. 陈家沟太极村拜师学艺

有些时候，靠路边偶遇还是不行，需要主动出击寻找。

陈家沟太极拳博物馆

河南焦作的陈家沟，是陈氏太极拳发源地。 民间传说中的杨氏太极拳创始人杨露禅的"偷拳"处，也即在此。

武术之乡，看看路上的招牌，就能

草原暮色，两个孩子与牧民家的狗

感受到浓厚的尚武气氛。带娃先来到太极拳博物馆了解学习太极拳文化，再拜访陈氏太极拳祖祠，看到了杨露禅学拳处等。

不过，来到这样一个地方，怎么可以看看就完事儿了呢？本着能体验就体验的原则，结合当地文化，我想必须要娃学点拳才不虚此行。

上哪里学拳呢？武馆是不太可能就教一两天，正规途径不太现实。看来只有想办法找个武师商量商量了。

于是开始走家串户地打听，找了很多家都没有人应承。后来看到一个家庭旅馆，心里想着先把住处定下也好，便上前去敲了门。随着门的打开，我看到一位年纪与我相仿的男子，也留着胡子，身形俊瘦。在他

太极拳发源地陈家沟，向陈氏嫡宗传人学习太极拳

陈式太极拳发源地陈家沟，本想寻一处住处，却误打误撞住到了陈式太极拳嫡宗传人家里，顺便就恳请师傅教了一招半式。

的背后，一幅巨大的海报贴在墙上，上面写着醒目的大字"陈氏太极拳第20代嫡宗传人"。得嘞，真是踏破铁鞋无觅处，得来全不费工夫。我快到嘴边的"住宿"咽了回去，立即换口说："请问，要是在您这儿住店，可否教我们两手功夫？"用住宿来换取练拳，听上去对习武之人怕是有点不敬，不过这个档口，我也顾不了那么多了。

眼见对方有些犹豫，我立即解释道："从北京慕名过来，就是想让孩子体验一下正宗的太极拳，来一趟不容易。"看我言辞恳切，师父答应了。

走进宅院，看到还有人正在和陈师傅学拳，旁边摆放着刀剑等武器。当晚，先是陈师傅的弟子教了喜多一些招式，后来他又过来亲自示范指点。喜多竟然也练得个像模像样，还和我说："没想到这种拳法看起来很慢，练起来竟然还挺累。"

我们练得累了，便回房休息。月上枝头，却听得外边一阵阵习武踏步声，出来一看，原来陈师傅在教他女儿练拳，看起来已经打得很好。就如我们白天在村里看到的，五六岁的小孩子，都耍得有模有样，真不愧是武术之乡。而第二天一早，天还蒙蒙亮，就又听到了陈师傅练拳的声音，真的是非常勤奋。

这样一次陈家沟的经历，不仅让我们真切体验到了太极拳拳法，感受到一名习武之人的严格自律，也让我们和陈师傅结下了武缘，走时相约，以后孩子放暑假了，就把他发过来一个月跟着陈师傅潜心练拳。

回想这次经历确实难得，当初如果没有我们走家串户地主动打听，而仅仅是游客一般看完就走，那一定是没有这样的经历和体验了。这样的结果，也激励着我们在后面的行程中，一次又一次地主动寻找机会，深入感受当地风土人情。

3. 阿拉伯后裔村获赠大螃蟹

福建泉州，有个叫作"蟳埔"的村子。蟳埔女，与惠安女、湄州女一起并称"福建三大渔女"，也是闽中南沿海的一大奇观。其中，蟳埔女穿大裾衫、黑脚裤，头戴鲜花簪的着装习惯与汉族人有很大差距，独具特色。

福建泉州的蟳埔村

最令人称奇的，是蟳埔村民自称是阿拉伯后裔。想想当年泉州作为古代海上丝绸之路的起点，宋元时期可谓世界第一大港，和上百个国家通商往来，鼎盛一时。泉州历史遗存中，本土教派和佛教、基督教、伊斯兰教、景教、印度教等并存，还留有很多当年外国人的墓地以及后裔子孙，比如"世"氏，就是当年身在泉州的锡兰王子后裔。如今有阿拉伯后裔的蟳埔村也就不足为怪了。

这种阿拉伯后裔遗风主要体现在头饰和"蚵壳厝"上。戴丁香耳坠、簪花围、插象牙筷的头饰据说就是中亚所特有的，像把"花园"戴在头上一般。而"蚵壳厝"则是用大而中空的蚵壳做"砖石"所建造的房子，冬暖夏凉，又别具美观，闽南俗称"千年砖，万年蚵"。

我们找到这里，是因为在新闻中看到有关蟳埔村是阿拉伯后裔的报道，便慕名而来。带娃走进祭奠妈祖的顺济宫，也走入了蚵壳厝的人家，看到他们的传统民俗和生活场景。

在蟳埔村的街巷中穿行，经常会见到传统装扮的老年妇人，坐在路边用锥子撬海蚵。一般这种情况下，我们是不可能只做一个旁观者的。偶尔，我们就和这些蟳埔女说上两句，不过很多人都不会讲普通话。

路过一个饭店门口时，看到一个老妇在处理虾，这是这次仅见的处

福建泉州蟳埔村，老奶奶赠送给喜多两只大螃蟹

泉州阿拉伯后裔村——蟳埔村，看到头戴鲜花的蟳埔老妇在路边处理海货，喜多便上前主动交谈，老奶奶看两宝心中喜欢，走时送了两只大海蟹给我们，喜多乐不可支。旅行途中，不要只做个看客，勇于与当地人接触、交流，说不定就有意外的收获！

理海蛎之外的人。我们平时不仅自己去和陌生人搭话，也经常让孩子去。这次便怂恿喜多去问问，两个孩子也不胆怯，便上前去问老奶奶在干吗。

面对孩子的问话，老奶奶很耐心地和他们讲了许多，不过孩子听不懂，我们也听不太准确，即便如此各说各的，沟通氛围却也非常融洽。老奶奶看两个孩子喜欢，说让我们等一下，转身进屋就拿了两只煮熟的大海蟹出来，并且送给了两个孩子！高兴得喜多手舞足蹈，乐不可支。

蟳埔村不是景区，也没有特别规划的景点，如若以旅游的心态去，表面看起来，似乎是没什么可参观的，但当你深入下去，走进蟳埔女的生活，与她们接触，就看到了更多，也感受到了更多。相比简单地参观浏览，孩子不仅了解了当地文化风俗，而且还获得了意外的小礼物，让他们非常开心。

在大庆油田的时候，恰好是喜多的生日，而在当地认识的朋友得知后，送给了我们一份非常珍贵的礼物——铁人油。就是当年大庆在铁人王进喜领导下所开掘的第一口油井所产的一滴原油，保存在一个密封的小瓶里，如今这个油已经所剩稀少，在这样一个日子里，在大庆油田这样的地方，没有什么比收到"铁人油"更珍贵的礼物。孩子对那个生日的记忆，也尤为深刻。

4. 侗族大歌之乡的小姐姐

在很多人的脑海里，对旅行的认识就是到一个地方去玩、看风景。这就过于狭隘了，有时候，最美的不是风景，而是人。和当地人的互动和缘分，是旅行中难得的际遇，也是旅行的魅力所在。

贵州省，是我国少数民族最多的几个省之一，其中主要是苗族、侗族等。侗族大歌，想必大部分人都听说过，堪称少数民族版的阿卡贝拉人声，也是国家级的非物质文化遗产，视听感受令人沉醉，到贵州千万不能错过。侗族大歌哪家强？贵州从江找小黄。小黄不是人，而是小黄侗寨。

小黄侗寨，表演前的梳妆

　　小黄侗寨，从景区来讲，并不太有名。但是如果从民族文化来讲，则是侗族大歌的代表，是天下闻名的"大歌之乡"，歌队曾经多次在春晚、北京音乐厅甚至国外演出过。寨里有句俗语，叫"饭养胃，歌养心"，全寨不到1000人有20多个歌队，用他们的话讲就是"小孩刚断奶就开始哼歌"，我们去时当晚表演的主持人才6岁，但主持起来已很老练了。

　　虽然大歌有名，但整个村子并未进行过度开发，还保留有比较原汁原味的侗寨生活风貌。每天晚上，寨子里的广场都会有大歌表演，如果遇到节假日或者民族节日，则尤为隆重。

　　我们是临近晚上到这里的，恰好是一次比较隆重的篝火晚会，表演前我们带着娃走家串户，和村民们聊天，他们一边准备晚上的服装配饰，一

小黄侗寨，表演侗族大歌的孩子

边给我们介绍寨子里的情况。很多娃娃身穿民族盛装聚集在一起，有的在让妈妈化妆，有的在把着手机打游戏，有的在打闹，可爱极了。

正式演出开始后，这些娃娃们的歌声也是惊艳到我了。不过大歌的主力还是那些年轻的侗族姑娘们，婉转悠扬，宛如人间仙乐。节目的最后燃起篝火，姑娘们和游人一起手挽手围绕着篝火跳起舞。一般这种场合，我都会鼓励喜多和喜宝参与进去，尽情感受那种欢乐。喜宝兴奋地牵住了一个十五六岁姑娘的手，笨拙地学着姑娘的舞姿，随着大部队跳着。

和喜多这个小直男不同，喜宝心思敏感，多愁善感，一见漂亮小女孩就走不动道儿。我和宝妈常开玩笑说，这熊孩子以后肯定有了婆姨忘了娘。最后，果然不出我所料，人群已经散去，还拉着人家姑娘的手不让走。

小黄侗寨，表演大歌的小姐姐来民宿和喜宝玩

贵州小黄侗寨，侗族大歌的表演者小姐姐，非常喜欢喜宝，表演完还专程来我们入住的客栈找孩子玩。旅行的魅力常常在此，不是看风景，而是和当地人的互动和缘分，是难得的际遇。但这种际遇，是需要你主动深入到当地生活中去的，而不是只做一个看客匆匆而过。

这个小姑娘是侗族大戏《珠郎娘美》的演员，不久前还到北京演出过，姑娘也非常喜欢喜宝，逗着他说话，看夜色已晚，还带着我们找了村民的客栈，安排我们住下。回家卸了妆后，又从家里来到客栈看喜宝，抱着他玩，给我们讲她唱歌的趣事，直到临走喜宝还依依不舍地让姑娘明天来看他。我和姑娘留了微信，相约等她到北京演出时再见。

谁知姑娘对喜宝也很是惦念，隔段时间就在微信上拨来视频通话，和两个孩子见上一会儿。要说路上遇到认识一些人，对我们来说也是常事，很多人也都很喜欢两个孩子，但像这样的缘分，倒还是头一次。

回想起喜宝刚刚出发时的样子，见外人还很是害羞怕生，习惯于躲在父母身后，和人讲话也说不清楚。如今环游中国后，已然一副撩妹高手，嘴皮子也溜了很多，见到生人也不用老父老母去搭讪了，自己主动出击，这架势不扯着拽着怕是 hold 不住了。

敏锐发现深入当地活动的线索

有的时候，深入体验当地生活的机会，就在你和当地人的交流中产生，需要有敏锐的感知，并及时抓住机会进一步探求。

1. 给朝鲜族新人婚礼伴舞

长白山南坡附近，有一个长白朝鲜民族村，村子建得很有民族特色，我们从长白山下来，就选择住在了这里。找了一户有朝鲜族传统地炕的人家，和东北满汉的土炕相比，这种地炕只不过是比地面高几十厘米而已，烧炕的位置是在灶台，黑龙江长大的我，坐在热炕头上，倍感亲切。

房东家有一处园子，种了枸杞、李子、大葱、柿子、黄瓜等作物，带着我们一家去采摘了不少。晚餐把地桌在炕上一放，盘腿坐下，倒好人参酒，就着明太鱼，太得劲儿了。

边吃边和房东闲聊，说了好些朝鲜边境的事儿。村子和朝鲜那边一江之隔，江面也就几十米宽，站在这边的路边，可以清楚地看到对面的情况。偶尔一辆绿军车驶过，在土路上扬起漫天的灰尘。据说当年一到冬天结了冰，对岸就经常有人偷偷摸摸地在晚上从江面过来偷些东西回去，最近一些年平静了好多，应该是生活条件也改善了吧。

长白朝鲜民族村体验朝鲜族炕屋，品尝朝鲜族美食

长白朝鲜民族村，到民族特色的地区，最好的选择就是住在当地人家里，也许未必有宾馆、酒店舒适，但却是最能深入体验到当地特色的方式。

说着说着，房东老婆提到要早点回另外的房子，说明天周末会有好几对儿新人在村里广场举行朝鲜族婚礼，她要去伴舞。听到这里，我和宝妈眼睛一亮，对视一笑，这么难得的机会怎么能放过？宝妈赶紧拉着大婶问了个清楚，原来朝鲜族婚礼全程大部分时间都要跳舞，新人结婚为了热闹，会专门花钱请些村民们来伴舞，房东大婶一上午就要跳好几场。听到这里，宝妈赶紧问能不能也去凑个热闹，不用钱。大婶一口答应，还拿来了朝鲜族服饰给宝妈换上，先过了把换装瘾。

第二天一早，宝妈穿着朝鲜族服饰和大婶一起，在广场等待新人的到来，随着仪式的开始，身着传统服饰的新郎和新娘进场，新郎骑着木马做样子去接新娘，新娘则在另一头端坐在花轿里等待新郎过来掀起轿帘。

朝鲜族婚礼

待迎新娘走出后，全场男女各方宾客便随着新人一起都跳起了朝鲜族舞蹈，并且不断变换着整体的队形，从绕圈最终到将新人环绕在中心。

宝妈也现学现卖，像模像样地跟着队形边走边跳，喜多和喜宝欢乐地在跳舞的人群里穿来穿去。最后舞蹈结束，我们一家还和新人合影，当我们说是来自北京的游客时，新人也是一脸的没想到，自己的婚礼竟然有首都人民来专门伴舞，他们也是很意外和高兴。

就这样，一上午参加了四对儿新人的婚礼。我们也从一开始的不懂，到后来的轻车熟路，跳起舞来轻松自如，并送上了首都人民对四对儿新人的祝贺，这对他们来说也是一次特别的婚礼吧。

婚礼，是感受少数民族特色的一个非常难得的机会，如果在少数民族地区了解到相关信息，切不可错过，主动争取，一定比你看民俗博物馆、逛民族景点更有收获。

长白朝鲜民族村，宝妈带着娃在给当地举行朝鲜族传统婚礼的新人伴舞。这样的体验，来自我们与房东聊天时敏锐捕捉到的信息，并且主动争取，得以参与进来。

2. 侗族新年寨民游行和百人宴

这一路，和侗寨比较有缘。年末时节，我们车行至湖南通道侗族自治县的皇都侗寨。寨子很漂亮，充满了民族生活气息。孩子们立即变身追鸡少年，一时间鸡飞狗跳、鸡鸣狗叫……我赶紧压制住两个小怪兽，带着向村寨深处探去。临近年底，天气寒冷，寨老儿们聚在中心广场旁边的亭子里烤火盆，这边室内没有暖气，吃饭或者平时坐下时，都是围坐在火盆周边。我们便也凑了过去，微笑示意，嘴里也搭讪说"好冷啊"，寨民们便让出个空隙，让我们也坐了下来。陌生人的到来，让气氛有点尴尬，只能出动小孩子了。

"爷爷，你头上戴着的是什么啊？"喜宝指着一位老者头上帽巾的彩带说。这时我们也注意到，帽巾上确实做了些装饰。老者笑着说了几句话，不过我们实在听不懂。这时妈妈的目光被吸引到亭子后面的一个榨油坊，便起身过去说看看，我们也一起跟了过去。

原来是一个茶籽油的家庭作坊，地上一些袋子里装着山茶籽，足有葡萄那么大，倒是第一次见。大锅里冒着烟，煮着碾压碎的山茶籽，另一边一位老奶奶在用铲子翻腾着煮好的茶籽碎，用机器压成饼状，然后把十多个茶饼一起搬到另一个简易的压油机上，开动马达，茶饼受到强力挤压，不一会儿的工夫，汩汩茶油就流出到下面的桶里了，油香扑鼻。

皇都侗寨的一个茶油作坊，见识
山茶油是如何压榨出来的

压完剩下的干饼渣再称重装车，卖给专门收购的厂家，用来制药或加工肥料。亲眼见过之后，真是长了见识，油好又放心，便提出买两桶。由此和店家聊了许多，后来她说，压油还需要一段时间，你们要不去看看寨子里的新年巡游。

　　新年巡游？现在是 12 月底，难道是侗族的新年？一问，果然如此，侗族传统新年是农历 11 月初，初一到初五会进行大规模的祭祀、绕寨巡游、踩歌堂会、合拢宴、芦笙舞等活动。原来如此，真是运气好，又遇到民族节日盛事，怪不得刚才看到寨老儿们的装扮都不似平常那么普通，略带些装饰。

　　既然如此，索性今日就不走了，一定要好好凑凑热闹。广场上的人群已逐渐越来越多，两个娃早已和寨子里的小孩子们打成一片，互相追着跑闹着。广场中央开始放上一口巨大的铁锅，直径应该在两米以上，下面也堆好了柴火，广场四周摆好了一圈一圈的长条凳，为晚上 400 人的合拢宴做准备。

　　又过了段时间，寨子里的男女老少身着民族盛装，开始向寨子最高处聚集，一些装扮好的寨中男子，已经开始吹奏起了芦笙、跳起了舞。寨中的女子，根据身份的不同，都各有不同的装扮，姑娘满身的银饰、中年妇人和老妪则比较素净，对她们来说，这应该也是令人兴奋的一天。喜多和喜宝与盛装的小朋友们玩闹着。

皇都侗寨，侗族新年环寨巡游、祭祀前，喜宝已经与侗族小朋友们打成一片，后来还进入了巡寨的队伍。如果不是从茶籽油作坊老板娘的话里得到了消息，也许我们就错过了这次精彩的民俗活动。

皇都侗寨，参加侗族新年游行

巡寨仪式开始后，巫师带着猪头祭品开道，后面跟着寨老儿的队伍，然后是芦笙队、青壮小伙、孩子、美丽的姑娘、中年妇人，最后则是挑着食物的老奶奶队伍。大部队盛装而行，浩浩荡荡，引来一些游客观看，喜多和喜宝混在儿童的队伍里，像模像样地跟着走，喜宝好几次被一个大孩子推了出去，吭唧了几声，看爹妈没搭理他，就又钻了进去。

大部队巡游后一直走到中心广场，族长开始宣读祭文，而后共跳芦笙舞。一切结束后，大锅点火，白烟升腾，饭菜下锅。四周的长条桌上也摆上了各种特色食材。

暮色渐浓，几百人的旅行团到达，人群坐满，合拢宴正式开始，寨里的妹子们组团到各个桌子各种花式敬酒劝酒，饭后还有各种民族文艺表演，天空中烟花绽放，热闹非凡。

不过相比这商业性的演出，我们更喜欢之前的村寨自己的祭祀和巡游，那种体验更接近当地生活的本身，有自然的互动和沟通，而不是商业喧嚣中的作态。

相比那些旅行团的人，我们是幸运的，也是真正深度体验了侗寨人家的生活和节日民俗的，孩子的感受也是丰富而立体的。

不管怎样，侗族人过年的热闹和参与性，的确是汉族新年难比的，其实盛装巡游的方式，我们也一样可以搞起来嘛，汉服、唐装、旗袍、大褂、二次元……穿着这些去逛庙会，祭天地、拜炎黄、烧高香，再来些传统曲艺表演，最后吃顿大锅饺子，齐活儿，不也挺好！总比北京现在过年挂着庙会"羊头"、卖着各种小吃商品的无聊集市"狗肉"有趣得多。

缘分常常在努力探索中获得

旅行路上，我们去一个地方之前，通常会预设一些景象，或者带着一定的了解目的，但有时未必能看到你想看的。是放弃还是再努力争取一下，也许就有着不同的际遇。

1. 长角苗老妪的叮嘱

在贵州的六枝特区，有一支特别的苗族村寨——梭嘎长角苗。顾名思义，这一苗族支系的妇女头饰，是用一只木制长角，围上黑麻毛线和逝去祖先的头发所做成的发髻，看起来就像头上戴着一只巨大的牛角一般。苗族号称是蚩尤的后代，我考虑这种装扮可能与祖先崇拜以及牛图腾有关。直到 20 世纪 90 年代，长角苗还过着与世隔绝的日子。所以民风民俗保持完整，堪称人类文化学意义上的活化石。

我们来到这里，就是想见识一下这个稀少的与众不同的苗族分支，看一看这个巨大的长角头饰。可到达这里时，只看到了一个比较简陋的生态博物馆，用图片展示了一些民族民俗。于是，我便带着孩子们在村寨里转，几乎走遍村子也没见到想看的身着传统服饰的人。只遇到一些小孩子在村里跑来跑去，还有的在晒粮食。我便带着喜多和他们说起话来，孩子们很少看到外人，看起来都有点怕生和羞涩，衣物脏而破旧，眼神却那么淳朴。

我问他们，你们平时都穿那些花花的衣服、戴牛角头饰吗？他们摇摇头。孩子们普通话不太好，互动了好一阵也没有问出有用的信息。心里带着遗憾，和喜多说我们走吧。

走了几步，抬头看到高处一个人家门外，坐着一位老妪，手里缝着衣服，正在看着两个孙子做作业。她也看到了我们。我报之以微笑，问好道："您好奶奶！"她也笑着点点头。

"村里没见到有人戴长角头饰，现在都不戴了吗？很遗憾没有看到。"我继续说道。心里想，也许老妪能够知道哪里能看到。

听了我的话，她笑着向我做出"过来"的手势。我拾级而上，到了跟前，老妪停下了手里的活计，用不太标准的普通话笑着和我说："想看吗？"

我点点头："是啊，专门跑了好几百公里过来。"

"那我穿给你看。"

哇！听了老妪的回答，我心想这也太好了吧。真是没想到，一句友好的问候，竟然换来了费尽功夫也没找到的东西。

说完她就忙碌起来，不仅找出了她的服饰，还把她两个小孙子的衣服也拿了出来。"给你两个小宝贝也穿上看看。"她笑着说。

于是，我们得以亲眼看到她是如何把长角发髻一圈一圈地围好的。然后又给喜多、喜宝也穿上了长角苗服饰，戴上黑布围成的帽巾。

贵州六枝梭嘎长角苗老妪在给喜多包扎
当地男子的头饰

穿好后，我们合了影，以为就这样结束了。哪知道，老妪竟然又拿过来一件乐器。因为之前看过了民族生态博物馆，我们知道这是三眼箫，因只有三个音孔而得名，是长角苗在社会生活中，尤其是青年男女谈情说爱时吹奏的一种乐器。

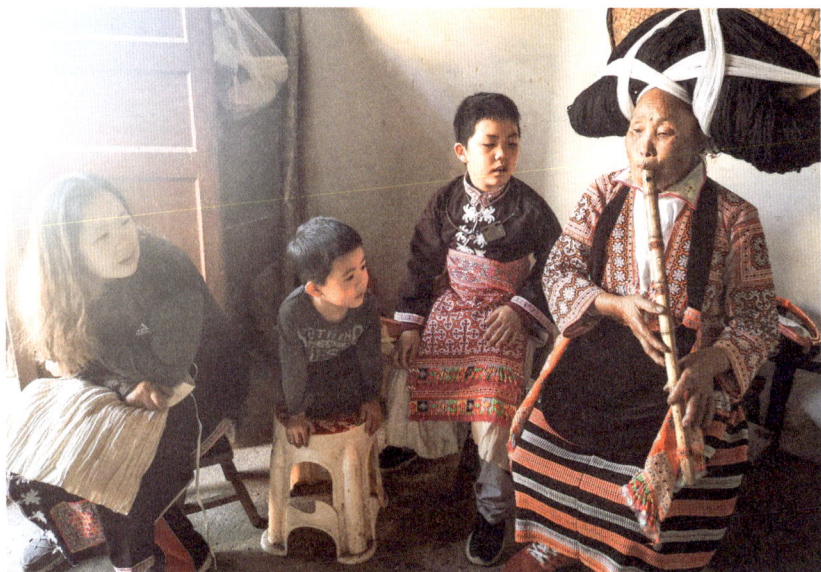

老妪向我们演示非遗古歌和三眼箫

梭嘎六枝长角苗寨，苗族老妪在家里为我们演示长角苗头饰、苗族古歌和三眼箫非遗技艺。本来因为遍寻不到顶着长角苗头饰的寨中人，我们已决定离开。但临走前遇到这位老妪时的主动问询，得以有了下面这样难得的际遇。

她吹奏了一段旋律，又用人声清唱了一曲颇具民族风韵的古歌，和侗族大歌的婉转清灵不同，长角苗古歌低沉、质朴、悠长，宛如在诉说着长角苗族漫长而艰辛的历史。我们知道，这种民族古歌长调，一般都是以口述的形式传承，内容上大都是一个民族的史诗，比如藏族的《格萨尔王》、蒙古族史诗《江格尔》和柯尔克孜族史诗《玛纳斯》等。在很多民族其实都曾有这种口述史诗，但因为没有文字保存，很多都失传了。

果不其然，她表演的间隙还不忘叮嘱我："我是长角苗古歌的传承人，你要好好录下来，会唱古歌的人已经很少了。"一时间，顿感肩上责任沉重，仿佛在记录一段即将逝灭的民族历史。

就这样，我们不经意间的一次争取，偶遇长角苗的古歌传承人，不仅看到了独特的长角苗头饰，自己还穿上了，更欣赏到了那难忘的民族长调，记录下不可磨灭的声音。

2. 花溪夜郎谷的缘分

古夜郎国，具体今日地点在哪，考古学界虽有争议，但大都在贵州境内，历史上也曾鼎盛一时，绝非"夜郎自大"中那么不堪，具有独特的"竹崇拜"文化，与彝族、仡佬族、布依族等可能具有共同的先祖。

贵阳花溪夜郎谷，守株待兔似的与打造了这个夜郎艺术王国的谷主相遇，自然是要请教一番。主动一点，与当地人建立连接，你的旅途和别人看到的就会不一样，感受也更丰富多样。

贵州夜郎谷

　　宋培伦，曾经的旅美画家。人生半载时回到贵阳古夜郎的斗篷山下，耗尽一生积蓄，借贷百万，从一砖一瓦开始，用 20 年时间，亲手打造了一个 300 亩的石头堡垒式艺术王国——花溪夜郎谷，展现了一名艺术家对古夜郎的全部想象。原本这里是免费参观的，但维持艰难，便开始收费，但也只是象征性的收 20 元。

　　如果不是无人问津的多年后，在网络上的突然爆火，这里恐怕已经难以为继。如今名气越来越大，游人如织，宋老师却免费将古堡中的空间给一些非遗业者创业。正因此，宋老师在这边享有很高的声誉。

　　对敢于摒弃世俗偏见、勇于追求自我的正直的人，我一向是不吝报以最高的敬意。来到这边，很想见一见老爷子。

　　缘分很奇妙，买门票时我曾问工作人员："能见到老爷子吗？"

　　"你们来的时间不太好，他应该正在吃饭，然后午休。下午有时会出来散散步，看你们的缘分吧。"收费员说。

　　我心里想，园子这么大，就算出来怕是也遇不到。既然如此，也就不抱着见到的打算了。

　　漫步在园内，可见各种石头所堆砌塑造的古夜郎符号和形象，整体似喀斯特风貌，集山、水、林、洞等自然和人文景观于一体，充满了浓郁的艺术气息。在都市的喧嚣中，有这样一处别有洞天的世外之所，好生惬意。

　　逛完了也走得累了，想着要不要就打道回府。转念又一想，千里之行都来了，不见到人怎行。琢磨了一下，发现园内有一处庇荫之处，有个半露天如山洞般的小店。外面艳阳高照，若不想晒，想必都会经过这里。于是，索性就在这里坐下小憩喝茶，守株待兔。

遇到贵阳夜郎谷谷主宋老师

过了半晌，果不其然，就看到一位个子不高、身材瘦削、长发的老人走了进来，和茶舍的人交谈。从谈话中听出，这个老人就是宋培伦老师。这个茶社就是宋老师支持的一位苗绣非遗传承人的工作室。

趁老爷子说完话要走的时刻，赶紧站起来叫住了老爷子，介绍了一下我们的旅行计划和对老爷子的仰慕，他很赞赏我们为孩子教育所做的尝试。

茶社的人在知道我们的经历后，给我们介绍了非遗蜡染等技艺，还送了我们非遗苗绣作品和应季的樱桃，相谈甚欢。

一路上，有很多缘分都是这样得来的。主动一点，你的旅途和别人看到的就不一样，感受也更丰富多样。

平日里，经常有网友向我咨询，我推荐了某处，结果回来和我说没意思，没什么好看的好玩的之类。我能说什么呢？如果你只是以"好看""好玩"为评判标准，而不是"有收获"或者不会主动去创造深入感受体验的机会，那旅行于你也只不过是个肤浅的消遣而已，就不要来找我推荐了。

同一个地方，不同的人常会有不同的感受，这里的一个关键因素就在于人与目的地之间的连接，选择了什么样的方式，就选择了什么样的结果。

（二）

去尝试吧！孩子

旅行路上，大千世界纷繁万物，同样的人看到的却不一样，这取决于旅行者的态度。你是决定当一个观众，还是去成为其中的演员？感受自然迥异。对于路上的一切，只要没有安全问题，我都乐于鼓励孩子去亲自体验尝试。所以才有那么多鲜活的经历和记忆。

常言道，诲人不倦，言无不尽。但在亲子教育上，有时反而要留三分，让孩子自己去体会。这一部分，同样讲几个旅途中的经历，都是看起来不太容易让孩子参与的事情，但我也"斗胆"放手让喜多去做了。

200 米高空的穿越

贵州多山多岩洞，我们在贵阳附近，去了一个地方叫猴耳天坑。地理地貌上属于喀斯特漏斗，就是雨水不断侵蚀形成的塌陷，塌陷下还有地下空洞，所以就产生了高耸岩石和地下溶洞并存的地理形态。而这种地形地貌特别适合从事极限运动——高空穿越和洞穴穿越。

猴耳天坑的高空穿越项目名为"云中漫步"，两边固定在高 200 多米的山岩上，下面就是深坑和潭水。爬行者需要沿着山岩壁上的绳索、身体贴着岩壁攀行至连接两个山体之间的长约 100 米的绳桥上，通过绳桥到达对面山体，再攀附着岩壁行至另一侧终点。

全程都在 200 米的高空行进，虽然有保护绳，但看起来还是很惊险。"洞穴穿越"也是类似，只不过是在洞内的高空岩壁上，光线很暗、怪石嶙峋、洞壁滴水易滑，攀行的难度更大，但好在高度只有 30 多米左右。

喜多自小就喜爱攀爬，平时爬山，正经的路不爱走，偏爱爬着上山台阶两边的高台或者石围往上。他是不缺乏冒险精神的，但即便如此，到了猴耳天坑坑口往下一看，也不禁有些打战。

还上不上呢？赶了很多路过来，临阵脱逃？在孩子面前怎能如此。

"你害怕吗？"我问喜多。
"怕。"
"那还上吗？"我想，他要是不敢，那就算了吧。
"上。"
"害怕还要上？！"
"嗯，是有点害怕，但是我想挑战一下！"

这样的项目，很少有 8 岁的孩子参加。后来回想，还是有点后怕。当时想，既然孩子都敢于挑战，我就更不能阻拦了，那就随他去吧。但安全功课还是不能马虎，上去前仔细检查了安全绳和锁的情况，想好了各种可能的危险和处理办法。

后来看他小小的身子，在 200 多米的高空中慢慢向前，心真是提到了嗓子眼。心里还想：还好宝妈不在，否则看到她宝贝儿子吊在那么高的高空中，只能看到一个小点，岂不是要吓死了。

好在之前在泰国雨林里，曾经带喜多有过这种高空滑索穿越的经历，孩子对此倒也不太陌生，反倒是我看起来比孩子要紧张多了。后来在"洞穴穿越"中也偶尔有脚下踩松的石头掉下来，心中的担忧一直都在。

贵州猴耳天坑，喜多站在距坑底 200 米高的木板绳索桥上，他的目标是穿越到 100 米远的对面。看着高空中他小小的身影，我的心一阵发紧，不过他可是乐在其中，刺激得很。对于路上的一切，只要安全问题可以保障，我都乐于鼓励孩子去体验尝试，所以才留下了那么多鲜活的经历和记忆。

贵州猴耳天坑，200 米高空的穿越

不过全过程还算顺利，在高空速降之后回到了地面，喜多竟然和我说太刺激了没有过瘾，还想再来。我心想，你别，你想再来，我这心脏可受不住了。

下来后，我们乘舟通过暗河进入又一洞穴，欣赏了各种钟乳石地貌，并最终走出了天坑。

在当晚的日记中，喜多写道："我今天真是长胆儿了！"

类似的对自然的挑战，旅行中也多次遇到，比如滂沱大雨中登顶泰山、在路面都是冰雪的情况下登顶满是雾凇的衡山、徒步穿越沙漠和峡谷等，每次克服困难后实现目标，都给男孩子的内心带来很大的成就感，也更加有勇气挑战困难。当然，前提是要做好安全性的保障。

向陌生人"泼一盆水"

如果给你一盆水，向一个刚见面的人泼去，并且双方都知道这是一个游戏和玩笑，你能干脆利落地去做吗？我相信大多数人都会有点下不去手。如果你的孩子是偏内向或敏感的性格，相信他更会有些踌躇。

这其实就是在云南傣族园里的泼水时刻所面对的一个场景。

园内的工作人员会在泼水池内通过表演互泼，来向游客演示傣族的泼水民俗。游客也可换上傣族衣服拿一个水盆参与进去，和素不相识的人互泼。

喜多自小，老人带着，管得比较精细，我们作为新手父母第一次养孩子也没有经验，在他因自己洗漱、运动出汗、下雨挨浇等导致衣服湿了后，总是不自觉地"大惊小怪"，表现出"担忧和焦虑"的情绪，甚至是责备，这让孩子对"衣服湿了"也慢慢形成了某种近乎偏执的焦虑。他在生活中，衣服稍微有点潮湿或者不小心弄洒水沾湿了哪怕一小块，很多人都不会在意的情况，到他这里却焦虑得不行，非要我们给换新衣服不可。

我们经常看到有父母抱怨孩子的很多情绪"问题"，却不知道孩子的很多情绪其实都是从抚养者那里习得的。

所以，当我让他也去参加泼水时，他一开始有些为难。他将面对的，不仅仅是打破陌生人尴尬的焦虑，还有对湿身的焦虑，是双倍的难度。

但我很清楚，一旦他玩过了这个游戏，就会对他的既有认知进行重构，将"湿身"和"快乐"之间建立起联系，一定会对他的湿身焦虑有缓解作用。至于陌生人焦虑，基于他的社会不敏感型性格特质，倒比较容易跨越。

念及此，我还是坚持让他来尝试，并且告诉他这是种游戏，衣服湿了没关系，也会准备好换洗的衣服，如果他觉得不舒服可以随时退出来换上。在我的"威严"和他的好奇心驱使下，他同意了。

当开泼的哨声响起时，由于陌生人尴尬，现场的确出现了几秒钟的寂静真空期，但随着工作人员刻意打破尴尬，向游客泼水时，游客立刻反应过来，并开始了反击。包括喜多，也向对方泼去。

恐惧会传染，快乐一样也会，于是场面就逐渐地不受控制了。按照主持人的指引，分别经历了规定动作泼、两组对泼、混合泼、爱咋泼咋泼、依依不舍泼、连场外摄影师都泼等多个环节。娃从一开始有点不敢泼陌生人，到后来的逮谁泼谁，而另一边，没下场的喜宝则被人偷袭泼得哇哇大哭。

衡山雾凇，冰雪中登上南天门

西双版纳傣族园，感受泼水节

喜多玩得十分亢奋，哪还顾得上衣服湿不湿，完全是落汤鸡的状态，就差泡在水里了。旅行 400 天，玩过的项目无数，这还是第一次让他如此兴奋，以至于晚上在日记中用"太好玩了，太好玩了"来表达对泼水节的感受。

现如今，他的"湿衣焦虑"的确缓解了不少。当然，我也清楚地知道，这种焦虑的根源还是在于父母。要想最根本地解决问题，就是让他建立"衣服弄湿没有关系，并不会受到责备"的认知，这还需要我们为父母者在未来的生活中克制自我的焦虑表现和管教欲，不求全苛责，等待孩子自我的慢慢成长。

经历了这一次，我感觉泼水不仅仅是一种独特的少数民族民俗，也是一种很好的减压方式，和打雪仗、CS 对战、撕名牌等有同样功效，压力大的成年人不妨也可以组织玩玩减压。当然，到了西双版纳一定要体验这一项。

你可以"喝"点酒

这一路旅行中，去过不少的工业厂区。其中有些是酒厂，比如白酒的茅台和泸州老窖、啤酒的哈啤、红酒的张裕酒堡、绍兴的中国黄酒博物馆等。除此之外，很多民族地区，也有一些当地酿制的米酒、甜酒等，都有些体验，对中国的酒文化，了解得是非常充分的。

常规来讲，我们是不可能给一个 8 岁的孩子喝酒的。尽管这种行为在我们小的时候倒也不是什么稀奇事，那时总有些叔叔舅舅等拿着筷子头蘸点白酒逗趣小孩子。换到现在，大家都注重孩子的健康，给孩子喝酒这种事听上去就很不靠谱。

但是，我们在这个了解中国酒文化的过程中，几乎去的每一个地方，都有品尝的环节。这个时候，给不给孩子感受？

我的想法是，孩子对酒的历史文化和工艺等都已经有过了解，但还不知道酒是啥滋味，这个认识是有缺失的，得趁热打铁，多感官输入。体验就要充分，只要将量控制到很小的程度，也不会对孩子健康造成威胁。

我这么想，也就这么做了。当然，不可能给孩子"喝"，只是让他用舌头舔一舔，很微小的量，但也能感受到各种酒的滋味和异同。如此这般，他才真正体会到酒是什么，以及白酒、黄酒、红酒、啤酒等的不同，真正理解了"度数"所呈现出来的真实感受，进而才明白不同的酿制工艺的含义所在，对中国的酒文化才有真切的认识。这样的尝试，是必要的。

虽然很多酒都尝到了，甚至在绍兴的中国黄酒博物馆，我们还要了四种不同发酵度和配料的黄酒，搭配着一碟茴香豆，边品边给喜多讲孔乙己"茴"字几个写法的桥段。但孩子对酒的味道还是很抗拒，用他自己的话说，"实在是太难喝了"。也好，这种认知有助于他在未来不主动尝试饮酒。

绍兴的中国黄酒博物馆，让喜多体验
孔乙己就着茴香豆品黄酒的感受

当然，在"放纵"孩子品尝的同时，我们也应该进行饮酒的健康和安全教育，告诉他们酒这种物质对人类健康的危害，难以根除的成瘾行为和其造成的行为恶果。

比如，我就先给喜多讲了人类的成瘾行为及其生理心理机制，包括毒品成瘾、酒精成瘾、药物成瘾等。在他心中，就将酒和毒品划到了同一个范畴内，因为他之前对毒品已具有一定的了解，知道是"毒物"，所以对酒也有了类似的认识。这样，也算起到了一定的"心理预防针"效果。

吃了那些暗黑的食物

旅行的意义，就是探索未知。食物，也是我们体验世界不同的一种方式。一路走来，国内的食物可谓千奇百怪，甚至有些还堪称暗黑。

这个时候，孩子的第一反应，有可能是不太敢吃，或者觉得味道可能难以下咽，不愿意尝试。对此，我们还是应该想办法，让孩子尝试一下，哪怕吃了之后感觉不是太好，至少那种印象已经非常深刻了。

我们旅行回来后，谈话时提起某个目的地的名字，比如广东厨邦酱油工厂，孩子一时可能想不起是哪个，我就会提醒他："就是你吃酱油冰激凌那个！"孩子猛地反应过来："啊！那个呀，那个地方的冰激凌看着怪怪的，吃起来还不错！"你看，用舌头记忆，有时比用眼睛更有效。

回想起来，我们大概见识过这么几类：

第一类，原料吓人。

有些食物，吃起来味道很好，但如果看到原料本身，就足以让你吃货的脚步畏惧不前。

徽州有个白毛豆腐，曾经上过《舌尖上的中国》，我琢磨着，这款食材的发现者，一定是因为家里的豆腐发了霉，不想扔掉浪费，就那么吃了，结果发现味道更佳。不过看着那长满了一寸多长白毛的豆腐，还真是瘆得慌，不做熟了，还真是下不去嘴。

福建的土笋冻，也是如此。看上去漂亮，口感和东北皮冻的味道差不多，蘸着酱料吃非常美味。但是你知道它是用什么做的吗？是一种生活在沿海滩涂上的手指般的长蠕虫，学名叫可口革囊星虫，土名"黑土蚯"或"泥丁"。因含有丰富的胶质，所以熬制之后就成了黏黏糊糊的胶状物了。要说中国人的饮食智慧真是伟大，对于第一个发现这些虫子能

徽州毛豆腐。旅行路上，会遇到很多奇奇怪怪的食物。也许有的看起来并不可口，甚至有些难以入嘴，但品尝食物，又何尝不是对未知的一种探索，对当地文化的一种体验。这时不妨鼓励孩子大胆一点尝试，用嘴记忆，有时比眼睛还管用。

看起来恐怖的食材，白毛豆腐

广西北海的海滩上，
一筐刚刚挖出的沙虫

吃的人，我也是大写的佩服。

南方沿海城市那边还有一种沙虫，和制作土笋冻的星虫外形非常相像，掏空内脏炒熟了就可吃，口感特有韧性，像吃鸭肠的感觉。我们在广西北海赶海时，不仅带娃吃了，而且还是孩子们亲自下手抓的。不过挖这个有技术性，在当地人的帮助下，才得以体验。沙虫在那边也算是海鲜里的大众菜了，不过对于没有见过这些的北方人来说，吃一个大虫子？那感觉，就像南方人见了北方的"蚕蛹"一样。嗯，蚕蛹也算一个暗黑食物，不过我是北方人，见怪不怪，就不特别讲了。

要说吃虫子，舍我其谁还是要数云南，尤以西双版纳一带最猛。蚂蚁、竹虫、水蜈蚣，这些听起来并不像食材的虫子，在西双版纳人眼中，却是日常的美味。据传说，古代的时候，西双版纳各族人民很少吃肉，营养不良，面黄肌瘦，偶然吃了虫子，发现整个人都变好了，故形成吃虫子的习惯一直延续至今。竹虫形体如蚕，炸着吃香脆可口；水蜈蚣炒熟黄焖，生猛野味，小心扎嘴；蚂蚁蛋烧熟，又鲜又香；立秋的蚂蚱，在这里果然没几天蹦跶，又肥又大，油炸最佳。不过，鉴于新冠肺炎疫情刚过，昆虫也算是野味了，西双版纳人民以后吃起来还是要多留心，有些警惕为佳。

说个额外的趣事。云南墨江，也许是因为北回归线穿城而过，形成了独特的"双胞现象"，全县有约千对儿双胞胎，连瓜果蔬菜都有孪生的情况。县里有一口"双胞井"，传说古时的人，就是喝了井里的水后才怀了双胎，于是总有外地的慕名者来此一试，有的竟然也如愿以偿。借着这个典故，墨江的商家竟然生产出了一种矿泉水，名字就叫"双胞水"！我就想问一句，就这个水，谁敢喝？

第二类，各种混搭。

在广东中山的厨邦酱油工厂，参观完博物馆和车间后等，到品尝区赫然见到"酱油冰激凌"几个字，当时我就震惊了。脑海中想象一个冰激凌浇上酱油的画面，浑身一激灵。哎哟哟，这玩意，怎么下得去口？不过好奇驱使，赶紧买了试试。结果和想象的却完全不同，就是配料中有酱油，冰激凌机直接压出。别说，那味道，甜中略有点淡淡的咸香，竟然还有点好吃，两娃很快就给下肚了。类似地，在福建的古龙酱文化园，看到过"水果酱油"等，光想想就一激灵。

有"酱油冰激凌"，就会有"老醋冰激凌"。在山西的东湖醋园，你不仅可以看到十六年陈得已成膏状的老陈醋，体验到在陈酿坊中连 5 分钟都待不下去的酸爽，还能看到诸如"老醋冰激凌""老醋巧克力""老醋麻花""老醋草子糕""醋派"等众多醋味十足的混搭食品。光写下这些字，我的嘴里就已经冒出了酸水。类似地，以黄酒闻名的绍兴，鲁迅故居附近的黄酒博物馆里，还可吃到"黄酒双皮奶"，酒香伴着奶香，妥妥的美味。

广州厨邦酱油工厂，品尝酱油冰激凌

最有创意的，是在牡丹江一个朝鲜族村的名叫"小虎参鸡汤"的家庭小店，虽然偏僻，但每日都有络绎不绝前来品尝的食客。

记得席间，服务员端上来一个看似果盘的大盘子，里边是些葡萄、切好的橙子，还有一些绿色似果冻的东西。不过中间摆了一碟酱算怎么回事？仔细一看，灰色的"果冻"原来是我们东北常见的"皮冻"，也就是猪肉皮熬制的胶状物。"皮冻"为什么和水果放一起？我拿了一颗葡萄扔到嘴里，咬下去那一刻，滑溜溜的却是皮冻的味道，原来他们把葡萄皮肉掏空，填入了皮冻！这是个皮冻葡萄，而黄色的橙子，也是皮冻橙子，只是保留了橙子的皮而已。别说，果香伴着肉香，那口感还真是独特。现在想起来，其实和广西的酿菜有异曲同工之妙。

还有些混搭，不那么暗黑，同样很美味。山西张壁古堡的老店"贮香瓢"，有一款"蚂蚁豆腐"，看上去有点瘆，吃上去口感很妙，实际上是芝麻豆腐；在甘肃拉卜楞寺，买了藏族老妇的牦牛酸奶，重点是混杂了青稞面和白糖粒子，你能想象喝酸奶时喝一口面还牙碜的感觉吗？在黑龙江的街津口赫哲族村，吃土鸡蛋炒大马哈鱼子，让你的胆固醇如火箭般飙升，不过口感和味道都很赞；在丽江的大研古城，木府附近的小店"啊哩哩"，有款独特的"土豆饺子"，也就是用土豆泥做皮，包饺子馅在里边，煎好后再蘸酱汁吃，丽江我去过四次，每次必吃，算起来和老板也有十年的面缘了。

第三类，少见的植物和水果。

一般在少数民族地区比较常见，比如在皇都侗寨时，看到村民售卖一种附近山里的野果，名为"黑老虎"，看上去有点像很多个提子生在一根梗上，但咬下去时，皮却又厚又硬，只有中间一些软的组织可以下咽，有汁，些微的甜，口感不是很好。看相关说明，以往主要是药用，现在也当水果卖了。

在贵州的青岩古镇还遇到过一种稀有的"水果"，售卖的人说是"茶包"。看起来的确像是一种果实，但为什么叫"茶包"，现在也是不甚清楚。吃起来干涩，没多少味道，口感一般。相比在湖北荆州，遇到了一种土话叫"人参果"的水果，不是市面上卖的那种水果，而是小小的似末端是圆形凸起的小树枝一般，有水分，也甜，只是类似小树枝的表皮，实

湖南皇都侗寨，见到一种当地的特殊水果"黑老虎"

贵州青岩古镇，当地一种叫"茶包"的水果

在让人看不出是能吃的东西。

在有着吃花习俗的云南，有一种北方人大都从未听闻的食物，就是芭蕉树上结出的巨大芭蕉花。我们在老山经过大片的芭蕉树，路边就有些售卖芭蕉花的蕉农，便特意买来尝尝。吃法还很特别，需要先扒开，把花瓣之间的花蕊去掉，再用盐来捏花瓣，去掉水分，最后下锅，一般用来炖肉，有一种清香的味道。

以上食物之感受，仅代表个人体验。有些很特殊的食材，对有些人或许就是生活的日常。我之甘露，你之砒霜，具体感觉如何，遇到了不妨一尝。对未知的体验，是旅行永远的魅力之一。而食物，更是吃货认识世界的桥梁。

第四类，制作方式独特。

这就必须要说一下"沙窝烤鸡蛋"了。鸡蛋大家都常吃，但烤鸡蛋很少吃过，放沙子里靠太阳晒的天然方式烤鸡蛋，那就只能在吐鲁番的火焰山吃了。要知道，这里的地表温度夏季可达 70℃以上，我们到的那天达到 72℃。烤鸡蛋有两种方式，一种是直接放在沙子里烤，时间慢一点；另一种则是在地上掏个洞，放上个铁锅，撒上吸热的黑沙，再放进鸡蛋，盖上玻璃锅盖，半个小时妥妥的就熟了。味道虽然并不稀奇，但这吃的可是文化，5 块钱不贵。

吐鲁番火焰山上的沙窝烤鸡蛋

在黑龙江街津口的赫哲族村，"塔拉哈"（半生鱼片）是一种招待朋友的代表性佳肴，也是民族文化的体现。赫哲族自古临乌苏里江而居，以捕鱼为生，捕到就直接架起火来烤着吃，这就是塔拉哈的来历。 其特点是野生冷水鲜江鱼、火烤、半生、蘸料，我们去时是一鱼两吃，肉用来切片烤半熟，剩下的部分做汤，美味。

还有一种食物，很特别。 不在于它的味道，而是它承载的历史，这就是军用压缩饼干，块头小，能量高，据说一块吃下去可充饥 48 小时。提起压缩饼干，年纪大的人，头脑中浮现的都是当年对越自卫反击战的猫耳洞中，战士们就是靠着这小小的压缩饼干，流血牺牲保家卫国。 这种情结，让我在到达云南老山后，就有心想让孩子尝一尝。 老山烈士陵园外的小摊上有贩卖，娃尝了后竟然觉得还挺好吃。 时代不同了，压缩饼干也做得好多了，一肚子爱国主义教育的话，也憋了回去。

三

不走高速，旅途看到更多

我们这次旅行的一个原则是，只要时间允许，就尽量不走高速。

不走高速，虽然慢些，但可以随时随地停车下来。 沿途会看到很多特色的风土人情和地理地貌，这就让本来简单枯燥的高速乘车，转变为充满各种未知体验的更接地气的旅行，也为旅行教育提供了更多内容。

"路边课堂"，不亚于景区的旅行宝藏

自驾在高速以外的道路两边，其实也是一种并不亚于景区的旅行目的地，我称之为"路边的课堂"。 具体来说，主要有以下一些类别，也都是我们这次旅行所亲自体验过的：

第一类，水果园。

全国各地，水果种类繁多，常会路过最佳产地，完全可以走一路采摘一路，比如江西遂川的金橘、浙江黄岩的蜜橘、云南老山的芭蕉、四川大渡河的车厘子、西双版纳的百香果、大兴安岭的榛蘑、吐鲁番的葡萄、哈密的瓜、广东徐闻的菠萝等，都是最具代表性的。

带娃去采摘，不仅能了解水果知识，还能吃到最好的水果。特别值得一提的是四川大渡河地区的车厘子，我们从前一直以为只有美国、阿根廷等才出产，价格昂贵，"车厘子自由"一度被笑谈为衡量财富自由的指标之一，如今方知国内竟然自古就有车厘子产地，且是唯一，质量绝对不输美国，但价格却便宜得多，那种随便吃车厘子的自由，就一个字"爽"！

第二类，庄稼地。

在乡下农村，常常能看到路边的庄稼，种着各式的农作物，有些也允许采摘体验。比如湖北蕲春的艾草和莲藕、河南温县的铁棍山药，我们挖过吉林长白山的人参、摘过宁夏的枸杞、制作过西双版纳的普洱茶、挖过浙江黄岩的冬笋等。

第三类，养殖场。

鸡鸭鹅成群的景象，在很多地区的农村都可以看到。我们在路上只要看到这种景象，就会下去买一些鸡蛋、鸭蛋和鹅蛋，原生态散养，平时在城市里想买都不容易。

还有些独具特色的农渔养殖，如浙江兰溪的蚌、辽宁盘锦的稻田蟹、湖南永州的蛇、江苏盱眙的小龙虾、湘西的黑猪、内蒙古的小尾羊等。在山东威海荣成一带，"海上牧场"甚至已经成为这两年非常火爆的旅行项目，在海上的半潜式牧场母舰平台，可体验海底生物观光、网箱垂钓、喂食海鸥、拔蟹笼、放生放流、斗河豚、养殖参观、捕捞采摘等丰富的海上养殖活动，还可吃到最新鲜的海鲜大餐。

湖北蕲春，遇到人们在藕田里挖藕。作为北方人，第一次见识到藕是怎么来的。自驾的路上，只要不走高速，就经常会遇到路边的一些农事、民俗活动等，我们都尽量停车参与进去。我称这种为"路边的课堂"，非常丰富、生动、接地气。

蕲春县，遇到藕农在塘泥里挖藕

第四类，手工坊。

在公路两侧，石头原料和摆件厂、木雕厂出现的频次相对多一些。某些地区，则有比较集中的特色厂区或者手工作坊等。如江浙的茶厂，在茶区非常集中；云南的鲜花饼，也是经常能够看到制作的人；景德镇的地界，陶瓷厂众多；浙江龙泉市，可见不少铸剑厂或者陶瓷工坊。这些作坊，只要主动地去寻访搭讪，总是有一些可以看到相关的制作工艺，了解到一些知识的。

第五类，基础设施。

主要是工业基础设施，包括公路本身、桥梁、铁路、电站等。我们在旅行中看过最多的就是发电类设施。

在青海，常见大规模的光伏电站，数千甚至上万个光伏面板集中在一起，颇具气势。而在大同的熊猫电站，若从空中俯瞰，相关光伏发电设施组成了一幅惟妙惟肖的熊猫图案，创造工业与艺术有机结合的典范；在内蒙古和黑龙江，数百上千的风车群，绵延矗立在草原、高山上，随风转

湖北丹江口水库大坝

动，壮观无比；在陕西、河南、湖北、湖南等地，长江、黄河水域的水电站、刘家峡、丹江口、小浪底、三门峡等，相信也都是中国人熟悉的名字，它们不仅是工业巨兽，还是美景美地和科普场所。

桥梁类也是最有代表性的之一。世界十大最高桥梁中，有八座在中国，其中六座都在云贵，北盘江大桥是排名世界第一高的桥梁，行驶在桥上，仿佛穿行于云间，风光一时无两。此外，世界十大最长跨海桥梁，有五座在中国，其中港珠澳大桥更是雄踞榜首，宛如海上巨龙，恢宏壮丽。

在自驾旅行中，这些都很可能是你会路过的，不妨找个合适的角度和地点驻车下来，给孩子讲讲相关的知识。很多工业基础设施都是向公众开放的，有些可以参观厂区，比如丹江口水坝、刘家峡水库黄河博览园等，有些还有博物馆、展览馆或者科技馆，比如青岛的海底隧道博物馆等。

提前研究目的地特色

如前所说，去目的地之前，就要对当地的情况进行了解和规划，这并不只是针对"景点"，而是对当地经济、文化、民俗等的全方位认知。这样做的好处是：

一是心中有数，就可以知道沿途驾驶到哪里适合停下来。

比如要去四川通江，就会知道这里是中国的"银耳之乡"，当年慈禧吃的银耳燕窝粥贡品就来自这里，知道了这些，在通江县境内自驾时，就得留意路边的"耳房"了，那些都是培育银耳的地方，走进去就能带孩子了解到银耳的栽培。类似的还有上文提到的浙江庆元县路边的"香菇寮"、新疆各地的葡萄"晾房"等。

比如在河南省河阴县，这里是最好的软籽石榴产地，自驾游时就要留意道路两边的石榴园，一到成熟时，石榴纷纷裂开了嘴，就可带娃进去采摘了，有的还可以看到从采摘、选果、装箱、打蜡、装车的全过程，尤其是在出产橘子、苹果、文旦等的地方，附近常常有纸箱厂和打蜡厂，看到打蜡厂你就会不再想吃市面上买到的水果了。

二是讲解有备，路上遇到时才能很好地把相关知识讲给孩子听。

比如在内蒙古等地自驾，常常能看到高高耸立的风车群，非常壮观，这个时候我们就可给孩子讲讲风力发电是怎么回事、什么是清洁能源、为什么建在这样的地域环境等。

浙江诸葛八卦村，池塘养蚌

类似地，在大兴安岭、内蒙古、甘肃、青海的道路两旁也常常能看到大规模的太阳能板群，同样作为一种清洁能源，它们又是如何发电、单晶硅和薄膜太阳能的机理、为何铺设在这些地带，都可以给孩子做进一步的讲解。在长江、黄河流域的路上，都会经过很多水电站，如丹江口、刘家峡等，观赏壮丽美景的同时，不要忘了给孩子讲讲水力发电的原理等。

又如在浙江兰溪，寻找诸葛八卦村的过程中，却发现某个乡下很多大面积的池塘里，竖着一个一个密密麻麻的玻璃瓶，这引发了我们的好奇，下来观察了一阵不明所以，就请教了附近的当地人，原来是在瓶子里养蚌。这个时候，如果事先有充分的了解，既可以给孩子们讲讲蚌肉的美食，也可说说淡水珍珠的培育，结合着眼前的景象，多么好的一个野外课堂。

三是选择最佳的时机，才可看到目的地最精彩的时刻。

时机，对有些目的地的观感体验影响非常明显，尤其是自然景观和民

张掖七彩丹霞

族民俗。同一个目的地，不同的人可能出现相反的评价，有的人去体验到的、看到的，和你去的就不同，仿佛卖家秀和买家秀。这时候，先不要盲目地表示"气愤"和怀疑景区刷评论，很可能你去的时机不对。

尤其是风景区，大都要择时而动。从季节方面来讲，去草原要夏季水草丰沃时，去森林要秋季五彩缤纷时，去梯田要播种灌水时或成熟收割前，去雪乡或哈尔滨则要冬季白雪皑皑冰灯点亮时。杭州西湖十景中，"苏堤春晓""曲院风荷""平湖秋月""断桥残月"就分别对应的是春、夏、秋、冬四季才可能有的佳景，可惜很多游人都只能是五一、十一的假期去，那就不要怨只有人没有美景了。

额尔古纳河国家湿地公园，秋色浸染

甘南油菜花梯田

从一天的时光来看，白天日光强烈，泛光严重，景色失真，人的体感也较差，而下午太阳落山前，虽然时间较短，却是一天光线最为柔和的时刻，景物在夕阳映衬下，色彩饱和，观感最佳。这在西北旅行中感受比较明显，那些以地质奇观为核心的景区，比如额济纳胡杨林、雅丹魔鬼城、张掖丹霞、大同土林、靖边龙洲丹霞等，白日阳光强烈，景物颜色泛白刺眼，阴影明显，看上去不免令人失望，若想看到宣传中那绚丽的美景，需要等到太阳落山前的最佳时机才行。

从万物的周期来看，看瀑布或者河流等，要在夏季丰水期，水量大，景致才壮观；看植物，比如贵州百里杜鹃、苍溪雪梨花、武汉珞珈山樱

花、随州千年银杏谷、婺源油菜花海、泸沽湖的梦幻海藻花等，都有各自的花期，而且通常都比较短，一旦过了，就完全没有了那种极致的景致。

从民俗的时节来看，湘西、云贵、川藏等地有很多少数民族聚居地，有些虽然不是景区，平日里也没什么可看，但若遇到特殊的民族节日或者活动，却能感受到非常丰富的民俗风情。比如蒙古族的那达慕大会、侗寨的新年、傣族的"泼水节"、彝族的"火把节"、苗家的"姊妹节"等。还有一些现代的大型活动，比如云南墨江的国际双胞胎节、沧源的"摸你黑狂欢节"等，若能参加，感受必将不同凡响。

黄河边的土地上，和老奶奶一起拾花生

注意观察道路两边

尽管我们会提前做功课，但有的时候，仍然会遇到一些自己未想到的事，这也是旅行的魅力。所以，自驾时注意观察道路两边很重要。

在河南北部，黄河铁桥附近，自驾在乡间小路上时，看到一些老农妇弯腰跪在地上的样子，场景像极了法国画家让 - 弗朗索瓦·米勒的名画《拾穗者》，出于好奇便下车过去看了看。原来竟然是在拾花生，便也带娃加入了她们的行列，老奶奶还把拾到的能吃的花生剥了皮塞给孩子们，我们也学习到：长了芽的花生，炒熟了也是可以吃的。

湖北蕲春是艾草最重要的产地，从李时珍故居出来，路上瞥到一堵破旧的砖墙上有着"艾草加工厂"几个白灰涂上的大字，索性进去转转，不仅深入到加工车间，看到工人们如何将晾干的艾草打碎、压制、切割、包装等，还见识了多种多样不曾耳闻的艾草产品。两个娃也是东看看西弄弄，好奇得很。

江西遂川是金橘的重要产地。到井冈山的路上，就有不少金橘园，本来小小的金橘在树上并不明显，不易发觉，之所以后来有了一次兴奋地金橘采摘，就是因为我们发现了街头高处挂出的"金橘文化节"等字样，这给了我们提示，经过了解找到一大片金橘园，带娃采了几大筐，个头大，味道甜，摘回后用在大兴安岭买的土蜂蜜腌上，做成金橘果酱路上吃了好久。孩子们还学到了采金橘的特殊手法要求——拧断从而保留根蒂，这样才能保存时间久。若没有了根蒂，就会很快坏掉。

类似的场景，自驾路上一定会遇到很多，只要留心注意并主动接触，一定会有所收获。

学会巧妙与人搭话和交谈

有些时候，你想深入去了解的事情，对方却未必愿意和你沟通。这个时候，往往就需要运用多种方式，巧妙地与对方搭话，获得好感，从而使对方愿意与你多多交谈，你才能了解到更多的信息，获得更多的体验。

比如称赞对方。没有比称赞更容易获得别人好感的方式，尤其适用于手工业者。

在西双版纳傣族的村落，有些织娘在用自制的木制织布机纺布，我们带娃路过，便过去观看。我故意对喜多说："你看阿姨织的布多好，手法熟练，一看就是练了很久的。"对方立即笑了起来，并且问我们从哪里来，觉得怎么样之类。聊得高兴，还让喜多坐上去，教他如何穿梭引线，临走还从树上随手摘了个大青芒给他。

在福州体验漆线雕，本没有机会，但碍于我们对师傅技艺的夸奖，也就没有阻止我们让孩子动手去模仿着做。还有前文曾提到的探访蒙古人家，最初也是缘于我对他们的草原小湖发出的由衷赞美。

山西万荣，体验给柿子剥皮。自驾时在路边见到了有趣的事想参与，也需要一定的技巧去搭话和获得允许。比如这次，通过给对方孩子一些巧克力，获得对方的好感，从而能够让他们教孩子如何给柿子剥皮。

山西万荣，和当地人家学习晒冬柿子

比如赠予东西。没有多少人会拒绝别人的善意，但这种方法要循序渐进，不要过于生硬。

在山西万荣县，我们在一处废弃公园的外面，遇到正在晒柿子的人家，夫妻俩带着一个小女孩。作为北方人，柿子饼是我们冬天最爱的一种小食品，却从没见过柿子饼的制作，不由得停车围观。本来人家在忙着，并不愿多和我们说话，有一句没一句地回答我们的问询，我想了想从车里拿了3块在俄罗斯买的巧克力出来，让喜多上去给了人家的小女孩，看到我们的善意，对方就主动了很多，不仅给我们详细讲了如何削皮、晾晒、除霜等知识，还让喜多、喜宝上手体验如何用手动器具来给柿子剥皮，俩宝儿和对方小女孩也很好地玩到一起。

这一次的经历，让我们一直多留了个心思，在车里常备着些小食品、小物品等，以备遇到合适的机会时作为沟通的催化剂。简单想，这其实和男人社交递根烟的道理是一样的，可以迅速缓和陌生尴尬和距离感。

比如购买产品。对于商家，这是最简单直接的做法，他们会很愿意和顾客讲很多。

在李时珍的家乡蕲县，偶遇藕农在挖藕，作为一个北方人，我们也是第一次见识到藕是如何收获上来的。但是人家在专心干活儿，岸边全是挖上来的藕，一批批地运出来装到车上。我们如果走到忙碌的工人中，他们一定觉得我们很碍事。

于是我们干脆就和对方说："这个藕真是新鲜！我们想买一些。"听我们这么说，他们便也没有让我们出去。我和喜多甚至走到了泥塘边，可以很近距离地看对方怎么挖藕，还问了很多问题。藕农身穿连体的防水服，划船深入藕塘，下水踩入塘泥中，利用高压水枪冲掉莲藕周边淤泥，然后把藕拔出来。这是现代大面积采藕用的方法。据说在过去，要先给藕塘放水，然后下水手工挖采，水下一泡就是一天，累得腰都直不起来，也只能采100多斤，现在这家藕塘产量至少几万斤。临走时，我们也履行诺言，买了两大根刚出水的嫩藕，真的很新鲜，很香甜！

类似的场景，比如在科尔沁右翼中旗遇到赶着几千只鸭子的养殖户，我们便买了鸭蛋；在漠河龙江第一湾，买了当地工人卖的蘑菇，得以指引我们去了游人罕至、白桦林立的银环岛；在广东新会的陈皮村，不过是买了一家商户百十元的陈皮，就聊了一个多小时，得以知道关于陈皮的太多门道儿。

四

低幼儿童亲子旅行禁忌

低幼儿童亲子旅行，有其特殊的情况。虽然我们是带着两个孩子出行，但不得不说喜宝更多时候还是处于跟随的状态，也有自己独立的作息时间。这一趟旅行下来，积累了一些低幼旅行的经验，尤其有些禁忌需要尤为注意。

旅游景点也应"分级"

旅游景点也应"分级"。一来有些景点并不适合低幼儿童参与，二来有些地方也不应该让低幼儿童进入。当然，在政府层面或者景区层面自己来"分级"并不现实，但至少在父母心里，需要有个分级。

1. 被航空母舰炮声吓哭的喜宝

旅行刚出发不久，我们到了天津的基辅号航空母舰乐园。这里有一些实景表演项目，其中之一就是"航母风暴"，主要内容讲述的是航母在航行中遇到海盗劫持，船员与海盗激战并最终获得胜利的故事。

在此之前，我们并未带孩子看过这么逼真的实景表演，心理准备不足。结果当表演开始不久，航母舰炮的炮声，船员和海盗的枪声等骤然大作，以及随之而来的各种爆炸声效和瞬间起火场景，立即把距离舰船仅约 30 米的观众席上的喜宝吓得哇哇大哭。其实就连成人都有些心颤，更何况幼童。观众席上的哭声也不止我们一处，孩子吓得紧紧抱住宝妈，把头埋在妈妈胸前哭喊着要出去，没办法只得赶紧离开。

类似的场景，还发生在河南开封的清明上河园。

这个园子，完全是仿照清明上河图所建造的人工景点，园内布景精美华丽，也有很多适合孩子游学的古代文化项目。但最吸引人的，其实是它的实景表演，以"枪挑小梁王"的马战和"攻打汴京城"的水战为代表，后者的音效和场景，和之前的"航母风暴"有类似之处，有炮火攻城、破船等场面，这次有了经验，大致了解后便先行把喜宝带开了，以免再次受到惊吓。

天津泰达航母乐园，观看"航母风暴"表演。逼真的爆炸声效和起火场景，吓得观众席上的幼童哭声一片。国内景区现在有一些类似效果逼真的实景表演，幼童父母需要有心理准备，尽量避免孩子受到惊吓。

全国走下来，我们发现实景表演几乎已成为很多景点的基本配置，文戏还好，有些武戏以及战争场面，都可能涉及打斗、炮火等特效，个别项目的制作水准非常高，效果逼真，场面震撼，也很吸引大一些的孩子。

但如上几个场景，和真实的战争场面颇像，商家大多也不会刻意提醒和拦阻不适宜进场的低幼儿童，就需要父母提前心里有所准备，尽量避免幼童受到惊吓。

航母风暴演出

2. 那些容易影响到他人的场所

经常有些人问我，1 ~ 3 岁的孩子适合去哪些地方旅行。坦白讲，这个年龄段的孩子，认知能力太有限，在家附近和出远门对他们来说没多少区别，最好还是不要经受旅途的波折，在家陪伴也是很好的。

出门最好就是接触大自然，或者游乐场等也可，不一定要出远门才行。

不过这里，我想重点说说幼童哪些地方不适宜去，也不应该让幼童随便进入。

一是图书馆和书店。

有人说，读书不是最应该的吗？没错，但是读书不一定非要去公共场所。不用多说，这种场所最大的要求就是安静，显然大多数幼童都遵守不了。而且一旦场内还有其他同年龄段的幼童，往往更难以安静坐下来摆弄书籍，常常会玩闹起来。

图书馆略好些，幼童并不多见。但书店作为一个公共开放空间，又没有图书馆那样明确的噪声要求，带娃的就相对多了些，难免会遇到有些小娃娃在书店里哭喊。其实，相比较建议父母约束孩子来讲，我更建议有条件的图书馆和书店都实行普遍的分馆制，将"绘本馆"作为一个相对独立的空间，来容纳小读者，也隔绝了可能对他人的干扰。现在有些以空间设计规划为吸引点的书店，已经做到了这一点。

二是博物馆。

和图书馆一样，安静也是博物馆的基本要求。但在现实中，带娃去博物馆的显然比去图书馆的要多，其中自然不乏很多幼童。如果父母缺乏约束，那馆内的气氛可是会相当"热烈"，有高声叫喊或者哭喊的，有

呼和浩特博物馆

地上打滚耍泼的，有追逐打闹的，还有破坏馆内设施的。我们这次旅行走过上百个博物馆，这种场面实不少见，观者十分头疼。

见过最过分的，是在呼和浩特博物馆，竟然有家长把孩子直接放在展品柜子的玻璃上爬，一边爬一边还逗着孩子闹。锻炼身体去哪儿不好，非得在龙袍上面？这家长且不说有没有公共道德之心，假如玻璃碎了，损坏文物也是不得了的，怎能如此这样做？

类似的还有 2016 年上海玻璃博物馆的那件"天使在等待"的展品，两名儿童直接跑进护栏里面用力地摇晃和拉扯挂在墙上的这件玻璃制品，而孩子的父母却在一旁拍照并未制止。这件玻璃制品是艺术家为了自己的女儿创作，工艺非常复杂。被这两名儿童破坏后，艺术家最终决定将其改名为《折》继续展出，并在一旁配上损坏时的监控视频，提醒大家要文明看展。

试问，这样缺乏公共道德意识的抚养者，养大的孩子又怎会有规则意识？到头来说不定还会自食其果。

新闻曾报道，2019 年 5 月 26 日，佳士得香港春拍"中国近现代书画"专场上拍卖的一件画作——百年前的任伯年花鸟四屏之《淡黄杨柳带栖鸦》，却在预展现场遭遇飞来横祸，被参观预展的一名儿童撕毁，画作的下半截被完全撕断，估价显示为 200 万港币左右。这笔损失，儿童的监护人怕是也要承担一些的。

当然，我相信绝大部分家长，都会注意约束孩子遵守公共道德。但孩子毕竟年龄摆在那里，是不受控的。所以，尽量还是少带幼童去博物馆，我们在旅行后期基本也不带喜宝进博物馆了，长大点再去也不迟。

3．西藏究竟要不要去？

这次旅行去不去西藏，我踌躇了很长时间，最终还是没有带孩子去，原因就是担心高原反应。很多父母都有这个忧虑，也有一些人问过我这个问题。

15 年前青藏铁路通车，我曾带 20 多名网站媒体记者沿途乘坐火车一路采访到西藏，有过不算严重的高反，头疼欲裂，走路像踩了棉花。有几个队友严重的，我给送去了医院。后来我也曾独自去过川藏，高反加感冒，在床上躺了两天，还自己去藏医院看过病。

这些经历，让我这次旅行在去不去西藏这个问题上偏保守了些。当然，这在去过很多次或者当地人的眼里，可能根本不算事儿。但毕竟是自己孩子，又是一个概率不小的症状，我选择稳妥起见。

关于儿童到底能不能去这个问题，其实没有明确的答案，既要看孩子的具体情况，也要看你的态度。

不过建议 3 岁以下的幼童最好不去，到西藏路途远，舟车劳顿容易疲劳，小孩子常跑闹更容易缺氧，体质不好感冒的话会引发其他病症，孩子小对症状又表述不清，没有适合幼儿的抗高反药剂，这些因素叠加，都让进藏的风险很大。如果有心肺功能低下、急性炎症或者感冒等未愈的情况，那就必须更改行程了。

年龄大些的儿童和青少年，如果身体情况良好，一定要去也未必就有什么问题。但请注意以下几点：

西藏

1. 提前预防，备好药物和氧气。 进藏之前提前一周或者半个月服用预防高反的药物，如红景天片、迪诺康胶囊等。 进藏路上，备些氧气筒和葡萄糖，以及治疗感冒、疼痛、消除疲劳、增强身体机能的药物，如小儿布洛芬、西洋参含片、复方丹参片等。 进藏后可以吃一些高原安等抗高反的药物。

2. 第一次进藏最好不要乘坐飞机。 从低海拔骤然到达高海拔地区，身体难以马上适应，建议乘坐火车或者自驾，循序渐进升高海拔。

3. 避免激烈活动。 孩子喜欢跑跳玩闹，在高原地区更容易缺氧，尽量保持平稳行动，多休息。

玉龙雪山

4. 注意保暖。藏区早晚温差大，穿好衣物，少洗澡以避免着凉感冒，感冒可能引发更加危险的肺气肿和脑水肿，这是高原致命的主要病症。

5. 注意防晒。高原地区距离太阳近，紫外线照射强烈，不防晒的话，很容易白着上去，黑着下来，参见网上"进藏前"和"进藏后"的对比。

6. 注意饮食。多吃蔬菜水果，避免吃得过饱。随身携带高能量食物及时补充体力。可以适当多吃一些当地食物，比如酥油茶、牦牛肉等，有助于缓解高反。

7. 勤观察孩子。一旦发现孩子精神不振，面色嘴唇发紫，就立即停止行程，给孩子吸氧，降低海拔，如情况加重要及时去往医院救治。

我们这次虽然没有去西藏，但在青海也上了3500多米的高度，并且闹出了一个笑话。某一天，突然发现喜宝嘴唇有一圈非常明显的青紫色，吓得我和宝妈以为缺氧导致发绀，然而又不见他有任何呼吸困难的表现。正想着怎么办，喜多告诉我们说，之前看到喜宝将嘴噘起使劲儿往矿泉水瓶口里塞来着。

这熊孩子，太吓人！

保安这个“可怕”的存在

为什么这么说呢？这个“可怕”的存在是针对幼童而言。很多人并不一定注意到这个问题，却是可能发生的。

这样的场景，主要发生在场馆中，如博物馆、科技馆、图书馆等，这些场所都有一些安保人员，负责维护场内秩序，保护场馆内的展品安全等。有时不一定是保安，可能就是馆内的工作人员。但对小孩子来说，全身制服看似警察的保安，更有威慑力。

小孩子，通常是这些人员重点"关照"的对象。一是怕小孩子吵闹影响他人；二是怕小孩子乱摸乱碰损坏了展品。

保安的素质参差不齐，而小孩子又经常不受控，乱摸简直是"通病"，这是他们天然探索世界的方式，我就很少看到有规规矩矩站那里不想上手的小娃娃，家长的教育和约束并不能起到多大效果，有时一不留神没及时照看，就说不定越过隔离带做了什么幺蛾子。

这样的情况，就很可能造成了保安和小孩子之间的冲突。轻的情况，保安只是坐那里观察，一旦发现小孩子要碰，就高声提醒和警告；严重些的，有些保安或工作人员一路跟随，就站你们旁边，随时言语提醒和警告；更严重的，没有任何素质，直接吼骂甚至驱逐。

保安做出这样的行为，我们是理解的，毕竟是他们的职责所在。但处理方式的粗鲁，很可能会直接导致小孩子因此受到惊吓，并对参观博物馆等场所产生恐惧和抗拒，这是我们为父母者所不希望看到的。

这是我们的亲身感触，旅行前期，尽管我们已经对孩子进行了多次博物馆参观礼仪的教育，但实际中，孩子还是经常难以做到。尤其两个孩子在一起时，也会出现喧哗、跑闹、越过隔离带、倚橱窗玻璃等行为，我们只要发现就会及时制止，但有时为时已晚。

有一次，我在博物馆给喜多讲解，宝妈在看展品，喜宝拿着手把大小的玩具小车在博物馆的墙壁上做行驶状，保安看到后过来就是给娃一顿吼，吓得喜宝哇哇大哭，我们赶紧过去道歉，表示一定看管好娃。即便如此，保安仍不放心，全程紧随我们，吓得喜宝必须让妈妈抱着，缩在怀里死活不敢下地走。

从那以后，有差不多三个月的时间，喜宝对进博物馆非常抗拒，所以常常只能是我带喜多进馆，妈妈在外面陪着喜宝。即便偶尔进了馆，看到保安时，就吓得飞也似的"逃命"。简直留下了心理阴影，这样下去怎么行？

我和宝妈只好不断地对娃进行心理建设，解释给娃说保安只是保护展品不被破坏，遵守规矩就不会被批评等，并努力继续带他进馆以"验证"我们说的话，但鉴于有些工作人员不管你怎样，见到孩子就紧跟着，像防贼一样，孩子还是有些惧怕，就连我们家长也非常别扭不舒服。

后来，直到喜宝遇到几个和蔼温和还逗他玩的保安，他对"保安"的恐惧才算基本消除，正所谓解铃还须系铃人。但如果我们不是持续地解决这个问题，恐怕喜宝在相当长的一段时间里，都不会去博物馆这种"恐怖"的地方了。

事实上，考虑到喜宝年龄尚小，旅行后期我们基本也不带他进博物馆了，一方面实在是看不懂什么；二来也是怕照看不周，让孩子不小心损坏了博物馆物品，若是再遇到"吓人"的保安，孩子脆弱的心灵又会再次受到冲击。

谨慎接触病区儿童

全国旅行，各地情况不同，有的时候，可能恰好所在地正暴发疫情，常见的如流感、诺如病毒、手足口、轮状病毒等，注意关注当地新闻，旅行期间小心谨慎，尽量避免到人群中扎堆，也尽量回避和当地孩童的接触，否则"中招"也是很可能的事。毕竟旅行在外，水土不服是常态，身体也容易劳累，免疫力不足，也给病菌的入侵敞开了大门。

我们曾经有过一次典型的遭遇。2018 年冬天车行至广州。谁知那里正暴发流感疫情，既然来了那就小心为上吧。结果还是没能防住。有一天中午，带娃去饭店吃饭，喜宝走在前面。进门的时候，刚好有个小朋友从里边向外走，和喜宝在门的位置打了个照面。就在那短暂的时刻，对面的小朋友连续猛烈地咳了几下，嘴里还有饭，喷了喜宝一脸的唾沫星子和残渣。看到那一幕，我心里想，坏了。咳得这么厉害，应该是感冒了，而且是后期，传染性强，现在正是疫情高发，喜宝怕是要中招。

吃完回来，特地给喜宝吃了点药预防。结果夜里还是发烧了，来得很猛烈，一下就升到了 39 度。由于喜宝有过高烧惊厥史，赶紧驱车去医院。好嘛，半夜里医院全是各种发烧的小孩。差不多熬了个通宵，才确诊退烧拿药回来。

结果没两天，哥哥又被传染了，再去医院。后来两个娃也咳得厉害，要做雾化，因为当时行程也比较紧张，甚至边换城市边做雾化。

旅途中生病，到医院去做雾化

旅行和在家里不同，一家人天天在一起，如果一个得了传染病，很快其他人都可能中招。在贵阳的时候就是如此，先是我高烧，然后宝妈也倒下了，那个时候只能喜多照顾自己，等我和宝妈烧退了，两个孩子又开始了。就因为这样，在贵阳整整休息了 10 天。

带娃旅行，一定要注意防范健康风险。这种风险不仅仅来自疫情，还包括水土不服、奔波劳累，甚至一日三餐等。

三餐定时营养健康

一日三餐，在旅行中最不容易做到的就是定时。早餐还好，起床时间每日也差不多，记得吃就好了。但午餐和中餐就不好说了，没逛完的展览，没看完的表演，没玩完的景区，没赶完的路途、没地方吃饭的高速或者农村……这些种种，都可能让你的午餐或者晚餐不定时。

短途旅行一次两次或许问题不大，如果长期旅行在路上，负面效果就会慢慢显露了。可以说，这是我们这次旅行，最大的负面效果之一。

旅行后期，喜宝身体越发消瘦，并且经常肚子疼，鼻子容易流血。而我旅行回来，干脆直接就住了10天的医院，确诊的病症是糜烂性胃炎和十二指肠球炎。或许这并不完全是由于三餐不定时导致，也可能有精神压力大、旅途疲惫等因素，但我在这次旅行之前的人生，可是从未得过任何胃病的。喜宝的肚子疼和消瘦，我想和三餐不定时至少也有一定的关系。

事实上，我们已经非常注意三餐的健康，经常自己做饭，全程下来并未发生过一次因为食物引起的急性肠胃炎等症状。如果自己不做，天天吃饭店的话，饭店的菜倾向于多放油，食材是否新鲜也不知，卫生条件更是无从知道，饮食的营养和健康就更无法保障。

而且，我们路上也常备牛奶、面包等一些食物，以便饥饿时能随时充饥。即便如此，很多时候也还是不能做到三餐定时，我人生中最难受的一次胃痛就是发生在这次旅途中。

　　年龄小的孩子，身体抵抗力弱，并且还处在生长发育关键时期，饮食营养健康可以说是大问题，这一点在路上不容易保障。带娃出门旅行，尤其要注意。这次的旅行经验告诉我，不适合带幼童做多个城市的旅行，过于奔波和劳累。如果要走，最好是只去一两个城市就好，度假式的旅行，放慢节奏，三餐定时营养健康，休息好。毕竟对幼童来说，最重要的还是身体，旅行长见识还是次要的。

住酒店并不是最好的选择

　　带孩子出门，要保证饮食健康，最好的办法就是自己做饭。如果是幼童的话，还需要经常给娃换洗衣服。住酒店，这些都不太容易实现。

　　所以一般情况下，我们优先选择的是民宿。考虑到长途旅行的成本，我们住的价格一般在 150~250 元／间／夜，只要不是在节日或者热门城市，基本这个价格能住的民宿就已经可以了，40~80 平方米不等，大都是可以住 4 人的配置，家电齐全，一客一换干净整洁，有的房屋内的装饰还很个性化，有的还专门备有儿童玩具和绘本等。

　　早餐、晚餐基本上都是自己做，餐具用的都是自己带的。我们车里备足了各种东西，锅碗瓢盆、油盐酱醋茶什么都有，大米小米都是家里带好的，还有一路走来的各种当地特产，曾经一度还带了豆浆机和大豆，不过使用频率太低，走完北线就不再带了。

　　在各地很多时候和在家一样，到菜市场买菜买肉，顺便还能见识一下各地不同的特色饮食物产，带娃感受各地的菜市场也是我们计划内的内容，感觉就像换了一个城市生活，特别接地气。即便有时没有民宿只能住酒店，我们也常会把电饭锅搬上去，早餐做点粥、煮个鸡蛋、拌个小菜，总比外面吃得干净些。

住在民宿，旅行中的惯常选择

亲子旅行，我比较推荐住民宿。相比酒店来说，可以自己做饭给孩子吃，可以洗衣晾晒，有较大的活动空间和较丰富的亲子设施，还可以深入到本地人的生活中去。

　　住民宿的另一个好处，是让孩子也有些其他的玩伴。当初准备旅行时，我曾在文章中对喜宝说过，"爸爸要让这广阔的中国大地，都是你的幼儿园"。幼儿园不能没有小朋友，带娃们出来遛弯时，他们都能很快和小区的孩子们玩到一起，这样的社会性活动，对成长中的娃们，也是必不可缺的。但如果住酒店，单个家庭独来独往，就难以解决这个问题。

　　所以我非常推荐亲子出行住民宿，尤其是针对长期旅行的家庭来说性价比更好。现在全国大部分地方都有民宿，价格相对酒店也略便宜些。而且，民宿业主大都对当地旅行信息非常熟悉，能够推荐一些外地人不太知道的接地气亲子玩法。

　　就算对住宿品质要求较高的家庭，也一样有相匹配的高品质、高价格民宿产品。相关预订平台也不少，知名的主要有途家、小猪短租、Airbnb、蚂蚁短租、美团民宿等。

那些突如其来的危险

旅行中也不全是美好，安全问题也是需要时刻警惕的。尤其是亲子旅行，熊孩子这样一个不受控的"物种"，分分钟都能让你紧张起来，可能存在的危险也比比皆是。

比如，**招猫逗狗**。

旅行路上，经常遇到猫狗，有的是农村看家护院的，有的是住所附近人家的，有的是流浪猫狗。喜宝年龄小，对猫狗只有玩心，没有畏意，就算和他说过被猫狗抓咬可能会得狂犬病致死，他也理解不了，没多大用处，抓猫尾巴、揪狗耳朵等都是他非常爱做的事。我和宝妈早就做好了可能有一天要去给娃打狂犬疫苗的准备。

不只猫狗，只要住在农村，基本上人家的鸡鸭就安生不了，被俩娃追得四处乱窜。说过他们一次，安静不了 5 分钟，就又去了。不过鹅这种可以用嘴啄人腿骨的硬核角色是个例外，犹记得喜宝在长白山下的锦江木屋村被大鹅追得哇哇大哭，逃命似的躲进屋里。

比如，**掉坑落水**。

看过《小猪佩奇》后，喜宝见到水坑就往里跳，相信很多佩奇的小小粉丝们都有这个表现。

另外，一路上经过不少大海、山川、河流、瀑布、池塘等，在野外玩水的机会比较多，我一般来说是不会限制他们玩耍的，出来就是为亲近大自然，但是精神绝对高度紧张。

即便这样，在四川巴中南龛石窟时，也没能挡住喜多一头扎进满是蝌蚪的水塘里，幸好那次水塘不算深，否则不堪设想。

在内蒙古乌兰哈达火山群时，因为脚下的火山沙砾很滑，他也曾翻滚摔倒划伤。

比如，**交通事故。**

自驾旅行，一直都会面对这个问题。幼童的问题是，大多数都不容易在座位上老实地坐着，给他们绑上安全带总是个很艰难的过程，而且有些孩子喜欢在停车时趁爸爸不在乱按车辆的各种按钮。在车上时，喜欢把头或者手伸到车窗外；下了车则容易四处乱窜，至少有两次，我将喜宝在正倒车的车辆后面拽了过来，司机压根就不可能看到车辆尾部的幼童。

比如，**严防走失。**

这无疑是我们最为担心的。虽然发生的概率很小，但新闻中这样的事情还是屡见不鲜。旅行中，如果有陌生人靠近孩子，我们几乎都会赶紧贴身防范；时刻让孩子走在前面，处于我们的视线范围内，尽量避免让孩子处于照看的死角，教会孩子不要陌生人东西、不和陌生人走、熟记父母的电话号码、走失要站在原地不动等。也有过虚惊一场的时候，那是因为宝妈给喜宝带走时，虽然向我说了一声，但我在给喜多全神贯注讲解并没听到，可见父母的配合也很重要。

荔波小七孔

以上种种，都需要为人父母打起十二分的精神，时刻做出防范，以免发生不测。所以说，长期旅行对父母实在是一种巨大的考验，既要照顾孩子的起居生活、辅导孩子学习体验、驾驶订房游玩，还要时刻提防各种可能的危险，旅行后期我和宝妈早已疲惫不堪，都是咬牙顶着，回到家才长长地松了一口气啊。

麦田里的守望者

旅行回来，很多朋友问的一些问题中，比较有代表性的就是："孩子走一圈下来，是不是有很大的变化？达到预想的效果了吗？"

对于这次旅行，我其实是没有预设目标的，我也没有期待环游下来孩子就会有脱胎换骨的变化。教育，本身就是一个潜移默化、不断积累、效果逐渐显现的过程。旅行，也并不是灵丹妙药，可以手到病除。但如果细细审视的话，孩子的确是有一些积极的变化。其实也不仅是孩子，在旅途中，我们都在成长。

就喜多而言，走之前他是这样一个孩子：读书广泛，热爱运动，精力特别充沛，但心智水平低于同年龄者、学校纪律生活适应不好、莽撞直愣、共情能力低、动手能力弱、自我评价水平低、缺乏韧性。

环游结束后，最明显的是在知识层面的提升，毕竟旅行中接触的各方面知识量很大，而且同时也做了大量的阅读；因为经常写日记，文字表述能力有提高；非遗手工体验、乡村生活，以及旅途中的家务等，让孩子动手能力增强，走之前很少从事手工活动，回来后开始喜欢玩乐高、折纸等；深入思考的能力，看书也好、文章也好，开始有自己的判断和想法，面临一些问题也有解决的思路，这些比知识更重要；乐于探索外部世界，勇于尝试新鲜事物。

不过，我最看重的，还是下面两方面：

他有了自己树立的人生目标——做一名将军。虽然，在这样的年龄，这样的人生目标或许并不实际，也可能存在变化。但，我是希望他早立志的。有了目标，才会有主动去努力提高自己、管控自己的内驱力；而且，因为他不是一个有天分资质的孩子，我也希望他能够将精力聚焦，把更多的时间，用在未来他最想做的事上。从人生的一个点切入，努力做到极致，让自己在这个过程中获得极大的成长和自信，再去做别的方面。

他的自我评价水平明显提高。在旅途中有过一些闪光时刻，比如手机摄影作品、手工作品，以及因为他相对较多的历史知识，一些博物馆讲解员对他的赞扬和肯定等，都让他增长了自信，自信的同时也会带来韧性的增强，遇到困难不再轻易放弃。

再说喜宝，属于非常敏感的性格，走时岁数还小，有明显怕生表现，对陌生环境紧张，不敢和人说话，易哭闹，学会说话很晚且表达费力。

待到旅途结束时，已经可以和路上绝大多数人主动开聊，看到漂亮小姐姐就迈不动腿，完全不在乎父母是不是已经走远；共情能力很强，善于观察，注重细节，乐观开朗。

作为父母，一路上每天和孩子朝夕相处，冲突和矛盾也多了，孩子是一面镜子，照的是我们自己。一路上不断地反思和调整，终于逐渐清楚如何更好地和孩子相处、教育孩子，对孩子也有了更多的耐心。

虽然身为海淀家长，但我和宝妈并不是"鸡娃"的父母；我们也希望孩子优秀上进，长大能够获得人生的成功，但我们不会过于逼迫孩子去承受他在这个年纪不应承受的压力，过早的精疲力竭，容易让孩子在未来的人生中缺乏持续努力的韧性。如果用一个词来描述我们的教育方法，我更愿意用"精心的散养"。

所谓散养，是允许他做一些貌似"出格"的事，做一些自己感兴趣的事，不会把他的时间都用各种兴趣班和补习班塞满；更不会去为了八少八素、人大早培、六小强等苦心孤诣地在各方面逼迫孩子学习去争取一席之地。所谓精心，则是透彻了解、接纳和尊重孩子；是培养方法上的务实、用心思考和设计；也体现在适度的权威，以保证基本的教育效果。

我们虽然努力去让孩子发展自己，但也可以接受孩子未来是一个平庸的人。记得走之前，有一些反对的网友说："走这一年孩子功课不是会落下很多？！""三年级正是要劲儿的时候，怎么能一年不上学？""现在你们走得轻松，到时孩子大了考不上好学校，这辈子都可能怨你们。"

且不说这些假设是否合理。就算孩子未来考不上一个好大学，又怎样呢？这就代表他人生的失败吗？作为一名清华毕业生，我并不期待孩子也能考上名校。子若强于我，只有考上世界名校，但即便如此，也不见得就能活得幸福有价值，人生不是只有读书考试，也不是只有一种活法，他完全可以去追求他想要的不同于我，也不同于大众的生活。

当然，我对他仍是有期望的：

1. 做一个善良的人；
2. 不要过度去追逐物质，而要去做有意义的事；
3. 找到自己可以热爱一生的事业，并努力坚持做下去。

　教育，但不功利；期望，但不苛求；引导，但不主导。 做一个麦田里的守望者，等待孩子自己的盛放。

全国主要省份亲子旅行规划和辅导

参考手册（示例及数字内容）

北　京 —————— 282

黑龙江 —————— 295

山　西 —————— 306

一、关于参考手册的使用说明
（务必请先阅读）

1. 本参考手册内容建议 5 岁以上青少年儿童使用，不同年龄阶段可根据自身情况参考不同内容。

2. 去一个省份之前，请家长拿出一定时间参考本手册带领孩子进行相关预习，家长也可同时学习一些参考资料；旅行过程中注重知识和体验相结合；旅行结束请注意辅导孩子加深记忆和理解。

3. 每个省份的规划和辅导参考内容会大致包含以下部分：

一是"字词预学"，此部分均为该省份行程中将要接触的高频词，每一目的地相关的词汇行前提前教导娃认知，这样在后续的参观体验中会不断接触到这些词汇，可有效地加深理解和记忆。识字的过程查找相关图片配合说明，效果会更好。

二是"人文与科学预讲"，主要以讲故事、讲科学的形式，向孩子输出和目的地主题有关的人文、历史、地理、民族、科学等情况，激发孩子对目的地的兴趣。

三是"行程规划"，这是本手册的重头内容，主要选择体现当地特色的目的地，包括民族民俗、工矿企业、博物场馆、非遗体验、科学技术、历史文化、自然生态等分类。需要清楚认知的是：旅行目的地的选择，不一定就是当下大众眼中的热点景区，也没有考虑风景、消费水准、路途难易等，有些目的地甚至条件简陋、服务差、少人问津，但从教育角度来说，可能是内容稀缺的主题，也是规划中的首选。不过总的来说，也基本涵盖了国内绝大部分的代表性景区，只是有些热点景区，尤其是风景区或者古镇、寺庙等，放在了"备选"的栏目内。

四是"辅助理解资料"，主要以和目的地主题相关的少儿读物、父母读物、动画片、纪录片为主，个别省份也有相关电视剧、电影推荐。少儿读物没有区分各年龄段，请家长根据自己孩子的认知程度选择，大都以图文形式读物为主，少数有纯文字的适合高年龄少年的读物。父母读物主要是供父母了解更多的资料以有助于辅导孩子。

五是"旅行作业"，主要以图文小报、旅行日记为主，辅以手工制作、图形绘画、诗词背诵等，只是提供一种参考，家长可根据自己行程的实际情况来具体布置相关作业。

4. 具体的使用方法：一般来说，日常的旅行，较少会把整个省份作为旅行计划，所以在使用本手册时，请根据自己的兴趣和意向，在每个省份的"目的地规划"中挑选自己的目的地，再参考相关"字词预学""人文与科学预讲""行程规划""辅助理解资料"和"旅行作业"部分，制订自己具体的规划和辅导内容。

5. 手册不包含上海、海南、西藏、新疆、宁夏、青海和我国港澳及台湾地区，这些区域这次环游有的没有走到，有的走得不够深入。本着负责的态度，暂未制作相关亲子旅行规划和辅导参考。未来若有可能，再予补充。

6. 就在我完成这部书稿的同时，新冠肺炎疫情正在世界肆虐，国内外的旅游行业，都已经受到重击。有些小众的地方本就门庭冷落，勉力维持，如此更是雪上加霜，希望它们能挺过这个冬天，迎来新生。如有变化，请以实际为准。

7. 考虑到本书附录仅提供三个省份的内容作为示例，其他省份亲子旅行规划和辅导参考内容请扫描下方二维码后关注作者公众号，按照提示回复获取电子版。

扫码关注郎叔

二、主要省份亲子旅行教育规划和辅导参考

示例一

北京

一、字词预学

* 说明：

　　此部分均为行程中将要接触的高频词，出行前用一个晚上教导娃认知，这样在后续的参观体验中会不断接触到相关词汇，加深理解和记忆。下述词语仅为示例和参考，请结合实际行程自行拟定所需字词。识字的过程查找相关图片配合说明，效果会更好。

北京、首都、直辖市、中央政府、天安门、国旗、国歌、毛主席、人民大会堂、皇城、紫禁城、皇帝、故宫、中轴线、元明清、太和殿、乾清宫、交泰殿、坤宁宫、御花园、龙

袍、凤冠、琉璃、脊兽、瓦当、午门、景山、颐和园、圆明园、清华、北大、八国联军、慈禧太后、十二兽首、大水法、废墟、天坛、天圆地方、祭祀、祈年殿、圜丘、五谷丰登、长城、八达岭、居庸关、慕田峪、卫所、垛口、烽燧、狼烟、孔子、孟子、儒家、纲常伦理、仁义礼智信、忠孝廉耻勇、礼乐射御书数、国子监、科举制度、状元、榜眼、探花、进士、殿试、院试、乡试、卢沟桥、抗日战争、七七事变、侵略、北平、胡同、天桥、非遗、老字号、大栅栏、同仁堂、内联升、王致和、瑞蚨祥、稻香村、景泰蓝、瓷器、珐琅、掐丝、釉彩、京剧、相声、脸谱、生旦净末丑、皮影戏、兔儿爷、毛猴儿、全聚德、烤鸭、果脯、炸酱面、卤煮火烧、涮肉、炒肝、爆肚、驴打滚、冰糖葫芦、奥运会、鸟巢、水立方

二、人文预讲

*说明：

此部分主要在去相关目的地前以讲述历史故事的方式输出给娃，侧重故事性，如是低年级的孩子，挑选重点内容即可，不需详细解读，避免枯燥讲授。相关故事需要父母提前预习了解。部分内容可参考本规划中最后"辅助理解资源"部分。

北京在哪里（综合概况）
学唱国歌："把我们的血肉，筑成我们新的长城"
新中国为什么会建都北京
中央政府是如何运作的

中国的国旗和国歌

中国的主要历史朝代进程

紫禁城的来历

皇帝的一天是怎样的

皇宫里都有哪些人

英法联军进北京与火烧圆明园

卢沟桥与七七事变

长城是用来做什么的

孟姜女哭长城的故事

在空间站真的能看到长城吗

古代帝王为什么要祭天

儒家学说与帝王统治

古代如何选拔人才

中华老字号的故事

天桥的三教九流和民俗技艺

国粹京剧特点及剧目中的历史故事

民国名流的代表人物

北京奥运会和冬奥会

清华与北大的历史和现状

三、主要行程规划

* 说明:

　　北京的特色是皇家文化、古都风貌、老北京民俗和博物场馆，以下规划，请根据孩子的年龄阶段选择适合自己的行程。个别目的地体验需要预约或者只接待团客，请提前准备。

皇城古都

故宫一角

皇城主题：晨起赴天安门广场见证激动人心的升旗仪式，然后参观中国国家博物馆，首选常设展览"古代中国"和"复兴中国"，总览华夏文明五千年历史和现代复兴之路；观毕从天安门进入，登天安门城楼，参观故宫博物院，看帝王宫苑、明清历史、文物珍宝、专题特展，到慈宁宫西的冰窖餐厅体验宫廷概念菜和网红"兽脊雪糕"，最后从故宫神武门出来后登景山顶览故宫全貌。

长城主题：到八达岭或居庸关、慕田峪等，登万里长城之巅；八达岭有"长城博物馆"，可了解长城的历史文化；附近有"八达岭熊乐园""梦幻长城球幕影院"和"八达岭野生动物园"，可自行选择；若住宿古北水镇，可体验睡在长城脚下的感觉，夜游"司马台长城"；此外，还有"黄花城水长城"等小众长城可供选择。

皇家园林和学府：游天坛公园，感受北京旅游的标志"祈年殿"，了解古代皇家祭天文化；游圆明园，了解清末英法联军进北京造成的中华文明浩劫；附近有同样曾为皇家园林的清华大学、北京大学，游清华园、看北大的"一塔湖图"，感受最高学府氛围和历史建筑精华，参观清华大学艺术博物馆、清华大学科学博物馆（在建）和北京大学塞克勒考古与艺术博物馆。到孔庙和国子监博物馆，了解儒家文化和科举制度等。

圆明园

红色历史：参观中国人民革命军事博物馆，遍览中国人民革命军事历史和各种现代武器装备；赴七七事变发生地卢沟桥，参观中国人民抗日战争纪念馆，了解抗战历史。

备选：颐和园、恭王府、毛主席纪念堂、北京鲁迅博物馆、北海公园、香山公园、历代帝王庙博物馆、大观园、徐悲鸿纪念馆、北京焦庄户地道战遗址纪念馆、宋庆龄故居。

民 俗 技 艺

老字号非遗主题：逛前门大栅栏，乘铛铛车，访各种老字号，参观天乐园戏曲博物馆、六必居博物馆、广誉远中药博物馆、红星源升号博物馆、全聚德和平门店烤鸭博物馆等，品尝京城美食代表北京烤鸭，到东来顺吃铜火锅涮肉，到荣宝斋体验木版水印等传统书画艺术，到吴裕泰前门店 DIY 茶点（团体）、吃"茶味冰激凌"，到"泰山皮影"看皮影戏，到杨梅竹斜街"老北京兔儿爷"学画一只兔儿爷或者做一个毛猴儿；参观京彩瓷博物馆，感受"京城第一窑"，体验拉坯、彩绘、瓷盘画等；到北京珐琅厂，参观景泰蓝博物馆和制作工坊，体验景泰蓝非遗制作工艺（需团体）；若住"什刹海皮影文化酒店"，周末可体验皮影表演和彩绘制作；春节时逛地坛公园庙会，观看仿清祭地表演，领略老北京节庆民俗文化。

和平菓局

胡同民俗主题：参观首都博物馆，重点看北京历史和民俗部分；再到史家胡同博物馆，感受老北京家庭和胡同的文化与民俗，还可聆听馆内记录的胡同老声音；到地下沉浸式体验空间"和平菓局"，感受半个世纪前老北京胡同生活的样态；游北京胡同烟袋斜街、南锣鼓巷等，走走后海、恭王府附近的一些安静的非景点的胡同，切身感受一下老北京胡同生活。

曲艺戏剧主题：参观"天桥印象博物馆"，了解老北京天桥的历史与文化，到天桥杂技剧场看老北京杂技，体验抖空竹、软钢丝等绝活；到德云社或嘻哈包袱铺听一场相声；到儿童木偶剧院或者"繁星戏剧村"的儿童剧场，看一场儿童话剧、京剧或者木偶剧；到老舍茶馆三楼喝大碗茶，听传统相声，看评书表演；到中国儿童艺术剧院或者中国木偶剧院看一场经典儿童剧；参观"北京人艺戏剧博物馆"，了解北京现代戏剧历史和文化，看一场话剧；参观梅兰芳纪念馆，了解一代名伶的传奇艺术人生，再到梅兰芳大剧院看一场京剧；也可到前门天乐园欣赏新派京剧。

书画艺术主题：参观中国美术馆、炎黄艺术馆、保利艺术馆等，欣赏中国名家作品、大师珍藏和专题特展等；到红砖美术馆、松美术馆等参观艺术展览，感受园林布景和建筑艺术；到"画家村"宋庄，感受艺术氛围，参观宋庄美术馆，找一家画室学习体验绘制一幅美术作品，或制作一件雕塑作品；逛798艺术区，看各种类型先锋艺术展等。

备选：首都粮食博物馆（老北京粮食生活）、潘家园旧货市场（古董）、海淀稻香湖非遗馆。

博 物 场 馆

自然生物主题：参观国家动物博物馆，感受百年的积累发展起来的巨大动物标本库，了解关于动物的一切；到中国古动物馆，了解恐龙、黄河古象、剑齿虎等为代表的古动物有关知识；研学北京自然博物馆，重点看古哺乳动物化石等，有夜宿博物馆项目；进入北京植物园温室，认识不

中国古动物馆

同生存环境下的植物；研学中国地质博物馆，见识数以万计的矿物、岩石、宝石、化石珍品；到北京动物园或者北京野生动物园、太平洋海底世界等认识各种动物；到"南果北种"基地"呀路古热带植物园"，游古树馆、勐巴拉娜西热带植物馆、土司堡民族展览馆、恐龙馆、小型动物园等；参观周口店北京人遗址博物馆，观看珍贵的史前人类化石地遗址，了解北京猿人和山顶洞人的有关知识。

科技主题：到中国科技馆、北京科学中心、中国宋庆龄青少中心、索尼探梦科技馆、老牛儿童探索馆等，适合各年龄段少年儿童学习科学技术，在游戏中体验科学之乐趣。研学北京天文馆，汲取天文知识，观看穹幕电影和4D剧场等。

北京石刻艺术博物馆，人少园小，幽静精致，金刚宝座塔遗存令人惊艳，常设展《人与石·石刻简史陈列》讲述了很多建筑和石刻背后蕴含的意义和故事。"法帖迷宫"是孩子喜欢的小角落。

北京石刻艺术博物馆

研学中国印刷博物馆，了解从古至今我国印刷技术的起源、发展历史和文化，体验瓦当拓印、古法造纸、制作古籍书等手工项目。

交通主题：到北京汽车博物馆，徜徉在汽车的世界里；到中国铁道博物馆（正阳门馆、东郊馆），了解火车的发展历史和先进的高铁技术，感受我国不同年代的火车实物；参观中国航空博物馆、民航博物馆，或航空

汽车博物馆

航天博物馆（北京航空航天大学，周二、周六上午开放），学习航空航天知识，了解中国航空航天发展历史。

参观电影博物馆，了解电影发展的历史、技术和作品，观看馆内电影。

参观北京市海淀公共安全馆或中国消防博物馆，学习消防知识、体验地震逃生、地铁火灾、汽车模拟驾驶、航空安全体验舱、烟雾黑暗走廊等多个项目。

备选：国家图书馆、中国妇女儿童博物馆、中国农业博物馆、中国邮政邮票博物馆、中国化工博物馆、观复博物馆、中国园林博物馆、北京古代建筑博物馆、国家典籍博物馆、蜜蜂博物馆、世界花卉大观园、南海子麋鹿苑、北京园博园、詹天佑纪念馆等。

工 业 探 秘

游首钢工业遗址公园，感受首钢大规模的工业遗存，参观 2022 年冬奥会场馆，游玩 5G VR 乐园等。

百年老店北京义利面包厂，义利面包和北冰洋汽水是几代北京人的童年记忆，可参观生产流水线、DIY 蛋糕、面包、巧克力等面点和甜点，还有以义利面包和北冰洋汽水主题元素打造的"北冰洋乐园"。

游欧式风格的张裕爱斐堡，深入地下酒窖，了解葡萄酒历史文化及健康知

首钢园

识，体验 DIY 葡萄酒。

参观朝阳循环经济产业园，学习垃圾分类、回收和处理知识，观看垃圾处理、回收利用的过程，以及大型掩埋场等。（建议提前一个月预约）

到北京华邈药业，参观北京中药炮制技术博物馆，了解中药文化知识，体验芝麻丸、艾绒的制作等（面向团体）。

参观燕京啤酒总公司，参观啤酒文化展示厅、生产调度指挥中心、生产车间，了解啤酒的生产工艺和历史文化等，成年人可到燕京酒吧体验啤酒原浆（仅面向团体）。

到影视制作基地"中国影视大乐园"，北京很多电视节目在这里录制，可了解影视特效的原理、体验影视特技拍摄和音频配音，还可观看全息儿童教育剧（仅面向团体）。

探秘三元牛奶工厂车间，了解牛奶制品的生产加工，参观生产线，品尝牛奶制品（仅面向团体）。

备选：北京自来水博物馆、顺鑫牛栏山酒厂、二七厂·1897 科创城（原机车厂）、中关村国家自主创新示范区展示中心。

儿 童 世 界

儿童乐园：畅玩世界三大主题乐园之通州环球影城主题乐园，电影真实场景体验＋游乐场，包括好莱坞大道、变形金刚基地、侏罗纪公园、未来水世界、功夫熊猫、哈利·波特的魔法世界和小黄人乐园等；其他儿童乐园还包括欢乐谷、世界公园（微缩景观）、石景山乐园，以及奈尔宝家庭中心、宝燕乐园、蜜糖国等多个大型室内儿童乐园。

中国儿童中心老牛儿童探索馆，面向 0—7 岁儿童，设有开心市集、阳光之谷、科学天地等七个展厅，在玩的过程中探索学习各种知识。

到比如世界或蓝天城 EE　CITY、迷你世界等儿童职业体验馆等模拟体验数十种社会职业，了解社会分工和运行方式。

体育乐园：参观北京奥运场馆鸟巢和水立方，参与室内游乐项目，夏季在水立方嬉水乐园内玩水，冬季在鸟巢人工滑雪场体验冰雪运动，秋季到城市绿肺奥林匹克森林公园徒步、遛娃、晨／夜跑，欣赏秋景。

玩具世界：到王府井哈姆雷斯（Hamleys），进入"玩具的世界"里；到北京乐高探索中心，设有乐高工厂之旅、古堡历险、迷你天地、魔法转盘等 10 大主题区，乐高迷的畅享天地。

特色书店之旅：PageOne 北京坊（可看到正阳门）、钟书阁（以空间设计的未来感著称）、悦读奇缘亲子图书馆 CBD 馆（网红圆落地窗）、蒲蒲兰绘本馆、言几又书店（王府中环店）、角楼图书馆（老北京角楼改建）等，度过一段悠闲的亲子阅读时光。

备选：中华民族园。

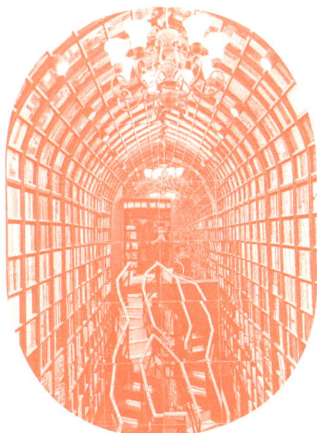

钟书阁

四、特色饮食

北京烤鸭、炸酱面、铜火锅涮肉、卤煮火烧、驴打滚、炒肝、爆肚、豆汁、焦圈、油茶、豌豆黄、果脯、冰糖葫芦、六必居酱菜、都一处烧麦、稻香村面点、茯苓夹饼、京酱肉丝等。

五、辅助理解资源

* 说明：

　　此部分可在行前或游览过后作为辅助理解资料给孩子看，提高孩子对目的地的兴趣，同时配合目的地学习体验的内容，加深相关理解。

　　少儿读物：《北京：中轴线上的城市》《北京寻宝记》《这才是北京》《城市故事：北京的年》《北京记忆》（《跟着姥姥去遛弯》《铁门胡同》《金鱼儿》《水牛儿》四册）、《你好啊，故宫》系列（《建筑篇》＋《人物篇》，经典绘本）、《我要去故宫》系列（故宫院长王旭东推荐）、《故宫里的博物学》（2019 年 50 本优秀童书之一）、《东方有神兽：我们在故宫里》（文史专家萨苏著，角度新奇有趣）、《皇帝的一天》《带你看故宫》《故宫里的大怪兽》《漫画国宝》（《故宫博物院》＋《中国国家博物馆》）、《建长城》《长城绘》《建天坛》《中国人文地理画卷：万里长城》《漫画中国》（《故宫》《长城》《圆明园》）、《这就是我们的历史》（《圆明园》和《颐和园》）、《中国国家博物馆儿童历史百科绘本》《认知：国家博物馆课程学习绘本》《寻找北京猿人》《咕噜咕噜，涮锅子》《冰糖葫芦，谁买？》《观复猫演义》（观复博物馆）、《茶馆》和《龙须沟》（老舍）、《京剧原来如此美丽》《给孩子的京剧》《兔儿爷》（熊亮绘）。

　　父母读物：《北京历史故事》《大城北京》（林语堂）、《北平的味儿》《宫墙内外的老北京文化》《中国国家博物馆展品中的 100 个故事》《图说老北京——故宫史话》《故宫院长说故宫》《皇上吃什么》《故宫的隐秘角落》《故宫文物避寇记》《物化历史系列：长城史话》《圆明园的小河小岁月》《常见文物生僻字小字典》《中华老字号的故事》《选士与科举——中国考试制度史》《圆明园史话》。

　　动画片：《你好啊，故宫》《快乐东西》（老北京胡同生活）、《福娃奥运漫游记》《翻开这一页》（课文改编的红色历史，其中有《卢沟桥烽火》)。

纪录片：《北京记忆》《这里是北京：民俗话北京》《故宫》《我在故宫修文物》《故宫 100》《长城·中国的故事》《如果国宝会说话》《国家宝藏：故宫博物院》《圆明园》《颐和园》。

综艺：《上新了，故宫》《国家宝藏》《了不起的长城》《遇见天坛》《我在颐和园等你》。

App：从"微故宫"公众号可观看"全景故宫"，还可下载移动应用"皇帝的一天""紫禁城祥瑞""韩熙载夜宴图"。

桌游：《北京之旅》。

六、旅行作业

　　* 说明：

　　以下仅为示例，请根据旅行实际情况任选其中一项或几项，或自行拟定。

1. **图文小报**：《我眼中的北京》
2. **旅行日记**：每日一篇
3. **思考与讨论**：晚清中国为什么会被列强侵略
4. **开放式命题作文**
《假如我是清末的皇帝》
《没有长城，中国会怎么样》
5. **背诵**：诗词里的北京
毛泽东《沁园春·雪》（"望长城内外，惟余莽莽"）

毛泽东《清平乐·六盘山》（"不到长城非好汉"）

陈子昂《登幽州台歌》（"前不见古人，后不见来者"）

6. 学习语文课文

《开国大典》（部编版六年级语文上册）

《国旗和太阳一同升起》（景山版三年级语文下册）

《人民英雄永垂不朽》（苏教版七年级语文下册）

《故宫博物院》（部编版六年级语文上册）

《长城》（人教版四年级语文上册）

《颐和园》（人教版四年级语文上册）

《圆明园的毁灭》（部编版五年级语文上册）

《天下第一楼》（代指全聚德，部编版九年级语文下册）

《清塘荷韵》（国学大师季羡林笔下的北大，北师大版八年级语文下册）

《故乡是北京》（北京版四年级语文上册）

《北京的春节》（人教版六年级语文下册）

示例二
黑龙江

一、字词预学

* 说明：

　　此部分均为行程中将要接触的高频词，出行前用一个晚上教导娃认知，这样在后续的参观体验中会不断接触到相关词汇，加深理解和记忆。下述词语仅为示例和参考，请结合实际行程自行拟定所需字词。识字的过程查找相关图片配合说明，效果会更好。

哈尔滨、北大荒、开垦、知青、农机、试验田、育种、索菲亚、东北虎、虎崽、捕食、关东、酸菜、血肠、俄罗斯、列巴、伏特加、冰灯、雪雕、啤酒；
齐齐哈尔、丹顶鹤、自然保护区、水禽、湿地、栖息、达斡尔族；

漠河、北极、极光、极昼、纬度、边陲、淘金、浅滩、驿站、冰冻；

五大连池，岩浆、熔岩、爆发、矿泉水、温泉、碳酸、硅酸、弱碱、磁场、氧离子、氧吧、理疗；

大庆、油田、地热、勘探、钻井、石油、原油、磕头机、化工；

伊春、红松、林海、山珍、木雕、鹿苑、梅花鹿、马鹿、鹿茸；

佳木斯、抚远、东极、哨所、大马哈鱼、洄游、鱼子、淡水、鲟鳇鱼、鱼市、黑瞎子、赫哲族、鱼皮画、蘑菇、桦树、女真族、后裔；

牡丹江、镜泊湖、堰塞湖、瀑布、林海雪原、土匪、雪橇、溶洞、熊胆、熊掌、雪乡；

鸡西、乌苏里江、边陲、界江、要塞、防空洞、武器库、防守线；

黑河、口岸、边境、瑷珲条约、割让、侵占、条款、海兰泡、惨案。

二、历史故事预讲

* 说明：

此部分在去相关目的地前讲述给娃，侧重故事性，如是低年级的孩子，挑选重点内容即可，不需详细解读，避免枯燥讲授。其中侵华日军七三一部队遗址涉及内容比较残忍，年龄小的孩子可先不看。下述主题仅供参考，请结合实际行程自行拟定。

黑龙江在哪里（综合概况）

历史上的"闯关东"

古代惩罚犯人为何要发配到"宁古塔"

割让大片国土的中俄《瑷珲条约》【瑷珲历史陈列馆】

完颜阿骨打和金国的崛起【金上京博物馆】

智取威虎山的故事【威虎山影视城】

八女投江的故事【八女投江遗址陈列馆】

"铁人"王进喜和大庆油田【大庆石油科技馆】

大兴安岭 5·6 森林大火【漠河大兴安岭五·六火灾纪念馆】

日本侵华细菌战部队的罪恶【侵华日军七三一部队遗址】

红罗女的传说【镜泊湖】

中国和"老大哥"苏联之间的珍宝岛战争【珍宝岛】

黑瞎子岛被苏联攫取的前世今生【黑瞎子岛】

沙俄东侵与海兰泡惨案【布拉戈维申斯克市】

人类历史上最大的拓荒行动【北大荒博物馆】

三、科普知识备课

* 说明：

以下科普知识，请提前做好备课，在参观相关目的地的同时向孩子讲解。下述主题仅供参考，请结合实际行程自行拟定。

神奇的大马哈鱼洄游现象【抚远鱼博馆】

堰塞湖是如何形成的【镜泊湖】

熊胆的作用及活熊取胆问题【黑宝熊乐园】

并不温和的野生梅花鹿【飞鹤金山鹿苑】

你的身边都有哪些石油制品【大庆油立方】

火山喷发的原理、地质危害及火山生态【五大连池】

古代淘金的方法【黄金古驿路】

什么是极光、极昼和极夜现象【漠河北极村】
丹顶鹤的习性【扎龙国家级自然保护区】
东北虎的习性【哈尔滨东北虎林园、横道河子虎林园】
冰灯是如何制作【哈尔滨冰雪大世界】
啤酒是如何酿制的【哈尔滨啤酒博物馆】

四、目的地规划

* 说明：

1. 以下规划，请根据孩子的年龄阶段选择适合自己的行程。

2. 目的地的规划原则是：尽量选择体现本地文化特色的、内容上适合进行亲子教育的场所，不会考虑票价、配套设施、服务等和旅游相关的因素好坏。

3. 个别目的地体验需要预约或者只接待团客，请提前准备。

工 业 生 产

参观大庆石油科技馆和油立方，学习石油知识，了解大庆油田历史；到"陈家大院泡"见识"磕头机"群。

参观哈尔滨可口可乐博物馆，观看水处理车间、糖处理车间以及灌装车间，了解可口可乐的生产过程和品牌文化。（需团体预约）

参观哈啤工厂和博物馆，了解哈尔滨啤酒制作的历史和工艺，在互动区玩啤酒相关游戏，品尝哈啤原浆等。

大庆油田磕头机

民 族 民 俗

　　逛哈尔滨中央大街、果戈里大街和索菲亚广场，吃马迭尔雪糕和冰糖葫芦，感受俄式建筑风情；游哈尔滨道外巴洛克，感受"中华巴洛克"这种特殊历史背景下形成的中欧融合而成的新式建筑特色，体验哈尔滨老字号街区的时光魅力；秋日游伏尔加庄园，感受俄式建筑的风格和魅力，了解伏特加的历史与今天，品尝冰杯伏特加，欣赏最美落日庄园美景。

哈尔滨伏尔加庄园

　　冬季游哈尔滨太阳岛看雪雕作品，游冰雪大世界进入五彩绚丽、规模宏大的冰灯世界，体验冰滑梯、冰橇滑雪、狗拉雪橇；夏季则可参观冰雪艺术馆，进入冰窟一般的室内欣赏冰灯。

　　游牡丹江"雪乡"双峰林场，体验东北冬季民俗生活，欣赏美丽的冬日雪景。

　　参观嫩江市墨尔根古道驿站博物馆，从这里启程沿黄金古驿路自驾向北到漠河，沿途在各驿站休息，感受清末黄金运输古道风情，体验沿途东北林区民俗。

　　到横道河子镇，感受俄式乡村建筑，观看中东铁路机车库、东正教圣母进堂教堂、铁路大白楼等近代工业遗存，了解中东铁路的历史。

　　逛抚远"东极鱼市"，感受中国北方最大淡水鱼交易市场的风貌，见识各种平日罕见的淡水鱼类；清晨到抚远镇东极广场，等待中国的第一缕阳光，访中国最东哨所，持护照到俄边境城市哈巴罗夫斯克一日游。

住佳木斯街津口赫哲族民俗村，若是雨后可去文化园内白桦林采蘑菇，参观"赫哲民族博物馆"，观看非遗萨满舞和伊玛堪说唱，品尝传统美食塔哈拉，学习体验鱼皮画、桦皮画等。

萨满舞和伊玛堪说唱

黑河出境访俄罗斯城市布拉戈维申斯克，感受异国风情，缅怀我国历史上的疆土离殇，还可体验一下实弹射击，品尝俄罗斯网红冰激凌。

自 然 生 态

游东北虎林园或横道河子虎林园，与中国最大的东北虎群近距离接触，在车中抛食观看捕猎等。

到曾经的亚冬会赛场亚布力滑雪场，体验国内最大滑雪场的高山滑雪、越野滑雪、雪地摩托、湖上滑冰、雪地烟花篝火晚会等。

到伊春金山鹿苑，欣赏与自然融为一体的鹿苑美景，感受自然放养的梅花鹿群与圈养的不同。

夏末时节到"扎龙国家级自然保护区"观丹顶鹤群，了解沼泽地的生态环境和丹顶鹤的习性。

金山鹿苑

在五大连池登休眠活火山"老黑山"，到火山口览胜，看"翻花石海""喷气锥碟"等火山地貌，参观火山博物馆学习火山相关知识，到疗养院泡火山温泉，喝火山矿泉，体验火山灰磁疗等。

游黑宝熊乐园，了解熊的有关习性和药用等知识，感受圈养数百头熊的场景，体验喂食。

寻北之旅，到"乌苏里浅滩"的中国最北点，访漠河北红村、北极村，赏龙江第一湾。

五大连池火山灰磁疗

游镜泊湖，感受中国最大、世界第二大高山堰塞湖风貌。

历 史 文 化

探访第二次世界大战终结地虎头要塞，参观相关历史博物馆，深入我国保存最为完好的大型日本关东军地下要塞，感受阴冷黯黑的"鬼吹灯"氛围。

参观黑河瑷珲历史陈列馆，了解中俄瑷珲条约及海兰泡惨案等屈辱历史。

参观哈尔滨金上京博物馆和牡丹江渤海国上京龙泉府遗址，了解渤海国和金国早期历史；渤海国是历史上以粟末靺鞨（中国东北古代民族名称）人为主建立的隶属于唐朝的地方民族政权，是女真民族的祖先。

参观东北抗日联军博物馆，了解东北抗联历史。

参观漠河大兴安岭五·六火灾纪念馆，学习林区安全防火知识，了解当年这场林区浩劫生态灾难。

参观哈尔滨犹太历史文化纪念馆，了解当年2万多名犹太避难者在哈历史。

备选：

参观牡丹江八女投江遗址陈列馆，游威虎山影视城，了解相关英雄历史和故事。

参观侵华日军七三一部队遗址，了解日本侵华细菌战部队对东北人民犯下的罪恶（幼童慎入）。

游虎林市珍宝岛公园，遥望珍宝岛，讲述中苏珍宝岛战役。

登黑瞎子岛，讲述中东铁路事件，及黑瞎子岛的回归与分治。

参观北大荒博物馆，了解这一人类历史上最大规模的垦荒史。

博 物 场 馆

黑龙江省博物馆，虽然小而破，却是历史悠久的欧洲巴洛克式建筑，走在其中有旧日的时代感，内容上有关女真历史、俄罗斯文化等是特色，镇馆之宝是铜坐龙，其他馆藏精品还有《西域舆图卷》《蚕织图》等；

黑龙江省科学技术馆，设有能源、材料、航空航天、交通、数学、力学、生命环境、信息技术、消防知识、儿童科学等 12 个展区，其中"走进兴安岭"是较有本地特色的展区。

佳木斯抚远市鱼博馆

参观佳木斯抚远市鱼博馆，学习各种淡水鱼知识，尤其是乌苏里江特有的鲟鳇鱼，以及大马哈鱼的洄游等。

到东北林业大学，参观森林博物馆，了解林区自然生态环境中的动植物等。

到黑龙江省地质博物馆，了解黑龙江流域有关地质情况及相关知识。

嘉荫神州恐龙博物馆，位于嘉荫恐龙国家地质公园内，是中国出土第一副恐龙化石的地方，馆内展示了嘉荫恐龙山挖掘的鸭嘴龙、满洲龙、嘉荫卡龙、霸王龙等。

五、特色饮食

牡丹江：朝鲜族家庭饭店"小虎参鸡汤"。
大兴安岭地区：榛蘑、黄蘑、猴头菇等。
抚远：三花五罗都是好鱼，可到东极鱼市买来让饭店做。
同江街津口赫哲族：凉拌鱼皮、塔拉哈、蛋炒马哈鱼籽。
东北菜：杀猪菜、锅包肉、得莫利炖活鱼、小鸡炖蘑菇、猪肉炖粉条、鲇鱼炖茄子。
俄罗斯风格食品：马迭尔雪糕、肉联红肠、格瓦斯、大列巴、马哈鱼子、俄罗斯啤酒。

六、辅助理解材料

* 说明：
此部分可在出行前或者每日晚上作为娱乐播放给孩子看，提高孩子了解目的地有关信息的兴趣，同时配合目的地学习体验的内容，加深相关理解。部分含有战争、打斗的电影不适合给年龄小的孩子，视情而定。另外电影都会用戏剧化手法对历史进行新的诠释和表现，观看同时家长需要给予相应的说明和指导。

少儿读物：《黑龙江寻宝记》《城市故事：冰雪哈尔滨》《中国 56 个民族神话故事典藏：满族卷》《满族：年息花魂与五月节》《跟着课本游中国：小兴安岭》《冰灯》《北极村童话》（少年读本）、《大兴安岭黑熊部落》《日本精选科学绘本系列：石油》《东北虎丛林生存记》《叮叮火山旅行记》《愤怒的火山》《叮叮丛林旅行记》《血红的白桦林：联军抗日砥中流》《自然野趣大观察：鱼类》《姆明和冰雪节》《王进喜：铁人是这样炼成的》（中华先锋人物故事汇）、《萤火虫之谷》（赫哲族小说）、《五色树》（赫哲族小说）。

父母读物：《老哈尔滨》（民国趣读·老城记）、《哈尔滨：鲜为人知的故事》《闯关东——2500 万山东移民的历史与传说》《中国各民族神话：满族、赫哲族、朝鲜族》《和上帝一起流浪》（犹太人在哈尔滨避难史）、《我的抗联岁月：东北抗日联军战士口述史》《（哈尔滨记忆）731：石井四郎及细菌战部队揭秘》《金上京史话》《揭开五大连池火山之谜》《石油简史：从科技进步到改变世界》《消失的帝国——女真帝国》《大唐渤海国》《宁古塔流人》《帝国盛世：沙俄与大清的黄金时代》《沙俄东侵与黑龙江历史流域的变迁》。

动画片：《龙娃》（以神话故事的方式全面呈现黑龙江自然和历史文化）、《森林里的故事》（以森林动物故事的方式呈现黑龙江自然生活风貌）、《雪娃》（冰雪精灵同邪恶势力做斗争保护哈尔滨的故事，展示哈市风貌）、《熊出没》动画电影、《雪孩子》。

纪录片：《龙之江》《闯关东》《美丽中国：风雪塞外》《石油的力量》、国家地理《末日的地球之火山爆发》《1987：扑灭大兴安岭火灾》

《月亮熊》（关于活熊取胆）。

电影：《智取威虎山》（2014）、《八女投江》（1987）、《深海浩劫》（石油灾难）、《北大荒》（2009）、《傲蕾·一兰》（沙俄侵华背景）。

七、旅行作业

　　* 说明：

　　以下仅为示例，请根据旅行实际情况任选其中一项或几项，或自行拟定。

1. 图文小报：《我眼中的黑龙江》

2. 日记：每日一篇

3. 音乐：学唱《乌苏里船歌》

4. 绘画：画一幅"中俄瑷珲条约"之前的清政府版图示意图

5. 手工：

学做简单的冰灯

粘贴一幅桦树皮画

6. 语文学习：

《摘掉石油工业落后的帽子》（教科版小学语文第十册）

《土地的誓言》（部编版七年级语文下册）

《林海》（人教版六年级语文上册）

《美丽的小兴安岭》（部编版三年级语文上册）

《我和祖父的园子》（苏教版五年级语文下册）

《难忘的故乡》（教科版五年级语文上册）

《地下森林断想》（人教版九年级语文下册）

《太阳与士兵》（指抚远"东方第一哨"，语文 S 版六年级语文上册）

示例三

——

山西

一、字词预学

* 说明:

　　此部分均为行程中将要接触的高频词,出行前用一个晚上教导娃认知,这样在后续的参观体验中会不断接触到相关词汇,加深理解和记忆。下述词语仅为示例和参考,请结合实际行程自行拟定所需字词。识字的过程查找相关图片配合说明,效果会更好。

山西、晋、太行山、面食、陈醋、煤矿、黄河、革命老区、八路军、抗日根据地;

大同、恒山、道教、悬空寺、佛像、云冈石窟、北魏、鲜卑、昙曜五窟、释迦牟尼、弥勒佛、菩萨、伎乐天、供养人、本生、因缘、壁龛、卯榫、梁柱、侵蚀、古堡、晋华宫、煤矿、矿井、日寇、劳工、骨骸、火力电站；
析州、五台山、关隘、阎锡山、艄公、悬棺、崖葬、蜿蜒、屏障；
吕梁、黄土高原、杏花、祖庭、碛口、汾酒、发酵；
太原、晋祠、彩塑、摩崖、醋坊、青铜器、鼎、尊、爵、觥、筹、簋、镈、鬲、簠、罍、盉、卣、觚；
晋中、平遥、晋商、镖局、票号、漆器、宅第、囍、瑞兽、屯甲藏兵、镖师、汇兑、银票、武林、演武场、镶嵌、算盘、钱币、铢、度量衡、釜斗；
临汾、壶口、瀑布、尧舜、神农氏、大槐树、呼啸、奔腾、汛期、寻根、祭祖、迁徙、皇城、相府、康熙、堡垒、王莽、鹳雀楼、青龙偃月刀、微量元素、死海、硫酸钠、星罗棋布、波光粼粼、渡口、电灌站、浮桥。

二、人文预讲

*说明：

此部分在去相关目的地前讲述给娃，侧重故事性，如是低年级的孩子，挑选重点内容即可，不需详细解读，避免枯燥讲授。下述主题仅供参考，请结合实际行程自行拟定。

山西是哪里（综合概况）
山西的民俗特点
为什么说黄河是中华民族的母亲河【壶口瀑布】
如何参观佛像【云冈石窟】

镖局和票号是如何运作的【平遥古城】

太行山与八路军抗战【八路军太行纪念馆】

日本侵华期间对大同煤矿的掠夺【晋华宫国家矿山公园】

历史上的道教全真派及其代表人物丘处机【北岳恒山】

八仙张果老的传说【北岳恒山】

雁门关的历史和代表人物李广、杨业等【雁门关】

平阳公主和娘子关的故事【娘子关】

佛教的由来和神话传说【云冈石窟】

山西晋商的历史传奇和贡献【平遥古城】

关羽过五关斩六将的故事【谢州关帝庙】

洪洞大槐树与明代的人口大迁徙【山西大槐树】

鲜卑人的崛起和北朝的建立【大同博物馆、云冈石窟】

王之涣与《登鹳雀楼》【鹳雀楼】

山西军阀阎锡山【阎锡山故居】

晋国的历史【晋国博物馆】

历史上的"走西口"【杀虎口长城】

三、科普知识备课

* 说明：

以下科普知识，请提前做好备课，在参观相关目的地的同时向孩子讲
解。下述主题仅供参考，请结合实际行程自行拟定。

悬空寺的建筑形态【悬空寺】

水蚀、风蚀地貌特征【大同土林】

煤矿如何探测和开采【晋华宫国家矿山公园】

冰洞如何形成【万年冰洞】

醋是如何酿制的【东湖醋园】

什么是度量衡【度量衡博物馆】
黄河下游为什么是黄色的【壶口瀑布】
什么是清洁新能源和光伏发电【熊猫电站】
酿酒的基本方法【杏花村汾酒厂】
为什么人能够浮在盐湖上【运城盐湖】

四、目的地规划

*说明：

1. 以下规划，请根据孩子的年龄阶段选择适合自己的行程。

2. 相关目的地的规划原则是：尽量选择体现本地文化特色的、内容上适合进行亲子教育的场所，不会考虑性价比、景色、配套设施、服务、游乐项目等和旅游相关的因素好坏；

3. 请优先选择正选目的地。

4. 个别目的地体验需要预约或者只接待团客，请提前准备。

工 矿 厂 区

游晋华宫国家矿山公园，参观煤炭博物馆，了解采煤历史文化和侏罗纪煤层地质奇观，观采煤工业遗址，游煤矿特色民俗文化村，下矿井探秘煤炭开采的井下作业场面。

到汾阳杏花村访杏花村汾酒厂，参观"汾酒文化博物馆"了解中国酒文化的发展历史，参观酿酒车间、成装车间、酒库、古法生产线等，品尝汾酒原浆。

访太原东湖醋园，参观醋文化博物馆，了解酿醋的历史，深入美和居醋坊感受"蒸、酵、熏、淋、陈"的整个制醋工艺流程，进入陈酿坊感受酸爽的空气，品尝十年陈手工醋，见识挑选各种稀奇醋产品，最后到老醋食府吃一次"醋宴"。

到丹朱岭工业景区，身临其境地感受透水、瓦斯爆炸、冒顶等矿井灾害，接受煤矿安全教育。

到大同县杜庄乡苏家寨村南的熊猫电站，感受工业艺术的魅力，在青少年中心学习了解光伏发电等清洁能源的有关知识（面向团体）。

民 俗 风 情

春节住黄河边上的碛口古镇窑洞老宅院，观黄河气象和百里水蚀浮雕，感受黄土高原节日民俗，体验皮影戏等非遗，看中国古代兵器博物馆，品黄河滩枣和枣醋，学做农家饭。

住平遥古城，看票号、钱庄、镖局、武术、珠算等系列博物馆、陈列馆，了解晋商历史文化，体验剪纸、木版年画等非遗，到"中国推光漆器博物馆"制作一件推光漆器，欣赏《又见平遥》实景表演。

游张壁古堡，钻入地下古地道，感受罕见的古代千年军事城堡，体验皮影戏、木偶戏和花馍制作等非遗，在少林弹弓院看弹弓展、射箭，去老字号"贮香瓢"品尝"甩旦旦""芝麻豆腐"等特色美食。

到古时的"九州针都"晋城太阳古镇，感受制针文化遗存，体验打铁和现实版的"铁杵磨成针"。

碛口古镇

备选：

游王家大院、乔家大院等，感受晋商大户民居的建筑风格，体验相关民俗。

住塔尔坡古村窑洞，观皮影，骑毛驴，捏花馍。

秋末到万荣等地农村体验冬柿子的采摘、晾晒、削皮等制作过程。

历 史 文 化

游云冈石窟和云冈石窟博物馆，了解北魏时期佛教发展的历史与特点。

游大同悬空寺、代县赵杲观，或者宁武芦芽山的石门悬棺，感受山西古代建筑某些独特的"悬空"形态，了解其文化背景和奇妙的建筑原理。

登恒山，感受北岳之雄姿，了解中国道教文化和全真派主要历史和人物。

登古代四大名楼之一的永济市鹳雀楼，吟诵王之涣名诗《登鹳雀楼》，感受诗人当年的心境。

八路军抗战历史文化之旅：先到武乡八路军太行纪念馆，系统了解八路军抗战历史，再到附近的"八路军文化园"，体验"做一天八路军"生活，穿军装、扛步枪、吃小米饭、住老区炕、唱抗战歌曲、看抗战实景演出《反扫荡》等。

云冈石窟

游武庙之祖解州关帝庙，了解关羽其人及三国历史。

历史雄关游：到朔州杀虎口长城，参观右玉长城历史博物馆；赴析州雁门关、阳泉娘子关，感受当年的雄关古战场。

备选：

参观大同煤矿万人坑遗址纪念馆，了解当年侵华日军疯狂掠夺大同煤炭、杀害我6万矿工历史。（幼童慎入）

访洪洞大槐树寻根祭祖园、临汾尧庙、长治炎帝像，讲述明朝的大规模人口迁移史和寻根祭祖文化。

游皇城相府，观高官巨宅，了解一代名相、康熙老师陈廷敬的一生。

其他：杨忠武祠（杨家将之杨业）、五台山、阎锡山旧居、太原晋祠、双林寺彩塑艺术馆。

博 物 场 馆

山西青铜博物馆，2019年新建成开放的山西博物院分馆，全国规模第二大的青铜专题博物馆，展出文物2000多件，其中700多件都是近年公安缴获的被倒卖文物，尤为难得，晋公盘、西周义尊、赵卿鸟尊、刖人守囿车、战国蟠蛇纹建鼓座等大批闻名于世的明星重器都在其中，大量采用数字多媒体展示技术。

参观太原中国煤炭博物馆，学习有关煤炭的科学知识，体验下矿井开采煤矿。

游山西博物院，了解三晋大地的千年历史文化，馆藏珍品有晋侯鸟尊、兽形觥、侯马董氏金墓戏俑、侯马盟书和北魏木板漆画等。

山西地质博物馆，到煤矿大省的必看之选，地质馆也是近年新馆，主题陈列展示了山西省的地质历史、生物演化、矿产资源禀赋和矿物岩石精华，镇馆之宝是山西鳄和狗头金。

参观大同市博物馆，了解传奇的鲜卑王朝的平城时期历史。

大同市博物馆

山西省科学技术馆，展厅包括数学、宇宙与生命、儿童乐园、走向未来四个方面，虚拟现实科普体验厅较有特色。

晋国博物馆，位于临汾曲村镇，此馆依托"曲村——天马遗址"而建，从两千多年前的遗址感受古晋文化。

自 然 生 态

盛夏游宁武万年冰洞，世界迄今为止发现的永久冻土层以外最为罕见的大冰洞之一，感受新生代第四纪形成的冰洞宫殿。

春秋时节，游壶口瀑布，感受奔腾咆哮的黄河之水，了解黄河两岸的革命历史，体验系羊肚儿围巾、敲民间腰鼓等；到忻州黄河"老牛湾"，感受黄河入晋的恢宏和老牛湾堡的沧桑边关历史。

初春时节，在落日余晖中走入大同土林，认识和感受盐碱和风蚀、水蚀造就的地质奇观。

冬季到"中国死海"运城盐湖，感受盐湖硝花地貌，观湿地候鸟，夏季可体验黑泥 SPA 和矿盐理疗，制作盐雕。（盐水看上去脏，空气味咸，不适者勿选）

备选：大同火山群、风陵渡、太行山大峡谷等。

五、辅助理解资料

*说明：

1. 此部分可在出行前或者每日晚上作为娱乐播放给孩子看，激发孩子了解目的地有关信息的兴趣，同时配合目的地学习体验的内容，加深相关理解。

2. 部分书籍则是供父母阅读，用于给孩子讲解时参考。

3. 部分含有战争、打斗的电影不适合给年龄小的孩子观看。另外电影都会用戏剧化手法对历史进行新的诠释和表现，观看同时家长需要给予相应的说明和指导。

··

少儿读物：《山西寻宝记》《写给儿童的中国地理：黄土高原》《学汉语分级读物：晋国的故事》《中国人文地理画卷系列：黄河》《我叫黄河》《恒山故事连环画》《中国历史漫游记：三家分晋》《我们的八路军》系列、《醋为什么是酸的》《杨家将的故事》《影响孩子一生的名人故事：关羽》《武圣关羽的故事》《青铜国》《长城》《科学环保小达人：资源枯竭》《盐》《盐的故事》《牧童遥指杏花村：清明节》。

父母读物：《发现最美古中国：山西秘境》《壶口瀑布》（梁衡）、《悬空寺：古建筑传说》《龙门百问》《佛像的历史》（梁思成）、《拈花微笑——中国千年佛雕艺术》《美国记者眼中的八路军：还原震撼的敌后战场》《关羽：神化的〈三国志〉英雄》《大清相国》（王跃文）、《游牧文明与中华史——鲜卑列国》《国宝档案：青铜器案》。

动画片：《奇奇怪怪》（山西非遗）、《登鹳雀楼》《介子推》《晋文公退避三舍》《煤的来源》（《咕力咕力》第363集）、《武圣关公》（蔡志忠导演）、《释迦牟尼传》。

音乐：《黄河大合唱》、民歌《走西口》。

纪录片：《国家宝藏》（山西博物院专场）、《飞跃山西》《黄河》《三矿》（煤矿）、《舌尖上的中国》（第二集，"主食的故事"）、《悬空村的秘密》（万年冰洞）、《宁武冰洞》（万年冰洞）、《北魏王朝》。

电影：《太行山上》。

六、特色食品

刀削面、豆面饸饹、莜面栲栳栳、平遥碗托、平遥牛肉、定襄蒸肉、过油肉、清徐灌肠、头脑羊杂割、大同兔头、太原头脑、浑源凉粉、闻喜煮饼、原平锅盔、山西老陈醋。

七、旅行作业

* 说明：

以下仅供参考，可根据情况任选其中一项或几项，或结合实际行程自行拟定。

1. 图文小报：《我眼中的山西》
2. 日记：每日一篇
3. 绘画：画出黄河的干流图并标出老牛湾和黄河壶口的位置
4. 音乐：学习《黄河大合唱》
5. 思考：从悬空寺、悬空村、悬棺、赵杲观看，山西北部建筑风格的一个独特特点是？
6. 背诵：
王之涣《登鹳雀楼》
杜牧《清明》（"牧童遥指杏花村"）

李白《将进酒》（"黄河之水天上来"）

7. 手工：

用黄土泥巴学捏一件小雕塑

学做刀削面

制作小盐雕（运城盐湖）

捏花馍

8. 课文学习：

《野望》（人教版八年级语文上册）

《壶口瀑布》（部编版八年级语文下册）

《大禹治水》（部编版二年级语文上册）

《黄河颂》（部编版七年级语文下册）

《纪念白求恩》（部编版七年级语文上册）

《青山不老》（人教版六年级语文上册）

《黄河是怎样变化的》（人教版四年级语文下册）